簡帛思想研究

第七輯

丁四新 主编

出版資助
國家社會科學基金重大項目『出土簡帛四古本《老子》綜合研究』（15ZDB006）

岳麓書社·長沙

目 録

出土簡帛《老子》

"域中有四大"
——從"四大"的不同排序看《老子》文本的演進 / 陳静
…………………………………………………………… 003
北大漢簡《老子》初研 / 李銳　邵澤慧 …………… 024
馬王堆帛書《老子》"道可道也非恒道也"瑣議 / 李若暉
…………………………………………………………… 050
西漢竹書《老子》的文本特徵和學術價值 / 韓巍 ………… 068

簡帛《老子》相關研究

异常與回歸：老子的"反"探究 / 王中江 ……………… 105
"大器晚成"的今生與前世 / 蕭無陂 ……………… 132
范應元《老子道德經古本集注》考述 / 劉固盛 ………… 148
自然與治道
——先秦諸子自然狀態學説的比較研究 / 孟慶楠 ……… 161

上博楚竹書

楚竹書《恒先》的三重宇宙生成論與氣論思想 / 丁四新 …… 185
《恒先》的文本研究與思想解釋 / 陳靜 …… 208
從"或作""氣作"到"自作爲事"
——楚簡《恒先》中"作"的意蘊探析 / 葉樹勛 …… 226
上博楚簡所見陰陽家思想的影響
——以《三德》《天子建州》爲中心 / 曹峰 …… 251

清華楚簡

清華簡《湯在啻門》所見"五"的觀念研究 / 曹峰 …… 273
論清華簡《殷高宗問於三壽》爲黄老學著作 / 袁青 …… 295

郭店楚簡及其他

先秦文獻中的"太一"概念及相關問題 / 白奚 …… 311
黄老道家德政思想的新探討
——以帛書《黄帝四經》爲中心 / 葉樹勛 …… 327
環淵新考
——兼論郭店楚墓竹簡《性自命出》及該墓墓主的身份 / 高華平 …… 350

後記 / 丁四新 …… 376

出土簡帛《老子》

“域中有四大”

——從“四大”的不同排序看《老子》文本的演進

陳　靜[1]

摘要 《老子》有“域中有四大”之説，但是“四大”的排序却有兩種：所有傳世本的排序都是“道大、天大、地大、王亦大”，以“道大”打頭；而新出土的郭店竹簡《老子》甲組和漢簡《老子》的排序則是“天大、地大、道大、王亦大”，以“天大”打頭。本文認爲“天大”打頭的排序不是抄寫之誤，而是《老子》文本曾經具有的一種形態，兩種排序在《老子》中都有思想根據。但是，傳世本都以“道大”打頭，説明“道大”的排序最終勝出，取消了“天大”打頭的排序。本文考察了漢代的《老子》注本，指出漢代宇宙生成論的影響是其中的重要原因。

漢簡《老子》問世以來，關於《老子》文本的分章、章序以及异文已經有很多討論了。但是，漢簡本關於“域中有四大”的不同排序似乎没有得到充分注意。“域中有四大”出自傳世本

①陳静，中國社會科學院哲學研究所研究員。研究領域：漢代思想、老莊哲學。

《老子》第25章，漢簡本《老子》第66章。[①]傳世本的排序是"道大、天大、地大、王亦大，域中有四大，而王居其一焉"，以"道大"打頭；漢簡本的排序是"天大、地大、道大、王亦大，域中有四大，而王處其一焉"，以"天大"打頭。這一差异當然被注意到并且被指出來，但是這一差异究竟意味着什麽，却没有引起足够的重視和深入的討論。

從《老子》文本的歷史演進來看，最終是"道大"打頭的文本勝出。漢代之後，所有傳世的《老子》文本都以"道大"打頭排序"四大"，所有注釋《老子》"域中有四大"的，也都順承"道大"打頭的排序進行思想的闡釋和發揮。那麽，"天大"打頭是否衹是一個偶然的文本現象，甚至僅僅是一個偶然的抄寫錯誤呢？本文認爲不是。本文試圖闡明，"四大"的兩種不同排序隱含着老子思想演進的豐富内容，而"道大"打頭的文本最終勝出，反映了漢代宇宙生成思想對《老子》文本的影響。

一

在漢簡本問世之前，"天大"打頭的排序還見於郭店竹簡本《老子》的甲組。劉笑敢教授的《老子古今》注意到了這一點，但是認爲這種排列"詞序不當"，"當是竹簡本的抄寫之誤"。劉笑敢說：

> 此節竹簡本詞序不當，作"天大，地大，道大，王亦

①漢簡《老子》分爲77章，有"老子上經"和"老子下經"的篇題，上經44章，相當於傳世本的《德經》的部分，下經33章，相當於傳世本的《道經》的部分。從"上經"順序數下來，傳世本的第25章，就成爲漢簡本的第66章了。這裏的第某章是今人標識的，漢簡本衹有分章和順序，并没有標明某章就是第幾章。

> 大”。與通行本與帛書本不同，且與下文“人”—“地”—“天”—“道”的順序不合。當是竹簡本的抄寫之誤。[①]

《老子古今》對勘了《老子》河上公本、傅奕本、帛書本、王弼本和郭店竹簡本五種文本，除了郭店本，其他四種本子的“四大”都是以“道大”打頭。彼時漢簡本尚未問世，郭店本的“天大”打頭似乎孤立，或許就是因爲這個緣故，使劉笑敢做出了“當是竹簡本的抄寫之誤”的判斷。

但是，漢簡本問世，“域中有四大”的“四大”也是以“天大”打頭。這樣，郭店本的“四大”排序就不是孤證了。更何況，“天大”打頭的“四大”排序還有其他證據，《淮南子·道應訓》在引述“域中有四大”時，也是作“天大、地大、道大、王亦大，域中有四大，而王處其一焉”[②]，也是“天大”打頭的。

本人考察過《淮南子》對《老子》的引用[③]，統計出《淮南子》一共69次引用《老子》，其中57次都見於《道應訓》。《道應訓》引用《老子》的特點，是在講述一個故事之後，以《老子》的話來印證或揭示故事中藴含的道理。例如引用“四大”的這一段，講的是齊桓公以博大的心胸對待賢人甯越的故事。這個故事説，桓公欣賞甯越，準備任用他，齊國的群臣勸桓公去甯越的家鄉衛國考察他是否賢者，齊桓公説：“不然。問之，患其有小惡也。以人之小惡而忘人之大美，此人主之所以失天

①劉笑敢：《老子古今》（修訂版）上卷，中國社會科學出版社2006年版，第315頁。
②張雙棣：《淮南子校釋》，北京大學出版社1997年版，第1234頁。
③參見陳静：《〈淮南子〉引〈老子〉考辨——以〈道應訓〉爲中心》，載《老子學刊》（第二輯），巴蜀書社2011年版，第45—62頁。

下之士也。”[①]《道應訓》在講述了這個故事之後，接着寫道：“故《老子》曰：天大、地大、道大、王亦大，域中有四大，而王處其一焉。”然後評論説：“以言其能包裹之也。”這裏的“能包裹”，是贊揚齊桓公的心胸闊大，能够包容可能有缺點的人才。“天”是最大的空間想象，而“道”則具有生長、流變、運動等時間性的意味，在這個贊揚君王偉大的故事裏，以最大的空間來映襯君王的心胸闊大，“天大”打頭確實更加合適。拿《淮南子》所引用《老子》文句與帛書本和傳世本進行比較，很容易看到《淮南子》的《老子》引文更接近帛書本的風格。這應當是因爲時代相近的緣故。當然也有許多不同，例如引用“域中有四大”的這一段，《淮南子》引文的“四大”排序就與帛書本不同，帛書的甲乙兩種都是“道大”打頭，而《淮南子》的引文是“天大”打頭。

如果没有其他文本根據，衹有《淮南子》的引文是“天大”打頭，我們可能也會像劉笑敢先生那樣，認爲這是《淮南子》的“抄寫之誤”，甚至會認爲是《淮南子》爲了滿足自己的引用需要而對《老子》文本進行了調整。但是，除了《淮南子》的引文，現在還有郭店本和漢簡本也是“天大”打頭的排序。也就是説，截至目前爲止，至少有三個文本是以“天大”打頭排列“四大”的。這樣我們就不能説“天大”打頭的排序是“抄寫之誤”了，而必須承認《老子》文本的“域中有四大”就是有兩種不同的排列順序：郭店竹簡本、《淮南子》引文和北大漢簡本爲一系，排列的順序是天、地、道、王；帛書甲乙本、河上公本、王弼本和傅奕本爲一系，排列的順序是道、天、地、

①陳一平：《淮南子校注譯》，廣東人民出版社 1994 年版，第 561 頁。

王。其中，傅奕本“王”作“人”，稍有不同。因爲本文關心的是“天大”還是“道大”，所以對“王”“人”之异衹做簡單分辨：“王”通常被認爲是“人”的代表，所以“王”與“人”是可以互換的。

二

《老子》的“域中有四大”有兩種不同的排列順序，并且，從文本的歷史時間來看，“天大”打頭的排序似乎是早期文本的特點。在現存的《老子》文本中，郭店簡本最早，是戰國時代的文本。《淮南子》撰著於西漢文景時代，與帛書本《老子》的抄寫年代相近而略晚。但是，《淮南子》所引用的《老子》必定早於《淮南子》，所以，即使不能斷定《淮南子》所引《老子》一定早於帛書本，但是也可以肯定决不會比帛書本更晚。也就是説，當帛書本已經以“道大”打頭來排列“域中有四大”時，《淮南子》所引用的《老子》文本仍然保持着“天大”打頭的格局。漢簡本的年代據考訂大致是武帝晚期[1]，可見在西漢中期，“天大”打頭的文本仍然在流行。

而“道大”打頭最早見於帛書甲乙本。帛書是出土文獻且抄寫年代清楚，所以，即使不考慮帛書本的文本根據，也可以斷定“道大”打頭的文本最遲在西漢初期就出現了。假如帛書本是有所根據的，那麼，“道大”打頭的文本就還可以往前追溯，衹是現在還沒有可靠的文本證據而已。《河上公章句》是東

①《北京大學藏西漢竹書（貳）·前言》，上海古籍出版社2012年版，第2頁。

漢中後期的著作[1]，它所采用的《老子》文本，應當就是當時流行的本子。王弼注是西晉的著作。傅奕本據説采用了項羽妾冢的本子，因此，傅奕本的“道大”打頭的排序也有可能是來自秦末的某個本子。

就目前存世的《老子》文本（包括《淮南子》的引用）而言，“域中有四大”有“天大”打頭和“道大”打頭兩種不同的排序，而“天大”打頭的排序似乎更古舊一些。但是，這個現象還不足以説明“道大”的排序是後起的，是對“天大”排序的修改，因爲兩種不同的排序完全有可能同時流傳，衹是“道大”的早期文本現在看不到了而已。我們不能確認“道大”打頭的文本源於何時，但是，從老子文本的後世流傳來看，則顯然是“道大”打頭的排序最終勝出，取代了“天大”打頭的本子，因爲傳世本的“四大”排序，毫無例外都是“道大”打頭。韓巍博士在《北京大學藏西漢竹書（貳）》中彙集了《老子》九種文本：郭店本、帛書甲本、帛書乙本、漢簡本、嚴遵本、河上公本、想爾注本、王弼本和傅奕本，除了郭店本和漢簡本，其他本子的“域中有四大”都是“道大”打頭。熊鐵基教授和劉固盛教授主編的《老子集成》收録了二百多個《老子》文本和注本，除了郭店簡本（彼時漢簡本還未出版），其他所有本子的“域中有四大”也都是“道大”打頭。假如没有郭店簡和漢簡《老子》的出世，而我們又忽視了《淮南子》的相關引文的話，我們真可能會認爲道、天、地、王的排序是一貫如此且理當如此的，并且在乍一看到“天大”打頭的排序時，很可能會像劉笑敢教授那樣認爲是“抄寫之誤”。劉笑敢教授曾經提出，

①王卡：《老子道德經河上公章句・前言》，中華書局 1993 年版，第 3 頁。

《老子》文本有語言趨同和思想聚焦的現象，也就是越往後的文本，整齊的四字句越多，概念也更精準，内洽性越强。[①]像他這樣留意過《老子》文本演變的學者都會認爲“天大”打頭的排序是“抄寫之誤”，可見“四大”之道、天、地、王的排序是多麼深入人心。

就現存的《老子》文本而言，“四大”原本有兩種排序，而後來，“道大”打頭的排序取代了“天大”打頭的排序。那麼，“道大”打頭的排序何以能够勝出？漢簡本《老子》的整理者韓巍博士指出：“帛書本和今本‘道大’在‘天大’之前，與下文‘人法地，地法天，天法道，道法自然’的順序相合，符合《老子》將‘道’置於宇宙萬物之先的宗旨，於文義爲長。”[②]韓博士作爲漢簡本《老子》的整理者在面對“天大”打頭的文本現象時，仍然認爲“道大”打頭的排序是“於文義爲長”的。并且，韓博士指出學術界多數學者也都這樣認爲。劉笑敢先生當是衆學者中最有代表性的一個，他之所以認爲“天大”打頭是“抄寫之誤”，理由也是“詞序不當”，“與下文‘人’—‘地’—‘天’—‘道’的順序不合”。這是從相反的方面認定“道大”打頭的排序“於文義爲長”。看來，第25章的文本内洽是學者們肯定“道大”打頭的合理性的原因。而這個理由是有根據的。《老子》第25章曰：

> 有物混成，先天地生，寂兮廖兮，獨立而不改，周行而不殆，可以爲天下母。吾不知其名，字之曰道，强爲之名曰大。大曰逝，逝曰遠，遠曰反。故曰：道大、天大、

①劉笑敢：《老子古今·導論一》：“版本歧變與文本趨同。”
②韓巍：《北京大學藏西漢竹書本〈老子〉的文獻學價值》，《中國哲學史》2010年第4期。

地大、王亦大。域中有四大，而王居其一焉。人法地，地法天，天法道，道法自然。

就第25章全章來看，起頭言“有物混成，先天地生，寂兮廖兮，獨立而不改，周行而不殆，可以爲天下母”；繼而言不知此混成之物的名稱，故“字之曰道，强爲之名曰大”；然後是“四大”的排序；再然後人、地、天、道、自然的遞進效法。顯然，無論從開頭的道先天地生而爲天下母的説法，還是從章尾的層層效法來看，道、天、地、王的“四大”排序都是更恰當的。尤其是，目前可見的最早進行這種排序的帛書本，“可以爲天下母”一句還是“可以爲天地母”。雖然衹是一字之差，却把道生天地的思想大大地强化了。《老子》文本雖然隱含着“道生天地”的思想，却没有“道生天地”的明確説法。但是，漢代的老子注釋裏却多有“道生天地”的表述。因此，帛書本的“可以爲天地母”，很有可能是在“道生天地”的思路下對《老子》文本的調整。

回到“四大”排序與《老子》思想的關係。就第25章的内容來看，顯然以“道大”打頭更爲自洽。除此之外，《老子》文本裏還有一些文句可以證明“道大”打頭的排序是“於文義爲長”的。例如第16章：“知常容，容乃公，公乃全，全乃天，天乃道，道乃久，没身不殆。”就天與道的關係來看，道顯然更加根本。又如第23章：“道者同於道，德者同於德，天者同於天。”[①]道仍然比天更根本。當然最有力的文本支援應當是第42章：“道生一，一生二，二生三，三生萬物”，還有第51章：“道生之，德畜之……是以萬物尊道而貴德。”這些話，都把“道”放

①“天”原作“失”，根據俞樾説改定爲“天”。

置在創生萬物的位置，確實表達了“《老子》將‘道’置於宇宙萬物之先的宗旨”，當然也就證明了道、天、地、王的“四大”排序是“於文義爲長”的。

三

那麽，如何解釋“天大”打頭的文本呢？因爲有郭店簡本、《淮南子》引文和漢簡本三個文本根據，我們已經不能説這個排序衹是一個偶然的錯誤。如果它不是一個偶然的錯誤，它之所以如此的緣故又何在呢？我們必須找出這個緣故，來解釋天、地、道、王排序的所以然。我們已經知道，隨後的文本演變是“道大”打頭的排序取代了“天大”打頭的排序。因此，需要追問的問題就還有，“天大”打頭的排序既然也有自身的緣故，爲什麽會被道、天、地、王的排序所取代呢？“四大”排序的不同似乎衹是一個簡單的文本現象，但是，經過追問和考索我們將看到，這個看似簡單的文本現象其實反映了時代思想的流變對於《老子》文本的影響。

我們先看“天大”打頭的“四大”排序與《老子》文本的關係。確實，“天大”打頭的“四大”排序不能説是偶然的抄寫失誤，而應當説是與《老子》文本也有深刻的内洽關係。毫無疑問，《老子》中有許多推崇道、以道爲宇宙萬物之根本的語句。但是，《老子》裏也有很多論説“天下有道”的内容（46章），有關於“道之在天下”的設想（32章）。這樣的表述，是把“道”置於“天”之下的。而這樣的“道”，不再指嚮流變和生長的時間屬性，而是被空間也就是“天”所籠罩而成爲具有普遍性意味的價值表徵。如果說,《老子》文本裹“道生天地”的思想還是隱含着的,要經過漢代宇宙生成論影響下的注釋之後纔被放大而顯明出來,那麼,“天下有道”的思想在《老子》文本裹却是明言了的,第 46 章就稱:“天下有道,却走馬以糞。天下無道,戎馬生於郊。”而“天下有道”的思想,就是與“天大”打頭的“四大”排序相匹配的。本文開頭提到,漢簡本的章序與傳世本不同,漢簡本《老子》的上經,相當於傳世本的德經。帛書本也是德經在前而道經在後。傳世本的道經在前德經在後的排序,明確見於《老子河上公章句》。不同的排序隱含着不同的觀念意味:或者推天道以明人事,或者於人事見天道之流行。“天大”打頭的排序與“於人事見天道之流行”是匹配的。《老子》早期文本普遍是德經在前而道經在後,這種順序與“天大”打頭的排序也是匹配的。帛書本的“四大”排序已經以“道大”打頭,但還没有改變德經在前而道經在後的文本順序,也可見“天下有道”思路的影響。從這些錯綜複雜的文本現象來看,《老子》的觀念整合和文本調整確實是一個漫長的過程。

回到第 25 章。雖然我們承認“道大”打頭的排序“於文義爲長”,但是也不能忘記“四大”都是在“域中”的,是“域中有四大”。“域”也是空間屬性的,當然是相當抽象的空間觀念,不像“天地”或者“天下”,已經具有了經驗的屬性也就是現實的屬性。但是無論如何,“天下有道”把“道”籠罩在具有現實性的空間即“天”之下了。“道”在“天”下,以這樣的觀點看“四大”的順序,“天大”打頭顯然更加合理。

整部《老子》衹有第 46 章明確言説“天下有道”以及與之相應的“天下無道”,但是,《老子》裹確實有許多文句,在表達着“天下有道”的觀念,例如:

以道佐人主者，不以兵强天下。（30章）

夫兵者，不祥之器，物或惡之，故有道者不處。……夫樂殺人，不可以得志於天下矣。（31章）

道常無名，樸。雖小，天下不敢臣。……道之在天下，猶川谷之與江海。（32章）

使我介然有知，行於大道，唯施是畏。大道甚夷，而民好徑。（53章）

治大國若烹小鮮。以道莅天下，其鬼不神。（60章）

道者，萬物之奥。……故立天子，置三公，雖有拱璧，以先駟馬，不如坐進此道。……故爲天下貴。（62章）

這些引文中的道，都不是“道生天地”的道，而是“天下有道”的道。“天下有道”，“道”意味着一個普遍的價值原則，而這樣的原則在《老子》看來應當成爲現實的當然。《老子》是關懷天下的，整部《老子》有61次用到“天下”，都是用一個最大的空間意象，在宣示某種普遍的原則，其中最經典的表述，就是第46章的“天下有道”。

在“天下有道”的思路之下排列“四大”，合理的次序就是天、地、道、王。天（地）意味着無所不包的空間，既是萬物（包括人）托身的場所，也是它們無可迴避的處境。莊子所謂“無所逃於天地之間”[①]，就揭示了天地的空間屬性所具有的現實普遍性。而“天下有道”，則以最大的空間宣示出最普遍的原則，并因此對“人”的代表“王”提出了要求：王應當取法行於天下的道。於是，“人”（以王爲代表）活動於“天”“地”之間而取法於通行於天下的“道”，天、地、道、王的“四大”排

①郭慶藩：《莊子集釋》，中華書局1961年版，第155頁。

序因此成立。在《老子》文本中，關於“天下有道”“道之在天下”的相關論説，就是“四大”排序而“天大”打頭的思想根據。

因此，“道大”還是“天大”，確實有“道生天地”和“天下有道”兩種不同的理路。站在“道生天地”的立場來看，道、天、地、王的順序確實“於文義爲長”，而站在“天下有道”的立場上看，則天、地、道、王的順序亦有其合理性。

四

“四大”有道、天、地、王和天、地、道、王兩種排列順序，它們在《老子》的文本裹都有根據。但是，《老子》文本的後世演變，畢竟是“道大”打頭的文本勝出，取代了“天大”打頭的文本。如何解釋《老子》文本演變的這個現象?

就第25章的内容來看，先講“有物混成”，然後説“字之曰道，强爲之名曰大”，然後是“四大”排序，然後是人、地、天、道、自然的層層效法。就此章内容的自洽而言，“四大”的排序確實以道、天、地、王的順序“於文義爲長”。大多數學者認可這個排序，甚至批評天、地、道、王的排序，就是因爲這個緣故。我相信，這也是“道大”打頭的文本勝出的原因。但是，這衹是“道大”勝出的一個原因，而且是比較外顯的直接文本原因，除此之外還有更深刻的隱含原因在發揮作用。在我看來，這個原因就是中國古代宇宙論思想的出現以至逐漸成熟，在漢代成爲通行的觀念和通行的思維方式，并且影響了《老子》文本的閲讀和理解。

馮友蘭先生説：“蓋中國早期之哲學家，皆多數注意於人事，故中國哲學中之宇宙論，亦至漢初始有較完整之規模。”①中國哲學的宇宙論至漢初而成規模，萌芽則在戰國時代，近年出土的先秦文獻《恒先》《太一生水》和《道原》都有關於宇宙生成的思考，足以證明這一點。宇宙生成的理論是中國古代宇宙論的最初形態，待到宇宙理論在漢代成熟的時候，則有了兩種形態：一種是宇宙生成的理論，一種是宇宙構成的理論。如果與“四大”排序關聯起來看，宇宙生成的理論與四大排序的道、天、地、人的順序是匹配的，而宇宙構成的理論則與天、地、道、人的排序相匹配。

宇宙生成的理論各有其説，但共同的旨趣是説複雜的萬象如何從統一的源頭生長而成。漢代的宇宙生成理論延續了先秦的論説，所不同者在於，此時的宇宙生成理論已經與當時盛行的氣化思想緊密相連，於是宇宙的生成就成爲統一的元氣如何分化爲天地、四時和萬物，或者説是道如何以氣化生天地萬物。《老子》裏并没有“道生天地”的原話，這個表述最早見於《莊子·大宗師》：“夫道，有情有信，無爲無形。……自本自根，未有天地，自古以固存。神鬼神帝，生天生地。”等到了漢代宇宙思想興起之後，《淮南子》把“道生天地”與氣化相聯繫，説出了一套宇宙氣化生成的思想。《淮南子·天文訓》説：

> 道始於虚廓，虚廓生宇宙，宇宙生氣。氣有涯垠，清陽者薄靡而爲天，重濁者凝滯而爲地。清妙之合專（摶）易，重濁之凝竭難，故天先成而地後定。天地之襲精爲陰陽，陰陽之專精爲四時，四時之散精爲萬物。②

①馮友蘭：《中國哲學史》上册，中華書局1961年版，第478頁。
②陳一平：《淮南子校注譯》，第99頁。

除了這段論説，《淮南子·俶真訓》也有宇宙從“天地未剖，陰陽未判，四時未分”的渾淪中逐漸呈明而成形類的論説。此外，《淮南子·説山訓》也説：“有形出於無形，未有天地能生天地者也，至深微廣大矣。”相近的説法還見於《説林訓》：“未有天地而生天地，至深微廣大矣。”《説山》《説林》的兩處引文雖然没有出現“道”，但聯繫《天文訓》有關“道始於虚廓”的説法，則“生天地”的主體并不難確認。“道生天地”，這個思想貫徹於“四大”的排序，就是道、天、地、王，以“道”打頭。

再看宇宙構成的理論與“四大”排序的關係。如果説宇宙生成的理論是探問天地萬物如何從一個共同的源頭演化而來，那麼宇宙結構論所着力描述的就是現成宇宙的空間結構及其内部秩序。按照漢代大儒董仲舒的説法，“天有十端”，即宇宙有十大基本的構成要素，它們是天、地、人三才，陰陽和五行（金、木、水、火、土），天就是由這十大要素構成的。在天之十端中，天上，地下，木東，火南，土中，金西，水北，這七大要素構成了一個立體的上下五方宇宙空間。陰陽兩大要素不占居固定的空間位置，而是作爲兩種具有相反功能的力量，以春夏秋冬爲序，按照“陽氣始出東北而南行，……陰氣始出東南而北行”的基本路綫運行於東南中西北五方空間[①]，輔助五行成就“天”的生長收藏。這九端之外，還有一端是人，人作爲宇宙的一項獨立構成要素而存在，這是“人之超然萬物之上，而最爲天下貴”的原因。[②]但是，人作爲“天之十端”之一，既不靠占據某個固定的空間位置來發揮作用，也不靠在空間中

①鍾肇鵬主編：《春秋繁露校釋·陰陽位》，山東友誼出版社 1994 年版，第 604 頁。
②鍾肇鵬主編：《春秋繁露校釋·天地陰陽》，第 868 頁。

的有序運行來發揮作用，人進入宇宙和發揮作用的方式是與整體的天（宇宙）發生感應，即天人感應。人以自己的行爲影響天，天以一貫之道即“天道”譴告或者褒獎人，由此確定人在宇宙之中當有的作用。

由天之十端，構成了一個完整、有序、靈動的宇宙。但是，人之外的萬物不是宇宙的獨立構成要素，它們又如何在宇宙中確定自身的位置、功能和作用呢？董仲舒設計的方式是，萬物根據各自的屬性“投所貴之端”①，陰性的屬陰，陽性的屬陽，土性的屬土，水性的屬水等等，各自歸屬於陰陽五行的某一項而進入到統一的宇宙中，參與宇宙的運行。萬物的作用，也根據各自所投之端的屬性來確定，屬陽的發揮陽性，屬陰的發揮陰性等等。以這樣的方式，董仲舒建構的宇宙就是一個容納一切而無所缺遺的完整宇宙。更重要的是，陰陽五行不僅繫連萬物，把萬物納入到宇宙的統一空間之下，還體現着儒家的仁義禮智信等基本價值。因此，宇宙構成的理論不僅以一個完整而有序的宇宙構成證明了大一統政治制度無所不包的合理性，還證明了儒家價值觀念的崇高性。宇宙構成的理論屬於漢代的新創，漢代大儒董仲舒對於這套理論的成熟功莫大焉。

如果以“道生天地”和“天下有道”爲立場，來審視董仲舒創建的宇宙構成理論，那麼，宇宙構成的理論顯然是“天下有道”的理路。如果這一套宇宙理論與《老子》文本結合，那麼，“天下有道”的理路所支援的天、地、道、王的四大排序將被凸顯。但是，宇宙構成的理論是儒家的宇宙理論，而在漢代，儒、道兩家的分歧已經非常明顯，并且越來越朝着拒絕的方嚮

①鍾肇鵬主編：《春秋繁露校釋・天地陰陽》，第 868 頁。

發展自身。所以，當漢代的《老子》注本在受到時代風潮的影響而用宇宙論的眼光解讀《老子》的相關章節時，所采取的是宇宙生成的道家立場，而淡化了儒家的宇宙構成理論，這樣，“天下有道”的理路所支持的天、地、道、王的四大排序，在漢代注《老子》者的眼裏就落空了。而“道生天地”的思路被加强，由此潛在地推動了“道大”打頭的文本勝出。

五

漢代的宇宙生成理論影響了對《老子》的解讀，這種讀法的結果是把《老子》原本比較抽象含混的表述，明確發揮爲宇宙生成的論説，把原本未曾明言的“道生天地”的思想，往這個方嚮進一步明確化了。後人往往認爲《老子》最早提出了宇宙理論，殊不知這是漢人以宇宙論解讀《老子》的結果。

漢代的《老子》注本有《老子河上公章句》《老子指歸》和《老子想爾注》三種。[①]其中，《老子河上公章句》是完本，并且已經是道經在前的81章本。《老子指歸》存德經部分，相當於81章本的第38—81章，但是分章略有不同。《老子想爾注》存不完整的道經部分，相當於81章本的第3—37章。這裏不可能全面討論這些注本的特色和思想，我們衹是從本文的論述需要出發，挑選《老子》的某些章節來檢索漢代的解讀，看看漢代的解讀如何把《老子》的相關説法朝着宇宙生成論的方嚮展

①關於這些注本的年代和真僞有許多討論，例如有人認爲《老子指歸》是後人輯録增益，筆者曾撰寫《論〈老子指歸〉的宇宙生成論思想》一文，從思想演進的角度證明此書不僞。因爲相關的討論太多太複雜，本文概不涉及。

開和强化了。

我們先看最有代表性的第 42 章：“道生一,一生二,二生三,三生萬物。”①

《老子》的“道生一”，并没有指明“一”是什麽，“二”“三”是什麽，從“一”到“三”，衹是指點了一個從單一到複雜的過程。但是到了漢代，解《老》者都以天地、陰陽、清濁和氣等觀念，把一、二、三的過程描述爲道生成天地萬物的宇宙生成的過程。最先進行這種解讀的是《淮南子》。《淮南子·天文訓》説：

> 道始於一。一而不生，故分而爲陰陽，陰陽合和而萬物生。故曰“一生二,二生三,三生萬物”。②

東漢末，高誘注《淮南子》，在注釋到“道生一”這一段時説：“一者，元氣也；生二者，乾坤也；二生三,三生萬物，天地設位，陰陽通流，萬物乃生。”③

《河上公章句》的注文是同樣的思路：

> 道始所生者一。一生陰與陽也。陰陽生和清濁三氣，分爲天地人也。天地共生萬物也。天施、地化、人長養之也。④

①《老子》通行本分爲 81 章。帛書《老子》不分章，北大簡本《老子》分爲 77 章。現存的嚴遵《老子指歸》不是全本，但據《指歸》序言“上經四十”“下經三十有二”之言，嚴遵本的《老子》分 72 章。關於《老子》文本的分章是《老子》研究中的大問題，本文不涉及這一問題，分章衹以通行本爲根據。

②陳一平：《淮南子校注譯》，第 129—130 頁。

③《淮南子》兩次引用《老子》第 42 章的“道生一,一生二,二生三”，一處見於《天文訓》，一處見於《精神訓》。高誘的注文是下在《精神訓》的引文下。見張雙棣：《淮南子校釋》，第 723 頁。

④王卡：《老子道德經河上公章句》，第 168—169 頁。

《老子指歸》對於道、一、二、三的解讀略微不同，是先説宇宙如何從虚趨實[①]，從“芒芒澒澒，混混沌沌，冥冥不可稽之，亡於聲色”的初始狀態，經過“虚之虚”“無之無”等演化的過程之後，纔“清濁以分，高卑以陳，陰陽始别，和氣流行，三光運，群類生”，進入到“有形臠可因循者，有聲色可見聞者，謂之萬物”的有形世界。較之《淮南子》和《河上公章句》多了一層由虚而實逐漸呈明的設想。《淮南子》和《河上公章句》是一上來就分陰分陽或者生陰生陽，《老子指歸》則是先呈明而後分化，稍微複雜一些。但是無論如何，《老子》比較含混的從單一到複雜的過程，被填實了宇宙生成的内容，在它們却是一致的。

再看第40章：“天下萬物生於有，有生於無。”

《河上公章句》：“萬物皆從天地生，天地有形位，故言生於有也。天地神明，蜎飛蠕動，皆從道生，道無形，故言生於無也。”[②]

《老子指歸》：“因道而動，循一而行……天地生於太和，太和生於虚冥。”[③]

《河上公章句》和《老子指歸》的注釋明顯凸顯了“道生天地”的思想。確實，漢代的《老子》注釋中有强化“道”之生成作用的傾嚮。

下面以《河上公章句》的相關注釋爲例，來説明這一點：

---

①道是虚之虚：“道，虚之虚，故能生一。”一是虚：“一以虚，故能生二。”二是無之無：“二以無之無，故能生三。”三是無：“三以無，故能生萬物。”引文皆見《老子指歸·道生一篇》，見王德有點校：《老子指歸》，中華書局1994年版，第18頁。

②王卡：《老子道德經河上公章句》，第162頁。

③王德有點校：《老子指歸》，第12頁。

例如《老子》第52章：“天下有始，以爲天下母。”并没有説“道”，也没有説“生”，而《河上公章句》的注文是：“始，有道也。道爲天下萬物之母。”[①]首先把“始”確認爲“道”，然後又確認“道爲天下萬物之母”，從而彰顯了道作爲本根的生成作用。

又如第28章：“樸散則爲器。”《河上公章句》的注文是：“萬物之樸散，則爲器用也。若道散則爲神明，流爲日月，分爲五行也。”[②]仍然是宇宙生成的思路。

又如第32章：“始制有名。”《河上公章句》的注文是：“始，道也。有名，萬物也。道無名，能制於有名。無形，能制於有形也。”[③]這裏與第52章的注文一樣，把“始”解釋爲“道”，也就是把“道”當作萬物的最終根據。

又如第39章：“萬物得一以生。”《河上公章句》的注文是：“言萬物皆須道以生成也。”[④]同樣强化了道的生成作用。

最後當然必須回到“域中有四大”的第25章。看看漢代的注釋如何對此章進行解讀。我們先看《河上公章句》的相關注釋：

> “有物混成，先天地生。”
>
> 注：“謂道無形，混沌而成萬物，乃在天地之前。”
>
> “周行而不殆。”
>
> 注：“道通行天地，無所不入。”
>
> “可以爲天下母。”
>
> 注：“道育養萬物精氣，如母之養子。”

---

①王卡：《老子道德經河上公章句》，第199頁。
②王卡：《老子道德經河上公章句》，第115頁。
③王卡：《老子道德經河上公章句》，第131頁。
④王卡：《老子道德經河上公章句》，第155頁。

"吾不知其名，字之曰道。"

注："我不見道形容，不知當何以名之，見萬物皆從道所生，故字之曰道也。"

"故道大、天大、地大、王亦大。"

注："道大者，包羅天地，無所不容也；天大者，無所不蓋也；地大者，無所不載也；王大者，無所不制也。"①

這裹没有引述25章的全文，也没有引述《河上公章句》的全部注文，而是着重引述了有關道與天地、道與萬物的語句。從這些引文中可以看出，"道"始終處於統領的地位，對於萬物，"道育養萬物"，成就它們；對於天地，"道通行天地"，"在天地之前"。"四大"雖然各有功能，但是道"包羅諸天地"，把天大、地大都包納在道大之下了。

如果説《河上公章句》還是以道"包羅諸天地"來表明"道"的統領作用，那麼，《想爾注》的注文就是直截了當地斷定了"道最大"。《想爾注》説：

大道之巍巍也，真天下之母也。……四大之中，何者最大乎？道最大也。②

四大之中"道最大"，"四大"排序當以何者打頭，不是很清楚了麽。

本文考察"域中有四大"的四大排序，意在解釋"道大"打頭的排序何以最終勝出。經過分析我們看到，當《老子》的注釋受到了漢代盛行的宇宙理論的影響後，一方面是"天下有

①王卡：《老子道德經河上公章句》，第101—102頁。
②饒宗頤：《老子想爾注校箋》，香港蘇記書莊1956年版，第34—35頁。

道”的理路在宇宙論方面的落空，一方面是“道生天地”的思路在宇宙生成論的影響下被一再强化，直到《想爾注》説出了“道最大”的話。“域中有四大”，而“四大之中……道最大”。在這樣的理解之下，四大排序以“道大”打頭，就是自然而然的了，更何況“道大”打頭與第 25 章的全章内容更加匹配。因此，無論從思想演進的潛在影響來看，還是從第 25 章的内容自洽來看，“道大”打頭的文本最終勝出都是必然的了，於是“天大”打頭的文本漸漸退出了讀者的視野。如果没有郭店本和漢簡本《老子》的問世，僅有一處《淮南子》的引文，恐怕還不足以提示我們注意到“天大”打頭的文本也曾經存在。出土文獻糾正了我們關於《老子》文本一些固定印象，讓我們看到了《老子》文本成書過程的複雜性：即使是簡單的“四大”排序，也將涉及許多複雜的背景。

原刊於《中國社會科學院研究生院學報》2015 年第 4 期

北大漢簡《老子》初研

李　銳　邵澤慧[①]

摘要　本文通過北大漢簡《老子》以及馬王堆帛書甲乙本、郭店簡本《老子》出土以來所引發的問題，討論了《老子》的形成問題，認爲應該通過多源多流的“族本”，而非一源衆流的“祖本”的思路來看待《老子》的形成。并通過分析《老子》形成時期的思想背景，指出《老子》的思想重點是“德”而非“道”，因此《老子》的《德》篇在前，北大漢簡稱之爲“老子上經”，而《道》篇在後。後世因秦焚書等原因，論道的書不多，故越來越重視《老子》中論道的内容，因而將《道》篇提前。最後，依據“族本”之間主題思想相近的思路，對於北大漢簡《老子》中的一些字詞解釋提出了一些意見。

北大漢簡《老子》的公布發行，是一件意義重大的事情。歷史上曾出土過項羽妾冢本《老子》，傅奕的古本《老子》據説本於它，但今天已經不復見古簡原貌。馬王堆漢墓帛書《老子》甲、乙本彌足珍貴，可惜殘損嚴重，而且有不少抄寫錯誤。郭店楚簡本《老子》甲乙丙三組是戰國時代的本子，但是合起來

①李銳，北京師範大學歷史學院史學研究所教授。研究領域：出土文獻與學術思想史。邵澤慧，北京師範大學歷史學院碩士研究生，北京十一中學一分校教師。

的全文衹有今本的三分之一[①]，如何看待還有不同意見。現在的北大本漢簡《老子》，是目前所見最完整、最接近今傳本《老子》的漢代古本。整理者韓巍已經根據各種重要的《老子》傳本，對北大簡《老子》做了相當認真的整理工作，并且仔細分析了北大簡《老子》與幾個重要的早期傳本之間的關係，持論甚平，斷語審慎，爲進一步的研究打下了基礎。

北大漢簡《老子》的出土，不僅有助於解决以往將郭店簡、馬王堆帛書與傳世本《老子》對讀過程中出現的一些難點問題，而且對於《老子》的形成也很有參考價值。下面不揣淺陋，談一點我們的淺見。

一

首先，是研究工作的指導思想或個人的研究前提、未反思而已存在的預設的問題。

《老子》諸文本之間的對讀工作，初期是一種“同文”（或稱“重文”“异文”）排比的工作，主要是進行校勘、訓詁，在此基礎上再進行更宏觀的工作。但需要闡明的兩點是：第一，對讀工作并不屬於嚴格意義上的“二重證據法”的範疇，不能因爲在某些問題上的失誤或問題未能解决，而質疑“二重證據法”本身的可靠性。[②]第二，在釋讀過程中，常見有兩種傾嚮，學

①一般據《郭店楚墓竹簡·前言》説郭店《老子》約爲今本的五分之二，但這個數字是把《太一生水》計算在内的。除去此篇後，實際郭店《老子》字數相當於今本的三分之一。見裘錫圭：《郭店〈老子〉簡初探》，載《道家文化研究》（第十七輯），三聯書店 1999 年版，第 26 頁。

②參見李鋭：《“二重證據法”的界定及規則初探》，《歷史研究》2012 年第 4 期。

者們或將出土文獻和傳世文獻“趨同”，或者“立异”，這一問題裘錫圭先生已經有所論述。[①]理想的方法當然是客觀中立地持平而論，但是由於對出土文獻的價值評判、個人的理解等原因，常常難免摻雜主觀因素。“趨同”或“立异”，摻雜主觀因素，這樣的問題尤其在由實存的文本而探討虛懸的文本源流問題時會發生。學者們從自身預設或不自覺地形成的源流觀出發，間以自身的一些主觀因素來“趨同”或“立异”。當前的學界，不少學者已經在竭力排除文本單綫流傳觀的影響，注意預設多種可能性，注意使用複雜性的思維。我們也曾一度致力於這種思考方式[②]，但現在看來仍然有需要改進之處。因爲當我們排除掉文本的單綫流傳觀之後，基本上是傾嚮於一源衆流的文本流傳觀，雖然有所進步，但其實這種觀念也有可疑之處，仍然是一種綫性思維，衹不過不再是單綫罷了。若要對文本源流問題進行更進一步的探索，《老子》恰恰就是最好的例證。

我們一般根據《史記》的記載，或認爲《老子》是老聃出關之前應關令尹喜之要求而寫的五千言，或預定諸《老子》文本應該來自於一個“祖本”。由此而來，大家對於郭店《老子》的看法就多數是以之爲某種原因造成的節選本。當然也有一些學者如日本的池田知久説這個就是最初的、尚處形成過程中的《老子》。[③]可是今傳本《老子》第64章的部分章節在郭店《老

①參見裘錫圭：《中國古典學重建中應該注意的問題》，載《中國出土古文獻十講》，復旦大學出版社2004年版，第8頁。
②參見李鋭：《書評：池田知久〈馬王堆漢墓帛書五行研究〉》，載韓國成均館大學國際版《儒教文化研究》（第7輯），2007年；《評池田知久著〈馬王堆漢墓帛書五行研究〉》，載《新出簡帛的學術探索》，北京師範大學出版社2010年版。
③池田知久：《尚處形成階段的〈老子〉最古文本——郭店楚簡〈老子〉》，載《道家文化研究》（第十七輯）。

子》甲、丙中皆有見，而且可以看出用字等方面的歷時性差异，再者池田知久這麽説也是爲了維護他自己過去一貫的某些觀點，因此回應其説者不多。美國學者羅浩（Harold D. Roth）把學界的諸種觀點歸納爲《老子》來源的三種模型，一是輯選模型，如節選本之説；二是來源模型，認爲在郭店簡《老子》之外可能還有其他别本，這些文本在某個時候綜合成爲後世 81 章本的祖本，略近於池田知久之説；三是并行文本模型，推測郭店《老子》81 章本《老子》祖本，以及與《管子·内業》等類似作品一樣來自更早的一種或多種原始材料。[①]羅浩所描述的第三種模型，是因爲他認爲存在“早期道家”。羅浩雖然竭力論證其説可以成立，但是道家這個名稱在先秦是否存在，表示何種意義，其實很成問題。[②]此外還有一些學者提出了調整後的一些模型。李若暉則提出“并不存在一個絶對的《老子》原本”，要“取消原本”，他按時間順序將《老子》分爲形成期、成型期、定型期、流傳期。[③]寧鎮疆通過研究《老子》中“同文復出”的文字，指出“《老子》原本的完成，不會是一鼓作氣，一氣呵成的，更可能是斷斷續續地寫一些章，最後總輯而成”，他贊同李若暉所説《老子》存在一個“成型期”的時代，改稱爲“濫觴期”，并認爲“此一時代有着相當的時間跨度”。[④]

我們認爲，羅浩的“并行文本”説有可取之處，但是不必

①羅浩：《郭店〈老子〉對文中一些方法論問題》，載《道家文化研究》（第十七輯），第 200 頁。

②參見李鋭：《近年西方漢學界對中國古代學派的研究述評》，載《戰國秦漢時期的學派問題研究》，北京師範大學出版社 2011 年版。

③李若暉：《郭店竹書老子論考》，齊魯書社 2004 年版。

④寧鎮疆：《〈老子〉“同文復出”現象初步研究》《從簡本看今本〈老子〉的形成——兼論帛書本在〈老子〉文本流傳過程中的地位》，并載《〈老子〉“早期傳本”結構及其流變研究》，學林出版社 2006 年版。

牽扯《内業》以及早期道家等内容，因爲這可能導致完全消解《老子》的獨立性，恐怕不太合適；而且其所説“來自更早的一種或多種原始材料”，也有些含混，到底是一種還是多種，其實差别比較大。不過，“并行文本”説可以較好地解釋諸本《老子》之間的矛盾之處，如“絶仁弃義”不見於郭店《老子》，就不必假設有某些學派之支流改動後纔産生了“絶仁弃義”的文本——因爲要假設説文本可能有人改動固然是可以的，問題是對於一個流傳廣泛的文本，要讓共時存在着的其他文本全部聽從其改動，并在戰國末以前就定型，這恐怕過於困難。要知道學派的傳承是以師承、師説、經典等因素來維持的，一個學派絶不會輕易采信别本來改易自家流傳的“聖經”，尤其是關涉到思想重大差异之處。這一點，看看漢代今文博士的舉動就容易明白。此外，李若暉和寧鎮疆的意見也有可取之處，他們將《老子》的形成視爲一個較長期的過程，有取消原本的想法，不乏其合理性。但是這與傳統的記載存在一定的差距，勢必以否定傳統爲其立論基礎。雖説傳統的記載并非神聖不可侵犯，很可能有錯誤，不過在缺少堅强證據的條件下，在兩千年之後的今日，我們不妨從其他的角度來考慮這一問題，儘量求圓融、通約而少做懷疑、否定古代文獻記載的事情。

我們認爲，就《老子》而言，如果我們承認有老子這個人，承認《史記》關於他出關而作《老子》五千言的記載（《史記》所説“著書上下篇，言道德之意五千餘言”可能是老子整理自己的舊説，乃至關尹、關尹弟子托老子之名而整理，類似孔子弟子後學托孔子之名整理詩書而歸之於孔子，這仍然合於先秦學派著作的規則），也不能排除老子在寫五千言之前，還曾經零散地講過一些話，被其弟子所記録，雖不如五千言完整，但是同樣具有“宗師”之言的性質，被弟子後學分別傳承；在當時也早已流傳開，所以時人對老子之言有評論，老子也有辯解，《老子》第 67 章說：“天下皆謂我道大似不肖。夫唯大，故似不肖。若肖，久矣其細也夫。”而五千言雖然相對最爲完整，但或衹是別子爲宗的本子，要之最初的重要性可能没有後世那麼大。同時，老子在“著”所謂五千言之後，也可能還有一些言論被弟子所記録、傳承，既有與五千言大同小异者，也有主旨相近而文字不同者，以及不見於五千言者。關於不見於五千言者，除却《文子》中的“老子曰”不算，蒙文通先生收集了 23 條佚文（雖然有一些可以懷疑），可以參看。[①]老子的弟子後學中，未能自成一家者，會整理、收集老子的言論；而開宗立派者，或可能衹傳承所得的部分老子言論；此外，私淑弟子或博覽群書者，則可能衹抄寫部分老子言論以爲己用。因此，不奇怪在老子生前身後，會有各種各樣的《老子》文本。據説年長於老子很多的叔向曾引老子之言，《説苑·敬慎》載：

> 韓平子問於叔向曰：“剛與柔孰堅？”對曰：“臣年八十矣，齒再墮而舌尚存，老聃有言曰：‘天下之至柔，馳騁乎天下之至堅。’又曰：‘人之生也柔弱，其死也剛强；萬物草木之生也柔脆，其死也枯槁。因此觀之，柔弱者生之徒也，剛强者死之徒也。’”

“因此觀之”，《老子》作“故”，其他文字有小异。即使到了漢代，據謝守灝《混元聖紀》引劉歆《七略》（恐爲劉向《別録》）

①蒙文通：《〈老子〉佚文》，載《道書集校十種》，巴蜀書社 2001 年版，第 121—122 頁。按：《文子》中的非對話性的“老子曰”，還有待研究。參見李鋭：《〈文子〉的成書問題》，載《同文與族本——新出簡帛與古書形成研究》，中西書局 2017 年版。

佚文，記劉向校讎《老子》就有“太史書一篇”之本[①]（而《漢書·藝文志》載“《老子傅氏經説》三十七篇”，篇章數同於後世《老子·道》篇的章數，或以爲“太史書一篇”即是道經部分，但也存在其他可能性），而今天所見的帛書《老子》和漢簡《老子》，章節的劃分、順序也和今傳本不同。

這種情況就好像《墨子》中有《尚賢》《尚同》《兼愛》《非攻》《節用》《天志》《明鬼》《非樂》《非命》等許多三篇并立的情況，一般認爲是墨家三派所傳（當然也有持不同意見者），所記宗師之言長短不一。可是《墨子》佚文記載墨子曾經獻書楚惠王，估計其内容還是《兼愛》等闡述其宗旨的篇章。若然，則《墨子》的一些篇章可能有自作本，其與今存本《墨子》中三篇并立者，最多衹可能與一篇相同，但是其他的篇章仍然是宗師之言，不容否定，所以也被收入《墨子》。這種情況還可以參考上博簡《慎子曰恭儉》，此篇是慎子弟子所記慎子之言，并且有明顯的以之爲經、爲之作注的性質[②]，可見其重要性。但是今本《慎子》乃至相關引言中并沒有這些内容，是故不奇怪有學者會懷疑此篇中的“慎子”不是慎到而是儒家的慎子。其實今傳子書多是秦火之後剩餘的學派著作的集合，甚至摻雜了學派外的一些内容。我們雖然比前輩學者有進步，采信了余嘉錫《古書通例》之言，認識到子書爲學派著作集合，却有不少學者在想象中將子書當作了此一學派的全部著作（像認爲郭店簡中的某一些篇章一定見於《漢書·藝文志》中的《子思》，就是不僅不知道這一差别，更不知道中秘之書與民間書的差别），并因爲

①《道藏》，第 17 册，第 814 頁 B。
②參見李鋭：《上博簡〈慎子曰恭儉〉管窺》，《中國哲學史》2008 年第 4 期。

“六家”“九流十家”的觀念束縛，以爲子書、學派著作勢必道一風同，與别家别派决然對立。其實先秦時期“言公”的内容非常多，諸子百家學派之間恐怕衹是在關鍵性的問題上有其特色，有些差别而已，不會處處都不同。

由此來看，先秦秦漢時期古書的形成流傳過程中，由後世的校勘學所發展出的“祖本”或“底本”“原本”等觀念，或許在適用於早期的古書文本時，應該適當地變一變。是否可以説在最初出現的是反映一個人思想的言論，此是思想的起源（但是這個起源也有歷時性差别，有早期語與後期言的不同）。思想、言論由於記載、引用、篇章别行，乃至前後期寫作等不同，形成了反映思想的諸多彼此主題思想、主體内容相似的“族本”[①]（借用維特根斯坦的“家族相似”這一觀念，但是我們認爲這些“族本”之間不僅存在交叉重叠的相似性關聯，而且存在一些共同性的本質特徵。不過我們不要以爲在“族本”之上還有寫定的“祖本”，如果真有“祖本”的話，它也應該是思想家未寫出、説出之前的思想，而思想還會有早晚的差异），此是文本的源頭。“族本”之間，個别思想可能由於哲學家本人的思想變化、不同場合的評論，以及整理、記録者的理解而小有差舛，但是主體相近。“族本”通過不同的方式流傳，互相影響，逐漸出現了一些主體部分相對“固定”“完整”的文本，“完本”較有取代他者的優勢。後世再經過政府表彰、注疏、刊刻等原因，某些文本得以成爲權威，其他文本逐漸邊緣化、被歷史湮没或因某種原因偶然再現。因此，在多源多流的情况下，文本

①我們曾嘗試提出過“族本”説（參見李鋭：《“對文”分析法評析》，載《新出簡帛的學術探索》，第27頁），但是有學者懷疑乃“祖本”之誤。今詳細説明之。

之間彼此或多或少地相似。但除非是同源异流且未受干擾的文本，否則我們很難發現彼此主體相同的文本。所以，我們由流去回溯源，以致假設衹有一個本源，是不合適的。因此，不奇怪整理者比較早期幾個《老子》傳本之後的結論是："西漢竹書《老子》的文本形態介於帛書甲、乙本與傳世本之間……漢簡本與傳世各本的差异，比傳世各本之間的差异還是要大得多。"①

子書的"族本"觀念，或也可以運用到某些經、史、集之上。比如傳統上認爲《尚書》中的不少内容是當時史官的實録，但這主要是周書的大部分内容。至少今本《金縢》與清華簡《金縢》，或是本於同一故事而不同人講述、寫作，故有不少差异而主體仍相同，成爲"族本"關係，其中周公的"册祝"部分，二者恐怕都不是"原本"的内容。②就商書而言，由近出清華簡《傅説之命》三篇來看，恐怕不是所謂孔子修訂的《尚書》中的那三篇《説命》，而衹是一些"族本"。③由此以觀郭店簡《性自命出》與上博簡《性情論》，郭店簡《五行》與馬王堆帛書《五行》"經"文部分的异同，不難體會其不同之處似不宜夸大，而應該從其主體相同的部分來考慮相關問題。

二

羅浩提出"早期道家"，有一本專書——《原道：〈内業〉與

①韓巍：《西漢竹書〈老子〉的文本特徵和學術價值》，載北京大學出土文獻研究所編《北京大學藏西漢竹書（貳）》，上海古籍出版社 2012 年版，第 224 頁。

②參見李鋭：《〈金縢〉初探》，《史學史研究》2011 年第 2 期。按：原文説二者是同源异流的關係，現在看應該改爲"族本"關係。

③參見李鋭：《清華簡〈傅説之命〉研究》，《深圳大學學報》2013 年第 6 期。

道家神秘主義的基礎》(*Original Tao: Inward Training and the Foundations of Taoist Mysticism*)。[1]羅浩爲了揭示他的“早期道家”的含義，在最後一章(第五章)第一節《司馬談的六“家”》(*the Six “Schools” of Ssu-ma T’an*)討論了司馬談。羅浩認爲司馬談的學派區分多基於術、實際的方法而不是學説，比如司馬談不談儒家的倫理思想而注重禮儀實踐。他指出我們能從書裏面閲讀思想，但是衹能從老師那裏學到術，因此他認爲術也應被視爲一個描述漢以前知識世系的方法，而不僅僅衹有哲學思想這一種方法。由此我們可以分析戰國晚期的思想，各學派的哲學雖然可以融合，但是術仍然不同；而用術判定世系，還能解決傳統内部的變化和發展這個問題。因此，道家是可以成立的。[2]羅浩認爲早期道家起源模糊、組織不明，但是他們有鮮明的原則和方法以及典籍，這就是《管子》中的《内業》等篇。

雖然我們不贊成早期道家這個提法（饒宗頤的“先老學”或許更合適[3]）以及他的某些觀點，但是羅浩的書揭示了一個重要的問題，就是如何看待《管子》等書中與所謂“道家”相關的一些思想概念。其實中國學者早就在探討這方面的問題。郭沫若曾指出《管子》中的《内業》《白心》《心術》上下等篇爲宋鈃、尹文的遺著（引者按：此四篇一般被稱爲“《管子》四篇”，郭氏原文還包括《管子·樞言》），并説：“《内業》和《心術》的基調是站在道家的立場的，反復咏嘆着本體的‘道’以爲其

①參見羅浩著，邢文、陶磊、嚴明、何金俐譯：《原道：〈内業〉與道家神秘主義的基礎》，學苑出版社 2009 年版。

②參見羅浩著，邢文、陶磊、嚴明、何金俐譯：《原道：〈内業〉與道家神秘主義的基礎》，第 155—163 頁。

③參見饒宗頤：《(傳老子師）容成遺説鈎沉——先老學初探》，載《中國宗教思想史新頁》，北京大學出版社 2000 年版。

學説的脊幹。……宋鈃這一派，無疑是戰國時代的道家學派的前驅。”[①]由於郭沫若認爲《老子》成書晚，所以不難推知他心目中的宋鈃、尹文的遺著中所論的“道”，是《老子》的前驅。馮友蘭則認爲尚不能確信這幾篇是宋鈃、尹文的遺著[②]，裘錫圭先生認爲是慎到田駢學派作品。[③]但是至今這些篇章的作者還難以確定，裘錫圭先生後來就曾指出其説與郭説，“證據都嫌不足”。[④]重要的是，這幾篇中所論的“道”以及與“道”相關的思想或其來源，有可能很早，即使不是《老子》的思想來源，或也可以看作《老子》的思想背景。

由此我們不難看出，《老子》一書論“道”雖然很豐富，很有深度，但是這很可能衹是在古書大量佚失的情況下給我們的一種錯覺。與《老子》中論道的内容相并世或時代接近的，尚有《内業》《白心》《心術》上下等篇；由出土文獻來看還有上博簡中的《恒先》《凡物流形》等内容，其竹簡年代下限在戰國中晚期之間，莊子尚在世之時。而且《凡物流形》的章節以“聞之曰”開始，表明所説的内容是當時皆可聞見的，則所聞内容的起始年代就要更早了。更可以注意的是，《恒先》和《凡物流形》衹是再次出土的内容，相對於那些未能得以出土的相近思想文獻而言，恐怕衹是冰山一角。因此，雖然上博簡的年代

①郭沫若：《青銅時代·宋鈃尹文遺著考》，載《郭沫若全集·歷史編》（第一卷），人民出版社 1982 年版，第 563、570 頁。
②馮友蘭：《先秦道家所謂道底物質性》，載《中國哲學史論文集》，上海人民出版社 1958 年版。
③裘錫圭：《馬王堆〈老子〉甲乙本卷前後古佚書與“道法家”——兼論〈心術上〉〈白心〉爲慎到田駢學派作品》，載《文史叢稿——上古思想、民俗與古文字學史》，上海遠東出版社 1996 年版。
④裘錫圭：《稷下道家精氣説的研究》，載《文史叢稿——上古思想、民俗與古文字學史》，第 17 頁。

比傳統記載的《老子》成書年代可能要晚，但是衹要我們拋開傳統的“道家”觀念，把《恒先》《凡物流形》以及《内業》諸篇不再視爲“道家”的作品——或看作未必直接受《老子》論“道”的内容影響的作品，那麼我們就能明白在當時有大量的論“道”的文獻，甚至可以猜想不乏在思想深度上和《老子》接近的作品。這一點，我們也有過專門研究，舉凡《老子》中“道”的含義——精氣、一、本原、楷式、言説、道路等，當時無不有論述者。[①]《老子》中著名的“道生一,一生二,二生三,三生萬物”，解者雖多，但多難憑信，這主要是因爲我們不瞭解其言説背景，故不知一、二、三所指爲何；但是《凡物流形》中的“聞之曰：一生兩，兩生三,三生四,四成結（吉?）”，一定有與之相近的内容，而這樣的内容是“聞之”而得的，可見其流行之廣。

其實西周以來，哲人智者就在努力探求天道，以期推天道以明人事。不過周人言“道”，最初用的是“猷”“裕”。《方言》卷三：“裕、猷，道也。東齊曰裕，或曰猷。”《康誥》説：“康乃心，顧乃德，遠乃猷裕。”《君奭》有：“告君乃猷裕，我不以後人迷。”也通假作“由裕”,《康誥》有“乃由裕民”，義爲“導”。作爲“方法”講的“道”，則見於《詩・大雅・生民》：“誕后稷之穡，有相之道。”此時的“道”可能還没有上升爲核心的概念，但是已經具備了進一步發展的條件。如《小雅・巧言》説：“秩秩大猷，聖人莫之”；又“猷”與“猶”字形左右互换，古多通假，故《小雅・小旻》有：“我龜既厭，不我告猶……匪先民是程，匪大猶是經”,《毛傳》：“猶，道也。”這

①參見李鋭：《道精、道一與道德、道説——試論理解〈老子〉之“道”的另一種角度》,《人文雜志》2009年第5期。

説明此時已經提出了大道，并且和聖人聯繫在一起，這種含義的發展空間很大。後來春秋時人就常常用“天道”來説事，天有規律可以把握的思想，應該在西周時期就已經形成了。《國語·周語中》録單襄公之言，稱“先王之令有之曰：‘天道賞善而罰淫，故凡我造國，無從非彝，無即慆淫，各守爾典，以承天休。’”(與“天道賞善而罰淫”相應，《國語·晋語六》述范文子之語有“天道無親，唯德是授”，其後《説苑》所引金人銘、《老子》、《太公金匱》等有“天道無親，常與善人”，皆與之接近，這當是主流思想。)《周語下》記衛彪傒云“天道導可而省否”，《吴語》載伍子胥説：“天命有反”，“夫天之所弃，必驟近其小喜，而遠其大憂”。《左傳·襄公十八年》更記述了對於天道的不同體察和觀念交鋒：“楚師伐鄭……晋人聞有楚師，師曠曰：‘不害。吾驟歌北風，又歌南風，南風不競，多死聲。楚必無功。’董叔曰：‘天道多在西北。南師不時，必無功。’叔向曰：‘在其君之德也。’”

但是其後子産説出了明言“天道遠，人道邇”，標志着思想的轉嚮，從此對於天道的體察衰落，對於人道的體悟上升。[①]因此，儘管《老子》尚引古語如“天道無親，常與善人”“建言有之”“蓋聞善攝生者”“古之所謂曲則全者”“聖人云”“是謂”

①清華簡《良臣》篇，整理者指出“記述黄帝以至春秋著名君主的良臣……從黄帝到周成王依歷史順序，春秋晋文公至鄭子産的師、輔則按國别編排（最後楚共王一條似係後補）”，包括周公孔子等，唯單單講子産之師與子産之輔，可見對子産之崇奉。此篇的寫成時代大約是春秋末至戰國初，整理者説“簡上文字有的屬於三晋一系的寫法，如‘百’字做‘全’。考慮到篇中特別突出子産，詳記‘子産之師’、‘子産之輔’，作者可能與鄭有密切關係”，這很有可能。但是此文既然和諸多楚簡同出，應該是流傳到了楚國，而且有“似係後補”的楚共王一條，看來對子産的尊崇，應該也得到了鄭國之外的一些人的認同。

等來論述與道有關的内容，但是這些思想的重要性已經下降了，或者説其引用正表明當時的思想家都清楚這些内容。而且《老子》看似尚天道而反對人道（如第77章有“天之道，其猶張弓與？高者抑之，下者舉之；有餘者損之，不足者補之。天之道，損有餘而補不足。人之道則不然，損不足以奉有餘”），但是當時子産等已經用“天道遠，人道邇”來排斥天道而看重人道了。因此，老子對於道的思想在當時的某些人看起來，或許并不代表最先進的内容，至多衹是一家的總結之言。時人對其學説的評價是“天下皆謂我道大，似不肖”。

其實，論道雖然很重要，但這恐怕并不是《老子》在當時最特别的思想，然則郭店簡《老子》中這一部分内容較少也并不奇怪。我們認爲，《老子》的特别之處仍然是論述人道，是聖人之道，即是其德論，是從“道”的高度來論德。其難能可貴之處，是因爲一般性的德論，在當時也已經很多，而老子從“道”的高度來論德，不僅改造了當時的“德”論，也賦予了道以新的内容（詳另文）。

陳康曾指出：《老子》中的道指普遍原理，獨一無偶，不爲時空所限。自此觀之，“道”爲一普遍有效之原理，其拘束力永恒弗替，此“道”之所以曰“常”。然老子又言“大道廢”，大道苟廢，胡可曰“常”？按老子之義，大道廢弛，乃由於人之違道。人事範圍而外，“道”則周行不殆。於是“道”有總義二焉：一爲存有之原理，一爲規範性之原理。規範性之原理可從可違，嚮背任人自擇，物則不能如是，唯受制於存有原理而已。於是人物之别以明。中國哲學中人之發現，自此始矣。[①]道之

① Chuang-hwan Chen：What Does Lao-tzu Mean By The Term “Tao”，臺灣“《清華學報》”1964年2月新第4卷第2期。

所謂對於人事範圍的規範性原理，即是德。而“中國哲學中人之發現，自此始矣”，恰恰表明《老子》看似重天道，其實質仍然是重“人道”，他追求的是人道要合乎天道。（我們對於陳康之文還有些小有不同的意見，我們認爲老子其實并不是要説規範性之原理可從可違，嚮背任人自擇，而是要人依道行德，順應自然，此爲聖人之道或天道，而激烈反對人道。）這種天人合一的大方嚮，以及人作爲主體的自主追求進步，孔子等自然也認同，衹是對於何爲“天道”，老子與孔子等有不同的認識或預設。

因此，關於帛書和北大簡《老子》之《德》篇在《道》篇前的問題（北大簡稱《德》篇爲《老子上經》），雖然解釋者已有很多，但我們認爲如此安排的原因，當是因爲《老子》乃至很多思想家對於“道”已經有了很多論述，有不少共識，因此《老子》的重點不是道而是德（即便老子要從道的視域來説德）。是故《德》篇最重要，因而被作爲《老子上經》，《道》篇則居其次。《德》篇開始的第一章講的是“上德”“下德”以至於仁、義、禮等内容，此後還有不少章節談論了大丈夫、侯王、士、王公、用兵者等如何依道行德的内容，這都屬於人事範圍，但聖人和普通人有不同的行事方式。天道本來亘古已存，無所不在，無所虧欠，這是當時的共識。但是德則有上德、下德之别，是故“大道廢”其實是上德廢，而人應該自主地離弃下德、仁、義、禮，返璞歸真。聖人如此治國行事，是順應自然之理，合乎天道、合乎道一德的。《老子》的重點既在於此，則以論上德、下德、仁、義、禮的《德》篇居首，就不奇怪了。當然，先秦古書的篇名，往往是拈篇首字作篇題，并不一定具有很深的含義。因此，《德》《道》二篇并不是分别講述德和道兩個内容，而是二者交互穿插在一起。但是《德》《道》二篇的第一章，確實都有提綱挈領的作用。至於《老子》也講“失道而後德”，那當然是因爲“道”是更爲本源性的概念。

後世以《道》篇居首，則是因爲秦火之後以至西漢末、東漢末等書籍聚散之厄，使子學傳承、子書流傳受到很大的打擊，論道的著作有不少佚失，故而《恒先》《凡物流形》不爲後人所見。《老子》則因易於流傳，而其論德的内容有黄老之學傳承，在漢初被作爲意識形態，故《老子》論“道”的内容得以相對地凸顯。而且道是終極性的觀念，因此馬王堆帛書有《道原》，《文子》有《道原》篇、《淮南子》有《原道》篇，皆論道，成爲一種風氣。是故《法苑珠林》卷68引《吴書》闞澤對答孫權敕問云：“至漢景帝，以《黄子》《老子》義體尤深，改子爲經，始立道學，敕令朝野悉誦習之”，提出“道學”之名。此處的《黄子》，應該就是《漢書·藝文志》的《黄帝四經》（未必是馬王堆帛書《經法》諸篇）。其實黄老之學重在實際運用，重視的應該是德論——所謂人事範圍的規範性原理，《史記·曹相國世家》就説：“蓋公爲言治道貴清静而民自定，推此類具言之。”《論衡·自然》説得更清楚：“黄、老之操，身中恬淡，其治無爲。正身共己而陰陽自和，無心於爲而物自化，無意於生而物自成。”但在黄老之學的視域裏，《老子》的道論是根本，德論反而次之。故“習道論於黄子”的司馬談，“論六家之要指”時，或稱道家爲“道德”。到劉向校《老子》時，可能已經有專研《道》篇的書了，因此很可能是他把《道》篇放在了前面。其處置淮南王書，也是分爲内外篇，顔師古注説：“《内篇》論道，《外篇》雜説。”

三

北大簡《老子》書法漂亮，可惜没有校勘痕迹，存在錯字，時代比帛書要晚，不過它還是能够給我們很多啓發。參校諸本，在研讀過程中，根據上述考究“族本”源流的原則，我們有一些淺見。

整理者韓巍較好地注意到了探索《老子》諸本源流的工作，這樣的成功例子在書中有不少，此不備舉。但是個别地方似乎還可以再考慮。如第四章（王本第41章）“上士聞道，堇（勤）能行”，注釋説“‘堇’，帛乙同，讀爲‘勤’。‘勤能行’，帛乙作‘勤能行之’，王本等作‘勤而行之’；郭簡作‘堇（僅）能行於其中’，文義相差較大”。其實簡本與郭店本均作“堇”，或讀爲勤，或讀爲僅，是注釋的問題。從上下文的結構看，諸本應讀爲同一個字，或表示相同的意思。劉殿爵認爲帛乙的“堇”應讀爲“僅”而不該從今本讀爲“勤”，并且指出“能”“而”古通，不少學者贊同其説。[1]但鄙意“堇”讀爲“僅”并不合適，“能”“而”古通則很有道理。因爲一則與“堇”字相應者，夏竦的《古文四聲韵》引《古老子》、范本等作“懃”，意思同勤。二則《老子》第15章有“古之善爲士者，微妙玄通，深不可識”，分明是論有道者（此處北大簡本作“古之爲士者”，但帛書本、傅奕本作“古之善爲道者”，《老子》第65章也有“古之爲道者”，是“士”有异文作“道”，河上公本解釋“士”爲“得道之君”），又《老子》第68章有“善爲士者不武”，《老子》此兩處所説“士”應是層次很高者乃至指有道者。三則此處將

①參見廖名春：《郭店楚簡老子校釋》，清華大學出版社2003年版，第428—430頁。

聞道之士分爲三類，如果是僅能行之，則與下士的“大笑之”不對稱，或當再分類。因此，綜合考慮，此處的上士不當是僅能行之，而應該是“勤能（而）行”“勤能（而）行之”或“勤能（而）行於其中”，如此則諸本并無差异。

又如第九章（王本第46章）“咎莫灊（憯）於欲得”，注釋説：“‘灊’，郭簡作‘僉’，帛甲、傅本及《韓非子·喻老》引文作‘憯’，其餘傳世本多作‘大’，遂州本作‘甚’。‘灊’‘僉’‘憯’皆讀爲‘憯’，《説文·心部》：‘憯，毒也。’”按范應元曾説：“憯音慘，痛也。”注釋與范説雖不同，但讀法可謂有據。不過考慮到傳世文獻作“甚”者頗多（不止遂州本，敦煌本、李約注、成玄英疏等也作“甚”），畢沅、馬叙倫指出“甚”“憯”古音同，諸家多據《韓非子》讀爲“憯”，訓痛。郭簡原注釋也讀爲“憯”。或直接讀隸定字“僉”爲“僉”，引《方言》等訓爲“過甚”。①其實今本作“大”者，可能是順上文而改。若據“甚”“憯”古音同，將郭簡、漢簡、帛書等諸處讀爲“甚”，或較能通約。

再如第十五章（王本第52章）“啓其兑，濟其事，終身不來（勑）”，整理者指出：“‘來’，郭簡作‘逨’，帛乙作‘棘’，傳世本作‘救’。‘逨’‘來’通用，‘棘’爲‘來’之訛，隸書‘來’‘求’形近易混，疑‘來’先訛爲‘求’，再變爲‘救’。‘逨’‘來’應讀爲‘（勑）’，《説文·力部》：‘勑，勞也。’”按：整理者指出“隸書‘來’‘求’形近易混”，戰國文字便如此。“逨（坴）”可讀爲“棘”，可參郭店簡《窮達以時》簡5“吕望爲臧坴（棘）津”。《古文四聲韵》入聲引《古老子》“棘”作“”，

①參見廖名春：《郭店楚簡老子校釋》，第53頁。

與“垄”形近，僅下部手、止之别，而手、止作爲形符可互换，因此帛書本或是據“垄”字而生變。“垄”讀爲“勑”可從，唯解釋當作順或理（魏啓鵬已有説[1]），字同“敇”。《廣雅·釋詁一》：“勑，順也。”《廣雅·釋詁二》：“敇，理也。”

由此可見，諸“族本”之間，彼此的主題思想多是相近的，但是也有存在差异者，整理者已經指出了一些。但是有個别地方或當討論，如第三十七章（王本第73章）“謲（默）然善謀”，注釋説：“‘謲然’，帛甲作‘彈而’，帛乙作‘單而’，王本、河本作‘繟然而’（《經典釋文》引河本‘繟’作‘墠’），顔本作‘坦然而’，傅本作‘默然而’。‘謲’即‘默’之异體，‘彈’‘單’‘繟’‘墠’皆讀爲‘坦’。漢簡本與傅本爲同一系統，作‘默然’；帛書與王本、河本、顔本爲同一系統，作‘坦然’。疑此字本作‘謲（默）’，先訛爲‘單（彈、繟、墠）’，再讀爲‘坦’。”按：“謲（默）”，訛爲“單（彈、繟、墠）”之説難信，但分兩系之説可從。“單（彈、繟、墠）”古音端紐元部，疑當讀爲“憺”（定紐談部）。《廣雅·釋詁四》：“憺，静也。”《廣韵·德韵》：“默，静也。”二者恐實乃文義相近。

又如第五十二章（王本第9章）“梪（揣）而允（捃）之”，注釋説“‘梪’，郭簡作‘湍’，帛乙作‘掟’，傳世本多作‘揣’，傅本作‘敱’。‘湍’‘敱’皆讀爲‘揣’（初母歌部），訓爲‘持’。‘梪’應爲‘掟’之訛，從‘短’（端母元部）得聲，亦讀爲‘揣’。‘允’，帛乙同，帛甲殘存右旁，整理組疑爲‘鉛’字，讀爲‘允’；郭簡作‘群’，王本、傅本作‘棁’，河本作‘鋭’，想本作‘悦’。‘允’（喻母文部）‘群’（群母文部）音近可通，疑

①參見魏啓鵬：《楚簡〈老子〉柬釋》，臺灣萬卷樓圖書有限公司1999年版，第51頁。

當讀爲‘捃’(見母文部),《説文·手部》:‘攈(古捃字),拾也’,《方言》卷二:‘攈,摭、取也。’疑‘允’先訛爲‘兑’,又變爲‘梲’‘鋭’‘悦’等字。”整理者很好地做了一種溯源工作,其説“梪”可從。但允、鉛、群等可能當讀爲鋭。[①]此句“揣”之義當爲捶擊,似仍當從通行本作“揣而鋭之”。

再如第六十八章(王本第27章)“是謂欲(愢)明”,注釋説:“‘欲’,帛甲作‘愢’,帛乙作‘曳’,傳世本作‘襲’;《説文·心部》:‘愢,習也’,‘習’‘襲’音義皆近,常通用,‘愢’‘習’爲同義换用;‘欲’(喻母屋部)、‘曳’(喻母月部)音近可通,‘欲’應讀爲‘愢’。”按:“欲”與“愢”聲韵相差較遠,恐難通假。且《説文》的“愢”字,段玉裁認爲當作“忕”,乃習慣之義,而“愢”乃避唐太宗之諱的“怈”字之變[②],則“忕”“愢(怈)”恐皆不適合解説《老子》。《倉頡篇》《廣雅·釋詁四》:“愢,明也”,則帛甲“愢明”即明明。“愢”從“曳”聲,帛乙可以讀作“愢”。通行本的“襲明”,襲有重義,則“襲明”乃重明,即是明明,與帛書本文義相近。北大簡的“欲明”,可注意第六十五章(王本第24章,亦見第七十二章,王本第31章)的“物或惡之,故有欲者弗居”之“欲”,王本作“道”,似當讀作“裕”,用高明引《方言》説訓爲“道”[③]。則此處北大簡的“欲明”可解作“道明”,比明明之義更深。

①參見廖名春:《郭店楚簡老子校釋》,第361—364頁。
②段玉裁:《説文解字注》,浙江古籍出版社1998年影印經韵樓本,第506b—507a頁。
③高明:《帛書老子校注》,中華書局1996年版,第338頁。

四

整理者由於體例和個人關注點不同，行文精簡。但在我們看來，有一些意見或可以補充。如第一章（王本第 38 章）“上德無爲而無以爲”，注釋説“帛書、王本同”，或可以補充河上公注本（“河本”）。“下德爲之而無以爲”，注釋説“傅本同”。但除了傅奕本外，范應元《老子道德經古本集注》（“范本”）所見王弼注也是作“下德爲之而無以爲”，或可以補充説明。第四章（王本第 41 章）“建德若榆（偷）”，注釋引范本作“輸”，但蔣錫昌已經指出此爲范失校致誤[①]，或可進一步説明。此外，北大簡《老子》第二十七、二十八兩章相當於王本第 64 章，整理者指出：“傳世本將本章與上章合爲一章，但兩章主旨判然有别，漢簡本分爲兩章顯然更爲合理，郭簡亦分爲兩章且未連抄。”其實，這裏可以補充指出《韓非子·喻老》中，分兩處解説了王本第 64 章（其中間有解説第 52、71 章的内容）中的“其安易持也，其未兆易謀也”，“欲不欲，而不貴難得之貨”，對應漢簡本上下兩章的内容，這説明《韓非子·喻老》所用的《老子》版本，也是將王本第 64 章分爲兩章的。

整理者的個别解釋或可讓人有保留意見，如第二十章（王本第 57 章）“人多智而苛物滋起”，注釋説傳世“奇物”等當從漢簡本讀爲“苛物”：“《説文·艸部》：‘苛，小草也’，段注：‘引申爲凡瑣碎之稱。’”但瑣碎之物與智巧之關係似不如“奇物”來得自然。

又如第四十三章（王本第 80 章）“使民重死而遠徙”，注釋

---

①蔣錫昌：《老子校詁》，臺灣東昇文化事業有限公司 1980 年版，第 275 頁。

説"'遠徙'，帛書同，傳世本多作'不遠徙'，遂州本作'不徙'。'遠'在此義爲'遠離於'，後人誤解而增'不'字。"按：後人誤解之説可信，但此處"而"字或可認爲義爲與也，及也，此句是説看重死，看重遷徙，故不會輕易地遠徙（許抗生説"重"和"遠"爲對文，尚隔一間①）。《説苑・修文》有："傳曰：觸情縱欲，謂之禽獸；苟可而行，謂之野人；安故重遷，謂之衆庶"，上博《仲弓》載："夫民安舊而重遷"，"重遷"即是"重遠徙"。

再如第六十章（王本第17、18、19章）"三言以爲文未足"，注釋指出"文"字郭簡作"貞（事）"，其實此字可能應當隸定作"弁"而讀作"辯"②。

有或不必改字者，如第四章（王本第41章）"大白如辱（黣）""天（大）象無形"，傅奕本、范應元本作"黣"，但其實"辱"有黑、污之義，以白造緇爲辱，或以"黣"（黑垢也）爲"辱"之古文，但《説文》無"黣"字，恐作"辱"即可；"大象"作"天象"亦可。

又如第十三章（王本第50章）"兕無所椯（揣）其角"，注釋説"揣"訓持，或可商。其實"椯"字《説文》有一義項訓"剟"，剟之義可爲刺、擊。(《史記・張耳陳餘列傳》："榜笞數千，刺剟，身無可擊者，終不復言"，司馬貞《索隱》："掇，亦刺也。"《廣韵・末韵》："剟，擊也。"傳世本"椯"或作"投""駐"，蔣

①許抗生：《帛書老子注譯與研究》（增訂本），浙江人民出版社1985年版，第53頁。

②參見陳斯鵬：《楚簡"史"、"弁"續辨》、李鋭：《古文字研究（四則）》，并載《古文字研究》（第二十七輯），中華書局2008年版。

錫昌指出“駐”訓擊，爲投之假借，朱謙之從之。[1])

再如第十六章（王本第53章）：“使我介（挈）有智（知）”，注釋説：“‘介’，帛乙同，甲本作‘撆’。‘介’應讀爲‘挈’，‘撆’亦‘挈’之异體，《説文·手部》：‘挈，縣持也’，又云‘提，挈也’；傳世本作‘介然’，失其本義。”此解釋當是來自於馬王堆帛書整理小組引《老子指歸》“負達抱通，提聰挈明”爲據，認爲“介”應讀爲“挈”。實際上所引文未必對應“挈有知”，因爲《指歸》上下文爲“是以玄聖處士，負達抱通，提聰挈明，順道奉德，弃知亡身，厲志憂畏，唯恐蹉跌”，《指歸》之義顯然是以聰明應當順道奉德，要“弃知亡（忘）身”，行於大道。因此“介”當是弃去、遠離、保持界限一類意思，而不是傳統所解釋的微小之義。《詩·小雅·甫田》：“攸介攸止”，《鄭箋》：“介，舍也。”此舍是廬舍之義，但是馬瑞辰指出介引申有界畫、分别之義。段玉裁《説文解字注》指出介、界爲古今字，則界畫即是分界、分别，故此處當讀爲“使我介（界）有智（知）”。

個别地方古音通假嫌寬，前文已經有所涉及，再如第二十五章（王本第62章）：“道者，萬物之椲”，注釋説：“‘椲’，帛書作‘注’，傳世本作‘奥’。‘椲’（章母幽部）‘奥’（影母覺部）音近可通，‘椲’應讀爲‘奥’。‘注’（章母侯部），整理組讀爲‘主’，引《禮記·禮運》：‘故人以爲奥也’，《鄭注》：‘奥，主也。’《説文·宀部》：‘奥，宛也，室之西南隅’，段注：宛者，委曲也，室之西南隅宛然深藏，室之尊處也。‘奥’有‘尊’義，故引申爲‘主’，又泛指幽深隱秘之處。”按章母和影母相通例

①蔣錫昌：《老子校詁》，第314頁；朱謙之：《老子校釋》，中華書局1984年版，第201頁。

證較少，“棉”似應讀爲“主”①。

總之，北大簡的出土，爲我們理解《老子》提供了很大的幫助。整理者的注釋已經做了很好的基礎工作，爲今後的研究提供了幫助。我們雖然提了一些意見，但這相對於整理者的全部解釋而言，不過是極小的一部分；更何況我們所提衹不過是一家之言，還有待方家指正。此外，《老子》雖然衹有五千餘言，但是其中還有很多值得進一步研究的地方。特别是有值得聯繫全文探索者，如第四十五章（王本第1章）的“恒有欲，以觀其所徼”，就北大簡和帛書甲乙本來看，都有“所”字，整理者指出“徼”當作動詞用，訓爲“求取”。疑“徼”或當從王弼之訓“歸終也”、河上公之訓“歸也”，釋爲“歸”，即是復歸，因爲第五十九章（王本第16章）有“萬物并作，吾以觀其復。夫物芸芸，各復歸其根”。相近的例子還有不少，但兹事體大，恐怕也非北大簡所能解决者，還值得進一步探索。

2013年3月21日初稿
4月23日改訂
6月30日定稿

補記：文成後，發現瓦格納（Rudolf G. Wagner）著、楊立華譯《王弼〈老子注〉研究》一書（南京：江蘇人民出版社2008年版，此

①或曰“棉”當讀爲“歸”，“歸”從“帚”聲（參見裘錫圭：《説從“𡭴”聲的從“貝”與從“辵”之字》，《文史》2012年第3期）。“歸”有藏之義，商有《歸藏》；“注”也有歸流、集中之義，二者與“奥”爲義近關係。且朱謙之以本章後文“古之所以貴此道者何”，“故爲天下貴”之“貴”爲“歸往”之義，非“尊貴”之義。按：北大簡《老子》中“歸”字多見，此説待考。

書合譯瓦格納的三本著作：*The Craft of a Chinese Commentator: Wang Bi on the Laozi*, Albany: State University of New York Press, 2000; *A Chinese Reading of the Daodejing: Wang Bi's Commentary on the Laozi with Critical Text and Translation*, Albany: State University of New York Press, 2003; *Language, Ontology, And Political Philosophy in China*, Albany: State University of New York Press, 2003），曾提及《老子》的"文本族"（textual family，見 *A Chinese Reading of the Daodejing: Wang Bi's Commentary on the Laozi with Critical Text and Translation*, p.8,15,16,17, etc.），但是這是立足於王弼注所用《老子》底本而設立的概念。瓦格納認爲：王弼《老子》本所歸屬的文本族中有兩個近緣成員——傅范古本，兩個稍遠的成員——馬王堆甲乙本，以及遠緣成員——郭店本（參見中譯本第 288 頁）。在瓦格納看來，河上本不是同一文本族。因此，他的"文本族"不同於本文的"族本"之説。此外，瓦格納致力於恢復王弼注《老子》時所采用的古本《老子》，在現存條件下，考察底本的"文本族"不失爲一種合適的方法。但在我們看來，或許需要注意三點：一是王弼注中所引《老子》文，有可能某些部分是王弼注釋時背誦默寫而出者，可能與底本有細微差别，這一點對於古人而言較爲常見。二是蒙文通先生曾有《〈老子〉王弼本校記》（文成於 1961 年，載《道書集校十種》，巴蜀書社 2001 年版），早已指出傅奕、范應元兩本與王弼本多合，進而指出"舊傳實有兩王弼本"，可惜具體分析之文已佚，大意似是將傅、范本分爲二。此外還有不少值得參考的意見，一些觀點比瓦格納要早。三是據蒙文通先生"舊傳實有兩王弼本"之説，或當懷疑王弼曾兩次注《老子》，兩次所用底本不同（相差 73 字。河上公本《老子》也有兩種不同字數，相差 235 字，其原因當不是兩次注釋)。從王弼注文看，一些地方有風格差别，或可能存在單注本（“經傳分離”）和就經爲注本兩種注釋形式（一般認爲馬融始就經爲注，但魏晋時期恐怕還未普遍流行；而且陳直先生已經據漢章帝元和二年草隸磚文指出“就經爲注”與“經傳分離”兩種形式在漢代均可適用[①]；而從武威漢簡《儀禮·喪服》來看，爲解釋之必要，傳文常常引用相關的經文[②]），後人把單注本合入就經爲注本，同時删去王弼單注本所引經文。但也有删改不盡者，如第37章“‘化而欲作’，作，欲成也。‘吾將鎮之無名之樸’，不爲主也”。

又，本文三、四部分有些内容曾經魏宜輝先生指正，謹致謝忱！

原刊於《中國哲學史》2013年第3期

①陳直：《摹廬叢著七種》，齊魯書社1981年版，第436—437頁。
②參見沈文倬：《漢簡〈服傳〉考》，《宗周禮樂文明考論》，杭州大學出版社1999年版。

馬王堆帛書《老子》“道可道也非恒道也”瑣議

李若暉[①]

摘要 就傳世本《老子》首章的解讀而言，歷來有“道”可或不可言説的差异。有學者認爲，史上最早主張“道”是可以言説的，係唐代的李榮與唐玄宗，其實這是一種誤讀。最早明確提出這種觀點的，仍然是宋代的司馬光。但在司馬光之前，《劉子·崇學》《太玄真一本際經》已經表達了此義；而相似的義理，更可追溯至僧肇。馬王堆帛書《老子》出土以後，如何解讀傳世本《老子》首章的争議再起；有學者據之認爲當理解爲“道”是可以言説的，然而他們的理由皆不足以成立。深入體會《老子》哲學，“道可道，非常道”云云的解釋仍當以河上公、王弼等古注的“道”不可言説之義爲宜。

一

傳世本《老子》第一章“道可道，非常道；名可名，非常名”一語，歷來歧解甚多。

①李若暉，厦門大學人文學院哲學系暨老子研究中心教授，湖南大學岳麓書院國學研究與傳播中心兼職研究員。研究領域：先秦兩漢哲學史、中國德性政治史等。

尹志華《北宋〈老子〉注研究》認爲在宋代以前，主要有三種不同的詮釋：

（1）道若可以言説，就不是永恒常在之道。持此种觀點的人爲《老子》注家的主流。

（2）道可以言説，但不是人間常俗之道。唐代道士李榮把"常道"解釋爲"常俗之道"，認爲老子之道不是常俗之道。

（3）道可以言説，但道非恒常不變之道。唐玄宗把"非常道"解釋爲"不是常而不變之道"，認爲老子之道是變化無常的。①

第一解可以河上公注爲代表："道可道，謂經術政教之道也。非常道，非自然長生之道也。常道當以無爲養神，無事安民，含光藏暉，滅迹匿端，不可稱道。"其又於"名可名，非常名"下注曰："名可名，謂富貴尊榮，高世之名也。非常名，非自然常在之名也。"②王弼注亦云："可道之道，可名之名，指

①尹志華：《北宋〈老子〉注研究》，巴蜀書社2004年版，第36頁。此前詹劍峰《老子其人其書及其道論》曾於後代注家選擇三個有代表件的加以辨析，即王弼、司馬光、唐玄宗，華中師範大學出版社2006年版，第115頁。王弼即傳統主流觀點的代表，又以李榮早於司馬光，則尹氏實本於詹書。

②王卡點校：《老子道德經河上公章句》，中華書局1993年版，第1頁。陳元贇《老子經通考》云："上之道字，天理流行之道；下之道字，經術政教之道也。"載衷爾鉅輯注：《陳元贇集》，遼寧人民出版社1994年版，第220頁。吴怡《新譯老子解義》襲之，曰："本句第二個道是動詞。河上公《老子注》：'謂經術政教之道也。'"臺灣三民書局2008年版，第3頁。鄭成海《增訂老子河上公注疏證》則謂："河上此注釋上'道'字。"臺灣華正書局2008年版，第3頁。當以鄭説爲是。

事造形，非其常也。故不可道，不可名也。”[1]

至於第二、三解的“道可以言説”，是本文要討論的關鍵。尹氏所引爲李榮《道德真經注》與唐玄宗《御製道德真經疏》，兹録其原文於下：

李榮《道德真經注》：道者，虚極之理也。夫論虚極之理，不可以有無分其象，不可以上下格其真。是則玄玄非前識之所識，至至豈俗知而得知，所謂妙矣難思，深不可識也。聖人欲坦兹玄路，開以教門，借圓通之名，目虚極之理。以理可名，稱之可道，故曰吾不知其名，字之曰道。非常道者，非是人間常俗之道也。人間常俗之道，貴之以

①樓宇烈：《老子道德經注校釋》，中華書局2008年版，第1頁。牟宗三《才性與玄理》釋王注曰：“蓋‘可道之道，可名之名’，皆‘指事造形’之道與名，乃屬於‘有’之範圍者。凡‘事’皆有分限，凡‘形’皆有定體。而唯有分限與定體者，始可得而道，始可得而名也。恒常不變之大道，既非造形，故不可道，不可名矣。”載《牟宗三先生全集》（第二卷），臺灣聯經出版事業股份有限公司2003年版，第149頁。顯然以王弼之意，乃是以第一“道”字爲非道，同於河上。郭永秉《關於〈老子〉第一章“道可道”、“名可名”兩句的解釋》認爲，“從王弼的注可以引出與河上公注不同的較深層次的解釋”。某些學者起初將第一“道”字理解成“人們習稱之道”，後又改爲第一和第三個“道”字，都是“老子哲學上的專有名詞”。這應該是受了王弼注的影響。不過我們現在已經無法肯定王弼是否已經明確具有跟後説意見完全相同的看法。載劉釗主編：《出土文獻與古文字研究》（第五輯），上海古籍出版社2013年版，第596—597頁。今按嚴遵《老子指歸》云：“故可道之道，道德彰而非自然也。可名之名，功名顯而非素真也。”引見陳景元：《道德真經藏室纂微篇》，載《道藏》（第十三册），文物出版社、上海書店出版社、天津古籍出版社1988年版，第656頁。蒙文通、嚴靈峰、王德有、樊波成已輯。見蒙文通：《嚴君平〈道德指歸論〉佚文》，載蒙文通《道書輯校十種》，巴蜀書社2001年版，第129頁；見嚴靈峰輯：《嚴遵老子注》（卷上），頁三a—b，載嚴靈峰編《無求備齋老子集成初編》（第六册），臺灣藝文印書館1965年版；王德有：《老子指歸輯佚》，載嚴遵著、王德有點校《老子指歸》，中華書局1994年版，第123頁；樊波成：《老子指歸校箋》，上海古籍出版社2013年版，第232頁。嚴遵釋義同於河上，而行文近於王弼，可知牟説爲長。

禮義，尚之以浮華，喪身以成名，忘己而徇利，失道後德，此教方行。今既去仁義之華，取道德之實，息澆薄之行，歸淳厚之源，反彼恒情，故曰非常道也。名者，大道之稱號也。吾强爲之名曰大哉。名非孤立，必因體來。字不獨生，皆由德立。理體運之不壅，包之乃無極，遂以大道之名，詔於大道之體，令物曉之，故曰名可名也。非常名者，非常俗榮華之虚名也。所以斥之於非常者，欲令去無常以歸真常也。名有因起，緣有漸頓。開之以方便，捨無常以契真常。陳之於究竟，本無非常之可捨，亦無真常之可取。何但非常，亦非無常。既非無常，常亦無常，亦非非常，非無常也。[①]

唐玄宗《御製道德真經疏》：道者，虚極妙本之强名，訓通，訓徑。首一字標宗也。可道者，言此妙本通生萬物，是萬物之由徑，可稱爲道，故云可道。非常道者，妙本生化，用無定方，强爲之名，不可遍舉，故或大或逝，或遠或近，是不常於一道也。故云非常道。名者，稱謂，即物得道用之名。首一字亦標宗也。可名者，言名生於用，可與立名也。非常名者，在天則曰清，在地則曰寧，得一雖不殊，約用則名异，是不常於一名也，故云非常名。[②]

尹志華之外，如董恩林、郭永秉等也都認爲這表明李榮等認爲

①李榮：《道德真經注》，載《道藏》(第十四册)，第38頁。
②唐玄宗李隆基：《御製道德真經疏》，載《道藏》(第十一册)，第750頁。

“道”是可以言説的。[1]但是有學者却早已考證，李榮是認爲“道”不可言的。李剛《李榮重玄思想管窺》：

> 在李榮看來，“道”是不可認知，不可言説的。這也與成玄英完全一致。他講，“不可以言言，言之者非道；不可以識識，識之者乖真”[2]；“天道者，自然之理也，不假筌蹄得魚兔，無勞言教悟至理”[3]；“多言則喪道，執教則失真”，“得意忘言，悟理遺教，言者不知”[4]。因此，道“絶於稱謂，故曰無名”[5]。“道”是否可以言象詮是魏晋玄學“言意之辯”的主要論題之一。玄學家常講得魚忘筌，得兔忘蹄，得意忘象，得象忘言。李榮的“道”不可以言象詮的思想即承此而來，即認爲“道”不能用語言和形象來表徵，以此進一步證明“道”是抽象的虚寂本體。這一點，李榮與沙門靈辯對論時曾再三强調，“道玄，不可以言象詮”；“玄道實絶言，假言以詮玄。玄道或有説，玄道或無説，微妙至道中，無説無不説”[6]。這又體現了中道精神，或有説，或無説，“無説無不説”，不着兩邊。由此，認識道的真髓在於“絶言”“體道忘言”。這與佛教所謂“若有所説，皆是可破，可破故空。所見既空，見主亦空，是名畢

①董恩林：《唐代老學：重玄思辨中的理身理國之道》，中國社會科學出版社2002年版，第40頁；董恩林：《唐代〈老子〉詮釋文獻研究》，齊魯書社2003年版，第112—113頁；郭永秉：《關於〈老子〉第一章“道可道”、“名可名”兩句的解釋》，載劉釗主編《出土文獻與古文字研究》（第五輯），第608頁。
②原注：李榮《老子注》卷上，第21頁。
③原注：李榮《老子注》卷上，第16頁。
④原注：李榮《老子注》卷上，第28頁。
⑤原注：李榮《老子注》卷上，第8頁。
⑥原注：《集古今佛道論衡》卷丁《大慈恩寺沙門靈辯與道士對論》，《大正藏》第五十二卷，第394頁。

竟空"[1]一樣都是要破人類思維活動賴以實現的語言，以體證"道"的虛寂。既然虛極之道不能用知覺驗證，也無法用語言表稱，那麼對"道"的語言詮釋將會陷入越説得多離之越遠的泥潭，因之對"道"的體認在於"得意""悟理"，即神秘的直覺。[2]

細審尹氏等所據李榮原文，可以視爲"道"可言説的，僅此二句："聖人欲坦兹玄路，開以教門，借圓通之名，目虛極之理。以理可名，稱之可道，故曰吾不知其名，字之曰道"；"遂以大道之名，詔於大道之體，令物曉之，故曰名可名也"。可以注意，李榮在此并未使用"言"或"説"之類表示語言叙述的詞語，而是使用的"名""稱"。"名"顯然出自《老子》原文，"稱"初看似來自河上公注的"不可稱道"。但"稱之可道"無疑與"不可稱道"相反，所以其義當別有所本。檢王弼《老子指略》有云：

名也者，定彼者也；稱也者，從謂者也。名生乎彼，稱出乎我。故涉之乎無物而不由，則稱之曰道；求之乎無妙而不出，則謂之曰玄。妙出乎玄，衆由乎道。故"生之畜之"，不壅不塞，通物之性，道之謂也。"生而不有，爲而不恃，長而不宰"，有德而無主，玄之德也。"玄"，謂之深者也；"道"，稱之大者也。名號生乎形狀，稱謂出乎涉求。名號不虛生，稱謂不虛出。故名號則大失其旨，稱謂

---

①原注：《大智度論》卷三十一，《大正藏》第二十五卷，第 290 頁。
②李剛：《李榮重玄思想管窺》，載李剛《重玄之道開啓衆妙之門——道教哲學論稿》，巴蜀書社 2005 年版，第 319—320 頁；又見卿希泰主編：《中國道教思想史》（第二卷），人民出版社 2009 年版，第 77—78 頁。此節亦李剛撰稿，文字内容基本相同。

> 則未盡其極。是以謂玄則“玄之又玄”，稱道則“域中有四大”也。[①]

所以，李榮之注首云“道者，虚極之理也”，又云“以理可名”，是以“理”爲“大道之名”，而以“道”爲“稱”。《韓非子·解老》曰：“萬物各异理，而道盡稽萬物之理。”[②]“虚極”爲“道”之理，故可“名”。而此“名”實爲“理”之“名”，非“道”之“名”，故衹能“稱之可道”。斯即“借圓通之名，目虚極之理”。下文“遂以大道之名，詔於大道之體”，“大道之名”也并非“道”，而是“理”。對“道”而言，實有“稱”而無“名”，所以下即言“絶於稱謂，故曰無名”。可見此處并無“道”可言説之意，衹是在交代“名”“稱”。而交代“名”“稱”，正是爲了避免讀者誤以“道”可“名”可言。再看玄宗《疏》，其言“可道者，言此妙本通生萬物，是萬物之由徑，可稱爲道，故云可道”，“名者，稱謂，即物得道用之名”，毫無疑義，也是在交代“名”“稱”。因此，在《老子》注中，最早提出“道”可言説的，應該還是司馬光。郭永秉批評詹劍峰“相關論述不够全面（比如他没有注意到更早的李榮的見解）”[③]，實則詹書參考書目赫然列有“唐玄宗《御制道德真經疏》（十卷）、唐玄宗《御制道德真經疏》（四卷）”“李榮《道德真經注》（四卷）”，其書目并有説明道：“這個書目，衹就我個人所曾閲讀者爲限。”[④]是則詹氏曾讀過李注玄疏，其所以仍將“道”可言説的

---

①王弼：《老子指略》，載樓宇烈《老子道德經注校釋》，第197—198頁。
②王先慎集解、鍾哲點校：《韓非子集解》，中華書局1998年版，第147頁。標點有改動。
③郭永秉：《關於〈老子〉第一章“道可道”、“名可名”兩句的解釋》，載劉釗主編《出土文獻與古文字研究》（第五輯），第606頁。
④詹劍峰：《老子其人其書及其道論》，第325、327、325頁。

發明權歸於司馬光，最合理的解釋就是，這正説明詹氏不認爲李注玄疏表達了"道"可言説之意。

二

就現存《老子》注釋而言，最早認爲"道"可言説的雖然是司馬光，但是在《老子》注釋之外，道教徒早已提出過這一觀點。據信是隋代道士劉進喜造前五卷，李仲卿續後五卷的《太玄真一本際經》卷二《付囑品》：

> 天尊告曰：法本無言，亦無文字，但爲世間無明衆生愚痴觸壁，懸心冥導無由悟解，故立世典，漸啓瞳曚，乃寄語言，宣示正道，假借文字，著述圖經，語字乃同，非復凡俗。①

《太玄真一本際經》雖非依傍《老子》之文立論，却對後世解釋《老子》文義發生影響：啓司馬光釋"道可道"爲"道亦可言道耳"②，"非復凡俗"則當爲李榮"非是人間常俗之道也"所本③。

實則《本際經》之前，《劉子·崇學》已謂：

---

①劉進喜著、李仲卿續：《太玄真一本際經》，見葉貴良《敦煌本〈太玄真一本際經〉輯校》，巴蜀書社2010年版，第51頁。當然，《太玄真一本際經》所言乃"法本無言"，而非"道"。不過，敦煌寫卷BD14677佚名《道德真經義疏》於"道可道章"曰："道者，法也。"録文見朱大星：《敦煌本〈老子〉研究》，中華書局2007年版，第354頁。

②司馬光：《道德真經論》，載《道藏》(第十二册)，第262頁。

③但《太玄真一本際經》本身對"常道"的理解仍是傳統的。其卷九《秘密藏品》："生死之法，有因果故，故是無常，不名道果。常道之體，非因果故，是故爲常，體是果故，故名道果。"葉貴良《輯校》本，第217頁。

至道無言，非立言無以明其理；大象無形，非立形無以測其奧。道象之妙，非言不傳；傳言之妙，非學不精。①

原其始則出於佛門。僧肇《肇論》三《般若有無論》：

《經》云：般若義者，無名無説，非有非無，非實非虚。虚不失照，照不失虚。斯則無名之法，故非言所能言也。言雖不能言，然非言無以傳。是以聖人終日言，而未嘗言也。②

肇公則係聯綴釋典，并非自出新意。③若然，可知肇公之先，中土僅有"道"之强名，而無"道"之强言。

事情還不這麽簡單，因爲《本際經》所謂"乃寄語言"，是在重玄學框架中立意：

太極真人曰：正觀之人前空諸有，於有無着；次遣於空，空心亦净，乃曰兼忘。而有既遣，遣空有故，心未純净，有對治故。所言玄者，四方無着，乃盡玄義。如是行者，於空於有，無所滯者，名之爲玄。又遣此玄，都無所得，故名重玄，衆妙之門。④

盧國龍釋曰："根據《本際經》的看法，世俗之人執滯於物質幻相，認爲世間萬物萬象都是有，所以雖或勤苦地積功纍德，但終歸還是滯溺於物質幻相，不能體合玄道，於是需要修空觀，即勘破物質幻相爲無。但這種空觀是與有相對待的，還没有達到真正的清净，所以空觀也須遣除。這樣心中既不存着有物的

①傅亞庶：《劉子校釋》，中華書局1998年版，第36頁。
②張春波：《肇論校釋》，中華書局2010年版，第84頁。
③張春波：《肇論校釋》，第84—85頁。
④《太玄真一本際經》卷八《最勝品》，葉貴良《輯校》本，第208—209頁。

想法，也不存着空無的念頭，就達到了兼忘的修養境界，兼忘即‘玄’，再將兼忘的意圖遣除開，使心中徹底無所執滯，便是重玄之境了。"[①]李榮於《老子》第一章"玄之又玄"下之注語就是對《太玄真一本際經》以重玄雙遣言詮的最好詮釋[②]：

> 道德杳冥，理超於言象；真宗虛湛，事絶於有無。寄言象之外，記有無之表，以通幽路，故曰玄之。猶恐迷方者膠柱，失理者守株，即滯此玄以爲真道，故極言之非有無之表，定名曰玄。借玄以遣有無，有無既遣，玄亦自喪，故曰又玄。[③]

此外，自先秦以來一直以"道可道"句首"道"字爲與老子之"道"相對之"僞道"，直至敦煌寫本BD14677佚名《道德真經義疏》始釋句首"道"字爲"法"[④]。因此，從嚴格的歷史研究的角度來説，也不能將一種唐代纔産生的理解直接放到先秦[⑤]，并以之爲據改變先秦典籍《老子》的解釋。

至宋，中觀重玄之學俱衰，温公復以儒者不諳二氏道論，如其釋"始制有名"曰："聖人得道，必制而用之，不能無言。"

①盧國龍：《中國重玄學》，人民中國出版社1993年版，第258—281頁。
②李榮深於重玄之學，參盧國龍：《中國重玄學》，第232頁；董恩林：《唐代〈老子〉詮釋文獻研究》，第100—141頁；李剛：《李榮重玄思想管窺》，載李剛《重玄之道開啓衆妙之門——道教哲學論稿》，第302—320頁；劉固盛：《道教老學史》，華中師範大學出版社2008年版，第124—130頁。
③李榮：《道德真經注》，載《道藏》(第十四册)，第38—39頁。
④敦煌寫卷BD14677佚名《道德真經義疏》："道者，法也。"録文見朱大星：《敦煌本〈老子〉研究》，第354頁。關於歷代注釋，可參李若暉：《老子集注彙考》(第一卷)，上海辭書出版社2015年版，第103—108頁。
⑤朱大星《敦煌本〈老子〉研究》："BD14677佚名《道德真經義疏》當是唐代或唐代稍前的著作。"(第252頁)

而“道”之内涵則爲：“道者，涵仁義以爲體，行之以誠，不形於外。”[①]由是遂開“道”可言説之先河，可堪一嘆！

三

馬王堆漢墓帛書《老子》甲本《道篇》首句作：

> 道，可道也，非恒道也；名，可名也，非恒名也。[②]

較傳世本多出四個“也”字。近年有學者據此重論“道”可言説義。周生春《帛書老子道論試探》：

> 此二“也”字（引者按：指“可道也”“非恒道也”之二“也”字）是位於句末的語氣詞，“非”字則是否定副詞。在古代漢語中，判斷句不用係詞，而是在句末及謂語後用“也”字來表示判斷和肯定，否定判斷句則是在謂語前用副詞“非”字表示否定。“道，可道也，非恒道也”是由一句肯定判斷句和一句否定判斷句所組成的複合句。這種由句末的“也”字和“非”字構成的複句，是帛書《老子》常用的一種句式。如“名，可名也，非恒名也”（通行本第一章）；“夫天下，神器也，非可爲者也”（通行本第二十九章）以及“非其鬼不神也，其神不傷人也；非其神不傷人也，聖人亦弗傷也”（通行本第六十章）之類即是。

①司馬光：《道德真經論》，載《道藏》（第十二册），第266、264頁。參見劉固盛：《宋元時期的老學與理學》，陝西人民出版社2002年版，第113—117頁。

②裘錫圭主編：《長沙馬王堆漢墓簡帛集成》，中華書局2014年版，圖版：第一册，第99頁、第93行；釋文：第四册，第40頁。乙本殘“非恒道也名可名也非”9字，餘同甲本，圖版：第一册，第146頁、第44行上；釋文：第四册，第204頁。

而按通行本的文字和《韓非子》的解釋，"道，可道，非常道"衹是一條件複句。上述文字上的差异和對句子性質的不同理解，勢必導致對原文含義的不同詮釋。又，在先秦和秦漢時，"恒"字除有長久、固定不變之義外，還可作平常、一般、普通解釋。……據此，上述"道，可道也，非恒道也"可以譯作：道是可以道的，它不是一般的道。再就帛書《老子》的内容而言。綜觀《老子》上下五千言，我們找不到一條可以確鑿無疑地説明道不可道的證據。相反，我們却能找到許多例證，表明道是可以言説的。例如除"道，可道也"外，《老子》書中又有"道之出言也，曰：淡呵！其無味也"（通行本第三十五章），以及"吾言甚易知也，甚易行也……言有君，事有宗"之語（通行本第七十章）。這明確指出道是可以言説和表述的。……《老子》不僅認爲道可言説，而且對道進行了多次反復的描述。例如它詳細而具體地描述説："道之物，唯望唯物。……中有象呵！……中有物呵！幽呵！冥呵！中有請呵！其請甚真，其中有信。自今及古，其名不去，以順衆父。"（通行本第二十一章）……《老子》一書通篇説的就是道。在該書的作者看來，道雖因其玄妙而存在難以描述的困難，但并非不可道。如若不可言傳，那末他也就不會撰作此書，反復向人闡述他的道了。[①]

周氏所論皆不可信。

其一，關於判斷句問題，周氏所舉三例，第一例的句式與釋義方式必須同於被釋句，所以先自行判定其句式與釋義再用

①周生春：《帛書老子道論試探》，《哲學研究》1992年第6期。

以論證被釋句的句式與釋義，屬於循環論證。第二例恰恰是條件句式，亦即“神器也”是“非可爲者也”的條件。第三例則是陳述句，而非判斷句。

其二，近日爲訓詁者的常見弊病，即是僅言某詞有某義，却并不就所釋文獻詞語必爲某義做進一步論證。周氏此處亦然。即便“恒”有一般義，我們還是可以問，爲什麽這裏必須釋爲一般，而不能是恒久呢？

其三，如果將此點視爲第二點的補充論證，亦即爲什麽“恒”必須取一般義，那麽周氏的論證也是失敗的。“道之出言”的“淡”與“無味”仍是以“無”來描述“道”。“道之物，唯望唯物”其意同於第二十五章之“有物混成”，其邏輯推論當爲“道”無形，因此無名。至於“吾言甚易知”，除非我們同意《老子想爾注》以“吾”爲“道”自稱①，或者贊同《老子變化經》以老子與“道”等同②，否則何以知其所言乃“道”？當然，我們也須補充論證，設若《老子》所言非“道”，則五千言竟欲何爲？我理解“道不可言”包含兩層含義：一是道是不可説的，二是道之外的其他東西是可説的。在五千文内，基於道不可言的《老子》主要的言説是什麽呢？這個問題可以從另一個視角來考慮——《老子》所言之核心，應該就是《老子》所欲人知者。《老子》所欲人知者爲何？曰“和”、曰“常”。可以推知，

①如“吾不知誰子”下《想爾注》：“吾，道也。”見饒宗頤：《老子想爾注校證》，上海古籍出版社 1991 年版，第 7 頁。

②參見劉屹《敬天與崇道——中古經教道教形成的思想史背景》中篇第三章第三節：“敦煌本《老子變化經》研究”，中華書局 2005 年版，第 368—423 頁，尤其第三小節：“老子與‘道’之等同”，第 383—390 頁。

《老子》五千文的核心内容，即是"和""常"之言[①]。

最近持論爲郭永秉《關於〈老子〉第一章"道可道"、"名可名"兩句的解釋》：

> 帛書本比今本多出了四個"也"字，"道可道""名可名"下多出的兩個"也"字，對文義理解有關鍵影響，是最重要的差别。[②]裘［錫圭］先生認爲，帛書本對傳統的理解顯然是不利的。按照傳統解釋（尤其是取河上公注的那一種理解），如要把《老子》這兩句的意思表達得比較清楚一些，應該説"道可道者，非恒道也；名可名者，非恒名也"纔是，决不會像帛書本那樣在"道可道"、"名可名"之後都用"也"字。從帛書本看，根本無法作出河上公注那類理解。不管按照河上公注的理解，還是按照陳［鼓應］氏《［老子哲學系統的形成和］開展》一文的理解，《老子·道經》第一章開頭兩句都變成强調作爲本體的道的本身是不可講的，這跟《老子》全書通過各種方法解釋、描述"道"，讓人接受、遵循"道"是矛盾的[③]。

吾輩生千載之後，於舊注古義當盡力求其可通。觀郭文所言"道可道者，非恒道也"，是將此句理解爲判斷句。但是上引周生春文則以此句依傳統理解當爲條件句。王安石《老子注》言：

①參李若暉：《老子的"言"與"知"》，載趙保佑主編《老子與華夏文明傳承創新——2012• 中國鹿邑國際老子文化論壇文集》（上册），社會科學文獻出版社 2013 年版，第 237—242 頁。

②原注：北大西漢簡《老子》這兩句作"道可道，非恒道殹；名可命，非恒名也"（北京大學出土文獻研究所編：《北京大學藏西漢竹書（貳）》，上海古籍出版社 2012 年版，圖版第 74 頁；釋文注釋第 144 頁），"道可道""名可名"下已無"也"字。

③原注：關於這一點，可參看周生春《帛書老子道論試探》，《哲學研究》1992 年第 6 期。

"道本不可道，若其可道，則是其迹也。有其迹，則非吾之常道也。"[①]實以爲假設句。條件句與假設句有相通之處，可以不必計較。何樂士指出在《左傳》中，"也"可以表假設[②]。如：

秦獲穿也，獲一卿矣。（文 12）

君若早自圖也，可以無辱。（昭 13）

何氏曰："'秦獲穿也'，表假設：秦如果獲穿。"[③]秦俘獲趙穿正是其"獲一卿"的條件。第二例有"若"字，假設句式更爲明顯。若然，則"道，可道也，非恒道也"，上"也"字表假設，義自可通，且此義與河上公以來古注及《莊子》"道不可言"[④]之古義相合，是則不必攀附釋子新語，致湮中夏舊義。

於是，"道可道也，非常道也"可以理解爲："如果道可以言説，那麽就不是恒久之道了。"

郭永秉上引文還引用朱謙之、陳鼓應等强調道之永恒變化的觀點，同時又認爲：

①彭耜《道德真經集注》引，載《道藏》（第十三册），第 109 頁。蒙文通、嚴靈峰、容肇祖、羅家湘已輯。見蒙文通：《王介甫〈老子注〉佚文》，載蒙文通《道書輯校十種》，第 675 頁；嚴靈峰：《輯王安石"老子注"》，載嚴靈峰編《無求備齋老子集成初編》（第三十三册），頁一 a；容肇祖：《王安石老子注輯本》，中華書局 1979 年版，第 1 頁；嚴靈峰輯校：《王安石老子注》，載嚴靈峰輯校《老子崇寧五注》，臺灣成文出版社有限公司 1979 年版，第 23 頁；羅家湘：《王安石老子注輯佚會鈔》，華東師範大學出版社 2013 年版，第 13 頁。

②楊樹達《詞詮》已謂"也"之義有"語末助詞，表假定"。中華書局 1978 年版，第 373 頁。另，裴學海《古書虛字集釋》（上册）引《禮記·郊特牲》"其謂之明水也，由主人之絜著此水也"等例，認爲"皆上下文二'也'字，一'也'字當作'者'字解之例"。中華書局 1954 年版，第 236 頁。解惠全、崔永琳、鄭天一《古書虛詞通解》評曰："此項不能成立。'也'既不能講作特殊指示代詞'者'，與語氣詞'者'也大不相同。"中華書局 2008 年版，第 858 頁。

③何樂士：《〈左傳〉的語氣詞"也"》，載何樂士《古漢語語法研究論文集》，商務印書館 2000 年版，第 280 頁。

④郭慶藩：《莊子集釋·外篇·知北游》，中華書局 1961 年版，第 757 頁。

但是，"恒（常）"在語義上却顯然無法表達出永恒變化的意思。對於一般傳統解釋而言，"恒道"、"恒名"之"恒"比較合理的解釋似乎是"永恒存在"[①]，但是古漢語中"恒"、"常"二字單獨連接名詞時通常并没有"恒久存在"、"永恒存在"的意思，而是表示"恒久如此"、"恒久不變"之義，比如"恒星"（見《左傳》等古書）即固定不動的星，"恒"字引伸又有"恒心"（即持久不改之心）之義。這都來自"恒"字"不變"之義。而且"恒"字用來表示"永恒如此"的意思也決不會指"永恒變動不居"。[②]因此，傳統的解釋對於"恒道"、"恒名"的理解都是有問題的，陳氏等人的傳統理解從古漢語角度是無法成立的。按照陳氏等人描述的這種永恒存在、永恒變動的特徵，從古漢語裏其實是根本找不出一個恰當的字來修飾"道"的。裘先生指出，根據帛書的"道可道也"句看，"道可道"的前一個"道"，衹能是指老子的"道"，"恒道"與之有别。"恒"字在古代修飾名詞，往往是表示"平常"、"普通"[③]的意思，如説"恒物"（《莊子·大宗師》）、"恒士"（《戰國策·秦策二》）、"恒民"（《莊子·盜跖》）、"恒言"（《孟子·離婁上》）、"恒醫"（《論衡·恢國》）等，因此"恒道"應該解釋爲"平常的道"、"普通的道"爲好；"恒名"之"恒"亦當作同樣理解。從帛書本《老子》看，這兩句話應

①原注：陳氏《開展》一文即以"永恒存在"釋"恒"字。

②原注：有學者將"常道""常名"解釋爲"渾然一體、永恒存在、動動不息的大道"、"渾然一體、永恒存在、動動不息的道之名"。（陸玉林：《中華經典精粹解讀·老子》，中華書局 2011 年版，第 1 頁）這是要調和恒久跟變動兩個意思，給"恒"字在本來并無確據的"永恒存在"義之外又增加了額外的"變動"的意義，更是没有任何語言學根據的。

③引者按："普通"原作"普遍"，據文義改。

理解爲“道（即老子主張的道）是可以説的，但并非一般所説的道；（道之）名是可以命名的，但并非一般所用的名（即其名表示的不是一般用這個字來表示的意義，如‘大’、‘一’）”。[①]

“道”是否變化，其實是個僞問題。因爲“道”是超出於認識之上的，其不可言正是因爲不可知。既不可知，就不能用表述認知範疇的變化或對變化的否定來描述道。這些都是機械套用所謂辯證法帶來的惡果。如果一定要用變化來描述道，我們也衹能説，萬物生存的基本狀態就是變化，而“道”是萬物生存的總根據，於是相對於“萬物時刻變化”來説，道必須是不變的。説得直白一點，就是“萬物時刻在變化”這一點恰恰是不變的。如果“萬物時刻在變化”這一點也變化了，就意味着萬物不再變化了。那就是道的寂滅與宇宙的終結。《莊子·内篇·大宗師》：“殺生者不死，生生者不生。”[②]《列子·天瑞篇》：“生物者不生，化物者不化。”張湛注引向秀《莊子注》：“若使生物者亦生，化物者亦化，則與物俱化，亦奚异於物？明夫不生不化者，然後能爲生化之本也。”[③]因此，“恒道”“恒名”之“恒”的語義，正是同於“恒星”“恒心”之“恒”的常久不變。

我們還是秉持一貫觀念，如無確據確證舊説必誤，仍然應當盡力求舊説之可通。由本文所論，《老子》之義，仍當爲“道”不可言説。

---

①郭永秉：《關於〈老子〉第一章“道可道”、“名可名”兩句的解釋》，載劉釗主編《出土文獻與古文字研究》（第五輯），第599頁。
②郭慶藩：《莊子集釋》，第252—253頁。
③楊伯峻：《列子集釋》，中華書局1979年版，第4頁。

附記：本文寫作中曾與復旦大學出土文獻與古文字研究中心郭永秉兄往復討論，獲益匪淺，特致謝忱。

原刊於《老子的學説與精神——歷史與當代》，中國社會科學出版社，2016 年

西漢竹書《老子》的文本特徵和學術價值

韓巍[1]

摘要 北京大學藏西漢竹書本《老子》，是繼馬王堆漢墓帛書《老子》甲本、乙本以及郭店楚墓竹簡《老子》之後，從地下出土的第四個簡帛《老子》古本，也是目前保存最爲完整的簡帛《老子》古本。漢簡《老子》兩枚竹簡的背面有“老子上經”和“老子下經”篇題，這是《老子》書名在出土簡帛中的首次發現，也印證了有關《老子》稱“經”的文獻記載。漢簡《老子》保存了完整的篇章結構，共分77章，與傳世81章本《老子》不同，爲探討古本《老子》分章問題提供了寶貴資料。漢簡《老子》在文句方面也有不少獨特之處，對《老子》文本的校勘很有幫助。總體看來，漢簡《老子》的文本形態介於帛書本與傳世本之間，爲我們提供了一個處於“定型”階段的完整而精善的《老子》古本，使我們對《老子》一書産生、發展、定型的過程有了更爲清晰的認識。本文對西漢竹書《老子》的整體情況和主要學術價值做了全面介紹，并探討了一些關鍵問題，進而提出以《老子》爲標本、推動簡帛古書研究由“年代學”向“形態學”發展的設想。

①韓巍，北京大學中國古代史研究中心、出土文獻與中國古代文明研究協同創新中心副教授。研究領域：西周青銅器與銘文、西周史、戰國秦漢出土簡帛文獻。

北京大學藏西漢竹書本《老子》，是繼馬王堆帛書甲、乙本和郭店楚簡本之後出土的第四個簡帛《老子》古本，而且在四個簡帛古本中保存最爲完整，對於《老子》一書的整理、校勘和古代思想文化史的研究具有極高價值。作爲整理者，我們想簡要介紹一下這一新出《老子》古本的整體情況和主要學術價值，并就其中一些關鍵問題談一點初步的認識。①

一、保存狀況和抄寫年代

西漢竹書《老子》（以下簡稱"漢簡本"）現存完整、殘斷竹簡共計 281 枚，其中完整及接近完整的竹簡 176 枚，殘斷簡 105 枚。《上經》（相當於傳世本《德經》）損壞比較嚴重，共有完整簡 87 枚、殘斷簡 82 枚，但多數斷簡均可拼綴復原，拼綴後共有完整簡 113 枚、殘簡 10 枚②；另有兩枚完整簡遺失，第二十四章（傳世本六十一章）缺第 3 簡（約 28 字）③，第二十九章（傳世本六十五章）缺最末一簡（約 10 字）。《下經》（相當於傳世本《道經》）保存相對完好，共有完整簡 89 枚，斷簡 23 枚，拼綴後得完整簡 98 枚。由此推測，漢簡本原書應有完整有字竹簡 223 枚，其中《上經》125 枚，《下經》98 枚。

西漢竹書《老子》的完整簡長 31.9—32.2 厘米（以長 32.1

①關於西漢竹書《老子》的基本情況，我們以前曾發表過一些簡要介紹，見韓巍：《北京大學藏西漢竹書本〈老子〉的文獻學價值》，《中國哲學史》2010 年第 4 期；《北大漢簡〈老子〉簡介》，《文物》2011 年第 6 期；《北大漢簡〈老子〉分章問題初探》，全國高校古委會第三屆青年學者學術研討會論文，2011 年 10 月。本文是在以上三文基礎上修改、增補而成，若有與以上三文不合之處，應以本文爲準。

②此處"完整簡"包括物理狀態殘缺但未損及字迹的簡。

③本文所稱"傳世本某章"，若無特殊説明，皆指八十一章本。

厘米者最多)，寬0.8—0.9厘米，三道編繩，有契口。寫滿字的竹簡一般每簡28字，文字分布極爲均勻整齊，極少數簡寫到29字。[①]文字書體清秀飄逸，體勢略向左下方傾斜，與成熟的漢隸接近，但獨具特色，堪稱西漢中期隸書藝術的瑰寶。

據統計，漢簡本《上經》正文現存2895字，另重文49字，計字尾題7字，簡背篇題4字；推測原書正文應有2959字，另重文53字。《下經》正文現存2305字(僅殘缺1字)，另重文61字，計字尾題6字，簡背篇題4字。合計漢簡本全書正文現存5200字，另重文110字，計字尾題13字，簡背篇題8字；推測其原書正文應有5265字，另重文114字。其中有不少殘缺文字可據上下文補出，對理解文義有影響的闕文總計不超過全書的百分之一，在北大藏西漢竹書的各種文獻中是保存最爲完好的一種。

漢簡本中無法據上下文補出的殘缺部分，大多不涉及重要的學術争論，唯有第十一章(傳世本四十八章)："·爲學者日益，爲道者日損=,(損)之有(又)損之，至於無……"，"無"字以下殘缺約11字。王弼本此處作"以至於無爲，無爲而無不爲"，其餘傳世本多同，唯嚴遵本作"無爲而無以爲"，過去學者多認爲嚴本更符合《老子》本意。馬王堆帛書甲、乙兩本此句均殘缺，無從驗證；郭店本此句却作"無爲而無不爲"，對學者此前的認識提出挑戰。漢簡本此句的殘缺使這一疑案無法得到新的證據，不能不説是一大遺憾。

漢簡本《上經》與《下經》篇末均記有全篇字數，前有圓

①寫到29字的竹簡衹有四枚，其中簡三六和簡一五四都是該章末簡，爲節省一枚竹簡故寫到29字，簡一五四最後一字還破例寫在第三道編繩之下，簡八和簡一二則可能是因爲抄漏之後補字而寫到29字。

形墨點“·”作爲提示符，書體與正文一致，應是抄寫者寫畢之後所加，陳夢家先生稱之爲“計字尾題”[1]。《上經》計字尾題爲：“·凡二千九百卌二”，《下經》計字尾題爲：“·凡二千三百三”，合計總字數爲5245字。抄寫者所統計的字數略少於我們統計的實際字數，但明顯没有將重文計算在内，這符合簡帛文獻計算字數的慣例。馬王堆帛書《老子》乙本《德經》篇末自注字數：“三千卌一”，《道經》篇末自注字數：“二千四百廿六”，合計5467字，比漢簡本自注字數多出222字。

以往所見的三種簡帛《老子》古本雖然年代早於漢簡本，但都不够完整。郭店本僅有傳世本内容的五分之二。帛書本雖是相當成熟的全本，但殘破較甚；雖然甲、乙兩本可互相補充，但仍有不少殘缺的文句無法補出。[2]因此，漢簡本是目前保存最爲完整的簡帛《老子》古本，對於《老子》文本的整理校勘具有重大意義。

從漢簡本文字中没有找到足以判斷其抄寫年代的直接證據。過去學者在推斷出土簡帛文獻的抄寫年代時，常將避諱字作爲一項重要根據。如帛書《老子》甲本不避“邦”字諱，乙本避“邦”字諱改爲“國”，而不避“盈”“恒”字。學者據此認爲甲本抄寫於漢高帝時（或認爲在高帝前），乙本則在文帝時期（或認爲在高帝時）。但漢簡本在這方面顯得非常寬鬆，有些應避諱的字完全不避。如“邦”字皆寫作“國”，與帛書乙本

①陳夢家：《由實物所見漢代簡册制度》，載《漢簡綴述》，中華書局1980年版，第303頁。
②如傳世本六十四章“其安易持也”以下，帛書甲、乙兩本都殘缺三十餘字。

同，似爲避諱所改；但“盈”“恒”兩字均多見，“啓”字三見，“㣝（徹）”字一見[①]，也就是説漢惠帝、文帝、景帝、武帝之諱皆不避。類似這種避諱不嚴的現象在北大西漢竹書的其他文獻中也比較普遍。[②]近年有學者提出，秦漢時期官府文書等屬於“公領域”的文件避諱比較嚴格，而私人文書、藏書等“私領域”的文獻避諱則較爲寬鬆[③]，此説值得重視。至少就這批竹書看來，利用避諱字進行斷代似不可行。

北大西漢竹書的字體特徵總體上比較接近成熟的漢隸，其抄寫年代不會相差太遠，多數可能在武帝後期，不晚於宣帝。[④]《老子》的字體在這批竹書的各種文獻中屬於相對較早的一種，但仍然明顯晚於銀雀山漢簡，估計其抄寫年代有可能到武帝前期，但不太可能早到景帝。

二、分篇和篇題

西漢竹書《老子》分爲上、下兩篇。簡二（相當於傳世本《德經》第一章的第二簡）背面上端有“老子上經”四字，簡一二四（相當於傳世本《道經》第一章的第一簡）背面上端有“老子下經”四字，其書體與正文一致，應爲抄寫者所題，即漢

①“盈”字傳世本多不改，“恒”字傳世本多避諱改爲“常”，“啓”改爲“開”。

②銀雀山漢簡有時似避“邦”字諱，有時又不避；“盈”“恒”“徹”諸字常見，“雉”“啓”二字也都出現過（銀雀山漢墓竹簡整理小組編：《銀雀山漢墓竹簡（壹）》，文物出版社 1985 年版，第 5 頁）。北大竹書情況與之相似。

③來國龍：《避諱字與出土秦漢簡帛的研究》，載卜憲群、楊振紅主編《簡帛研究》（2006），廣西師範大學出版社 2008 年版。

④參看北京大學出土文獻研究所：《北京大學藏西漢竹書概説》，《文物》2011 年第 6 期。

簡本上、下兩篇的篇題。從兩個篇題和兩個計字尾題看來，漢簡本《老子上經》和《老子下經》原來應該是各自編爲一篇簡册；簡册收起的時候正面向内，自篇尾向篇首收卷，卷畢之後寫於篇首竹簡背面的篇題正好露在外面，便於查找，這也是出土書籍類簡册最爲常見的形制。以往所見戰國秦漢簡帛古書，大多衹保存篇題、章題，真正的“書題”還很少見。《老子》一書的書題，在郭店本和帛書本中都未見到，此次是簡帛古本的首次發現。

《上經》《下經》的區别，説明漢簡本兩篇的順序與帛書本一樣，都是以《德經》在前，《道經》在後。[①]不同的是，帛書乙本以“德”“道”名篇，漢簡本則是以“上經”“下經”名篇。《史記·老子韓非列傳》：“於是老子乃著書上下篇，言道德之意五千餘言而去。”這説明司馬遷所見的《老子》古本就是分爲上、下兩篇。宋人謝守灝《混元聖紀》引《七略》：“劉向讎校中《老子》書二篇……定著二篇，八十一章。《上經》第一，三十七章，《下經》第二，四十四章。”可見劉向所校讎的中秘藏本《老子》也分爲“上經”“下經”，不過是以《道經》爲上，《德經》爲下。漢簡本篇題的發現，印證了傳世文獻關於《老子》分《上經》《下經》的記載。而帛書乙本的篇題説明以“德”“道”名篇的版本至少在西漢初年已經存在。以“上”“下”和以“德”“道”命名的兩種版本系統很可能在戰國晚期已經并行。

《漢書·藝文志》著録有《老子鄰氏經傳》《老子傅氏經説》《老子徐氏經説》三書，如今《老子》稱“經”又得到漢簡本的

①帛書甲本未見篇題，乙本在篇末“計字尾題”之前分别有“德”“道”二字，是爲篇題。

證明。《漢志》著録之諸子書多以人名或“某子”爲書題，稱“經”者除《老子》外衹有道家之《黄帝四經》，足見《老子》在戰國秦漢時期的特殊地位。這與《老子》成書年代較早、經典化程度較高以及漢初崇尚黄老之學都有關係。

漢簡本與帛書本都是《德經》在前、《道經》在後，與現存《道德經》傳本不同。“德道”與“道德”兩種篇序的版本是否爲不同學派所傳？這個問題一時恐怕還難以解答。[①]從戰國諸子的引述看來，“德道”和“道德”兩種版本至少在戰國晚期已經并存。帛書本和漢簡本的先後發現，以及前引《七略》佚文，説明這兩種版本直到西漢中期仍然并行不衰。“德道”本究竟是何時退出歷史舞臺的？這還是一個疑案。

三、分章和章序

傳世各《老子》版本除嚴遵本外多分爲八十一章，對於其中有些章節的分合以及分章的具體位置，歷代學者争論不絶，解決問題的希望衹能寄托在出土簡帛古本上。郭店本每章之末多有方形墨釘或短墨綫作爲分章標志[②]，證明《老子》一書的分章起源甚早；但其内容僅相當於傳世本的五分之二，章節劃分和順序也與傳世本有很大不同，反映了《老子》分章的早期形態。帛書甲、乙兩本均連續抄寫，乙本没有任何分章標志。甲本在《德經》部分的少數段落之前殘留有 19 個圓形墨點，《道

①過去曾有“德道”本爲法家傳本、“道德”本爲道家傳本的説法（見高亨、池曦朝：《試談馬王堆漢墓中的帛書〈老子〉》，《文物》1974 年第 11 期），但目前已少有學者支持。
②這兩種符號在郭店本中也用作句讀符號，往往混用不加區别。

經》部分衹有篇首一個墨點；大多數墨點的位置與傳世本的分章位置一致，少數則不同。

與以上三個版本相比，漢簡本最重要的優點之一就是保存了完整的篇章結構。每章均另起一簡抄寫，章首（第一道編繩之上）有圓形墨點“·”作爲分章提示符號，章尾未寫滿的簡形成“留白”，因此其分章情況一目瞭然。而且漢簡本内容保存最爲完整，尤其是章首、章尾基本没有殘缺，這就爲探討古本《老子》分章問題提供了最爲寶貴的原始資料。

漢簡本《上經》共分四十四章，與傳世本《德經》章數相同；《下經》共分三十三章，較傳世本《道經》少四章。全書共分七十七章，與傳世八十一章本相比，相同之處居多，不同者衹有七處。

漢簡本分章大多與傳世本相同，這就爲解決以往學者對傳世本分章的很多質疑和争議提供了新的證據。例如，傳世本二十章之首句“絶學無憂”，過去很多學者懷疑應屬上一章，與十九章之末句連讀爲“見素抱樸，少私寡欲，絶學無憂”[①]。無論從句式還是文理上看，這一懷疑可以説是順理成章，説服力很强。郭店本出土後，我們發現《老子》乙组竹簡中“絶學無憂”一句是相當於傳世本二十章的首句；而《老子》甲组竹簡中，“見素抱樸，少私寡欲”則是相當於傳世本十九章的末句；二者非但不屬同一章，而且不屬同一抄本。然而帛書本中十九章與二十章已經連抄，且無分章標志，持懷疑論者仍可辯稱郭店本是早期雛形，漢代成熟的古本已非如此。現在我們在漢簡本中發現，“見素抱樸，少私寡欲”和“絶學無憂”兩句正是分

①參看高明：《帛書老子校注》，中華書局 1996 年版，第 315 頁。

屬於上、下兩章；前者爲第六十章（傳世本十九章）之末句，後者爲第六十一章（傳世本二十章）之首句。這一强有力的證據不僅回答了歷代學者的懷疑，而且也提醒我們，古籍整理中缺乏直接版本依據而單純依靠“理校”，方法上存在很大缺陷。

漢簡本分章與傳世本的不同之處分爲以下三種情況：

一、漢簡本將傳世本數章合爲一章，共有四處，其中三處是傳世本兩章合爲一章，一處是傳世本三章合爲一章。

1. 第四十二章相當於傳世本七十八、七十九兩章：

> ·天下莫柔弱於水，而功（攻）堅强者莫之能失〈先〉也，以其無以易之也。故水之勝剛，弱之勝强，天下莫弗智（知），而莫能居，莫能行。故聖人之言云：受國之訽，是謂社稷（稷）之主；受國之不恙（祥），是謂天下之王。正言若反。（**以上傳世本七十八章**）和大怨，必有餘怨，安可以爲善？是以聖人執左契，而不以責於人。故有德司契，無德司肆（徹）。天道無親，恒與善人。（**以上傳世本七十九章**）

傳世本七十八章以水爲喻，闡明“柔弱勝剛强”的道理，七十九章則是説善人要寬以待人。兩章主旨相去較遠，傳世本將其分開似更爲合理。但嚴遵《老子指歸》將此二章合爲一章（名“柔弱於水篇”）[①]，與漢簡本相同，可見這種分章方式亦自有其文本依據和流傳脉絡。

2. 第五十章（《下經》第六章）相當於傳世本第六、七兩章：

> ·谷神不死，是謂玄牝；玄牝之門，是謂天地之根。緜

①見嚴遵著、王德有點校：《老子指歸》，中華書局1994年版，第114頁。

（緜）虖若存，用之不墐（勤）。（**以上傳世本第六章**）天長地久。天地之所以能長且久者，以其不自生也，故能長生。是以聖人後其身而身先，外其身而身存。不以其無私虖？故能成其私。（**以上傳世本第七章**）

這兩章內容密切相關。傳世本第七章“天地之所以長且久者，以其不自生”，正是照應第六章“玄牝之門，是謂天地之根”而發。“天地”是由神秘的宇宙本原“玄牝”所生，故曰“不自生”。由“不自生故能長生”發展到下文的“無私故能成其私”，正合乎《老子》一書中常見的由“天道”推衍至“人事”的敘述模式。傳世本第六章祇有短短兩句，重點在第一句對“玄牝”的議論，第二句則是對其狀態的形象描述，全章止於“天道”而未及“人事”。漢簡本將兩章合一，結構上形成了一個完整的單元，顯得比傳世本更爲緊凑合理。

3. 第七十三章（《下經》第二十九章）相當於傳世本三十二、三十三兩章：

·道恒無名，樸唯（雖）小，天下弗敢臣。侯王若能守之，萬物將自賓。天地相合，以俞（輸）甘露，民莫之令而自均安（焉）。始正有名，名亦既有，夫亦將智（知）止，智（知）止所以不殆。避（譬）道之在天下，猶小谷之與江海。（**以上傳世本三十二章**）故智（知）人者智，自智（知）者明。勝人者有力，自勝者强。智（知）足者富，强行者有志，不失其所者久，死而不亡者壽。（**以上傳世本三十三章**）

漢簡本在“知人者智”之上有一“故”字，顯示承接上文。傳世各本及帛書甲、乙本皆無此“故”字，説明帛書本此處的分章可能與傳世本相同。傳世本三十二章重在闡述“道”與“名”之間的關係，三十三章則是列舉爲人處世的八種境界，兩者内容上没有多大聯繫，傳世本分爲兩章似更爲合理。

4.第六十章（《下經》第十六章）相當於傳世本十七、十八、十九三章：

> ·大（太）上，下智（知）有之；其次，親譽之；其次，畏之；其下，母（侮）之。信不足，安（焉）有不信。猶虖其貴言。成功遂事，百姓曰我自然。（**以上傳世本十七章**）故大道廢，安（焉）有仁義；智慧出，安（焉）有大僞；六親不和，安（焉）有孝兹（慈）；國家播（昏）亂，安（焉）有貞臣。（**以上傳世本十八章**）絶聖弃智，民利百倍；絶仁弃義，民復孝兹（慈）；絶巧弃利，盗賊無有。此參（三）言以爲文未足，故令之有所屬。見素抱樸，少私寡欲。（**以上傳世本十九章**）

從文意看來，傳世本十八、十九章顯然是前後相承，十九章的“絶聖弃智”“絶仁弃義”“絶巧弃利”，是十八章“大道廢，有仁義；智慧出，有大僞；六親不和，有孝慈”的自然推論。故學者多懷疑這兩章本應爲一章，而遭後人强行割裂，現在就得到漢簡本的證實。至於傳世本十七章與十八章之間，表面看來不像十八、十九兩章關係那麽明確，傳世本將十七章劃分出來似乎也有其道理。但細味文意，傳世本十七章的宗旨是爲上治民需順其自然、反對人爲，十八、十九章則是圍繞此宗旨展開論述。與此前的十六章和此後的二十章相比，十七章與十八、十九章的關係顯然更爲密切。而且漢簡本在“大道廢”之前還有一個轉折連詞“故”，將上下文連接在一起。帛書甲、乙本亦有此“故”字，説明兩章合爲一章的可能性也很大。郭店本爲此提供了更爲有力的證據，相當於傳世本十七、十八章的内容見於丙組竹簡 1—3 號，文字連續抄寫，中間没有任何符號，僅在最後有方形墨釘作爲分章號，故多數學者認爲這段文字應爲同一章。可見將傳世本十七、十八章合爲一章的傳統起源甚早，且流傳有緒，漢簡本應有其文本和師説的依據。傳世本十九章在郭店本中是位於甲組竹簡的開頭[①]，説明將此章置於傳世本十八章之後的做法可能出現較晚，但也不能排除郭店本有意裁切的可能。

二、漢簡本將傳世本一章分爲兩章，僅有一處。

5. 漢簡本第二十七、二十八兩章相當於傳世本六十四章：

> ·其安易持也，其未兆易謀也，其胞（脆）易判也，其微易散也。爲之其無有也，治之其未亂也。合抱之木，作於豪（毫）末；九成之臺，作於絫（蔂）土；百仞之高，始於足下。

> ·爲者敗之，執者失之。是以聖人無爲，故無敗也；無執，故無失也。民之從事也，恒於其成事而敗之。故慎終如始，則無敗事矣。是以聖人欲不欲，不貴難得之貨；學不學，而復衆人之所過。以輔萬物之自然，而弗敢爲。

這兩章的宗旨判然有别，第二十七章强調的是“防微杜漸”，二十八章强調的是“無爲”“無執”。在郭店本甲組竹簡中，相當於漢簡本二十八章的内容在前，二十七章的内容在後，二者

①見荆門市博物館編：《郭店楚墓竹簡》，文物出版社 1998 年版。李零先生把《老子》甲組竹簡分爲上下兩篇，而將此章置於“下篇”之首，見《郭店楚簡校讀記》（增訂本），中國人民大學出版社 2007 年版。

之間至少相隔了相當於傳世本四章的内容。[1]另外相當於漢簡本二十八章的内容亦見於郭店本丙組 11—14 號簡，文字與甲組有所不同。學者多由此指出傳世本六十四章原應分爲兩章，漢簡本的發現再次證明了這一點。傳世本將宗旨不同、文意没有多大關聯的兩章合爲一章，應該是爲了湊合特殊數字而强爲之，嚴遵本已然如此。

三、漢簡本分章位置與傳世本不同，有兩處。

6. 第二十一（傳世本五十八章）、二十二（傳世本五十九章）兩章：

> ·其正（政）昏昏，其民萅萅（蠢蠢）；其正（政）計計（察察），其國夬夬（缺缺）。福，禍之所倚；禍，福之所伏。夫孰智（知）其極？其無正，正復爲倚（奇），善復爲芙（妖）。人之廢，其日固久矣。
>
> ·方而不割，廉而不刖（劌），直而不肆，光而不耀。治人事天莫如嗇，夫唯嗇，是以蚤（早）服。蚤（早）服是謂重積德，重積德則無不克，無不克則莫智（知）其極，莫智（知）其極則可以有國，有國之母可以長久。是謂深根固抵（柢），長生久視之道也。

“方而不割，廉而不刖，直而不肆，光而不燿”四句，傳世本多屬上章，且句首多有“是以聖人”四字，顯示與上文的承接關係。帛書甲本此段殘缺，乙本無“聖人”二字，但仍有“是以”

①郭店本相當於漢簡本二十八章的内容（簡 10—13）之後，連抄有相當於傳世本三十七章、六十三章、第二章、三十二章的内容（簡 13—20），保留有五個相當於分章符號的墨釘。由於相當於漢簡本二十七章的内容（簡 25—27）是另外起頭，其是否連接於簡 20 之後，學者還有不同意見。《郭店楚墓竹簡》一書是將相當於傳世本二十五章、五章、十六章的内容（簡 21—24）排在簡 20 與 25 之間。

二字承接上文，故其分章方式應與傳世本相同。漢簡本“方而不割”四句屬於下章，且句首無“是以聖人”四字。此四句是形容有國治民者道德修養的理想狀態，應該低調收斂，避免鋒芒外露。傳世本五十九章的主旨在“治人事天莫若嗇”一句，“嗇”即收斂、愛惜之義，“方而不割”四句正與“嗇”的宗旨相合。相比之下，此四句與傳世本五十八章内容上的聯繫似乎不是那麼明顯。值得注意的是，傳世各本中衹有嚴遵本的分章方式與漢簡本相同，“方而不割”四句屬下章，名“方而不割篇”[①]，且無“是以聖人”四字。

7. 第六十九（傳世本二十八章）、七十（傳世本二十九章）兩章：

> ·智（知）其雄，守其雌，爲天下溪；爲天下溪，恒德不離，復歸於嬰兒。智（知）其白，守其辱（黖），爲天下谷；爲天下谷，恒德乃足，復歸於樸。智（知）其白，守其黑，爲天下武（式）；爲天下武（式），恒德不貣（忒），復歸於無極。樸散則爲成器，聖人用則爲官長。
>
> ·大制無畍（割）。將欲取天下而爲之，吾見其不得已。天下神器，非可爲，爲之者敗之，執之者失之。物或行或隨，或熱（噓）或炊（吹），或强或榁（挫），或伓（培）或隋（墮）。是以聖人去甚，去奢，去泰。

“大制無割”四字，传世本屬上章，且多數版本句首多一“故”字，顯示與上文的承接關係。[②]漢簡本“大制無畍（割）”四字屬下章，而且前無“故”字。“大制無割”是指剪裁衣服的最高

①見《老子指歸》，第65頁。
②僅景龍碑本、傅奕本等少數版本無“故”字。

境界不需要切割，與傳世本四十一章“大方無隅”“大象無形”句式相同。此處强調的是“無爲”，與傳世本二十九章“天下神器非可爲”的主旨密合，而與二十八章“守雌”“歸樸”的主旨相去較遠。本章用此句開頭，也符合《老子》一書用比喻“起興”、引出正文議論的慣例。值得注意的是，傳世本“故”字，帛書兩本皆作“夫”，爲句首語氣詞，因此帛書本“夫大制無割”五字很可能也是屬於下章；若按通行做法將其劃歸上章，則章末文意未盡即戛然而止，顯得非常突兀。傳世本可能正是着眼於此，纔將“夫”字改爲“故”。

以上所舉漢簡本與傳世八十一章本分章的七處差异中，衹有第 1、3 兩例是傳世本優於漢簡本，其餘五例都是漢簡本顯得更爲合理。而第 1 例的分章方式與嚴遵本相同，説明它雖然不盡“合理”，但至少在西漢中期已經出現，并有一定範圍的流傳。[①]七例中有兩例與嚴本相合，説明二者之間應該存在一些文本上的聯繫；但我們還不能説兩者屬於同一版本系統，因爲嚴本的分章與八十一章本有五處不同，其中衹有兩處與漢簡本相合，還有三處不合。[②]嚴本爲了湊合“七十二”的數字，分

①由於嚴本《道經》部分早已亡佚，故第 3 例是否與嚴本相合已無法得到證實。但嚴本《道經》衹分 32 章，較漢簡本還少一章，其將傳世本數章合爲一章的做法應該比漢簡本還多，因此第 3 例與嚴本相合的可能性是存在的。

②這五處不同是：1. 將八十一章本的第三十九（昔之得一者）、四十章（反者道之動）合一，名“得一篇”；2. 第五十七（以正治國）、五十八章（其政悶悶）合一，名“以正治國篇”；3. 第六十七（天下謂我大）、六十八章（善爲士者不武）合一，名“天下謂我篇”；4. 第七十八（天下莫柔弱於水）、七十九章（和大怨）合一，名“柔弱於水篇”；5.“方而不割，廉而不劌，直而不肆，光而不耀”四句屬下章，前無“是以聖人”四字，名“方而不割篇”。可惜嚴本《道經》早佚，否則其分章與漢簡本相合之處可能會更多一些。

章上儘量采取“合”的做法，有些地方甚至罔顧文意。漢簡本雖然也是以“合”爲主，但仍有一個“分”的例子（例5），而嚴本此處的做法恰與八十一章本相同，可見漢簡本的分章宗旨與嚴本大异其趣。另外，從帛書甲、乙本保存的少數有關分章的綫索看來，有與漢簡本相同之處，也有不同之處。如例7帛書本與漢簡本相同，例6則帛書本與漢簡本、嚴本不同，而是同於八十一章本。這説明在西漢時期，《老子》的章序雖然已經大體固定，但具體的分章形式尚未最後定型，當時不同家派傳授的文本，其分章形式可能多少有些差异。

裘錫圭先生曾根據郭店本指出，《老子》分章方面的變化，其主要趨勢是合而不是分。[①]應該説這一判斷符合《老子》文本演變的大趨勢，在戰國至西漢早期表現得尤爲明顯。但是現在從漢簡本看來，在《老子》文本趨於定型的最後階段，即西漢中期至東漢時期，情况發生過反復，出現了“先合後分”的現象。一些在漢簡本中已經合并的章，在八十一章本中又分開了，當然這種“分”衹是少數，而且大多有其文本方面的歷史淵源。

漢簡本每章均另起一簡抄寫，使章序的排列成爲難題，整理工作初期衹能暫依傳世本章序排列。但我們也發現，漢簡本《上經》第四十四章（傳世本八十一章）之末緊接計字尾題，説明這一章的確是《上經》最後一章；這一點與傳世本一致，而與帛書甲、乙本不同。[②]後來我們又根據簡背劃痕對章序進

①裘錫圭：《郭店〈老子〉簡初探》，載《中國出土古文獻十講》，復旦大學出版社2008年版，第204頁。
②帛書甲、乙本的章序大多與傳世八十一章本一致，僅有幾處不同：四十章與四十一章位置互倒；八十、八十一章提前至六十六章和六十七章之間；二十四章提前至二十二章之前（此處的章號皆爲傳世本章號）。

行了驗證，結果證明：若按帛書本章序排列，則凡帛書本與傳世本章序不同之處，其簡背劃痕均無法銜接；而按傳世本章序排列，則簡背劃痕基本可以銜接。[①]這説明漢簡本的章序應與傳世本一致。過去學者根據帛書本四十二章（“道生一”）緊接四十章（“反者道之動”）之後，認爲傳世本章序乃錯簡所致[②]；漢簡本證明這衹是不同抄本之間的差异，不能斷定孰是孰非。由此可知，至遲在西漢中期已經出現了與傳世本章序一致的《老子》版本，説明《老子》一書章序的固定可能要早於分章形式的固定。

四、用字習慣

學者早已指出，帛書兩本并不是“善本”，抄寫者的文化水平不高，態度也不算認真，衍文、錯字、漏字比比皆是。與之相比，漢簡本抄寫者的文化水平要高得多，而且態度一絲不苟，通篇基本不見衍文、漏字，錯字也屈指可數。[③]我們推測，漢簡本的抄寫者應非尋常以抄書爲生的書手，甚至不排除學者親自校訂手録的可能。將漢簡本稱爲西漢中期的一個“善本”，應該是不過分的。

帛書乙本篇末自注字數較漢簡本多出二百餘字，原因主要在於帛書兩本文句比較繁冗，使用虛詞較多。漢簡本文句顯得

---

①參看韓巍：《西漢竹書〈老子〉簡背劃痕的初步分析》，載北京大學出土文獻研究所編《北京大學藏西漢竹書（貳）》，上海古籍出版社2012年版。

②《帛書老子校注》，第19頁。

③明顯的錯字如第四十二章（傳世本七十八章）“攻堅强者莫之能失”，“失”爲“先”之訛；第五十三章（傳世本第十章）“愛民沽國”，“沽”爲“治”之訛。

更爲精練，一些不必要的虚詞已被删減，但仍然比傳世本（尤其是王本、河本）要多。例如第四十六章（傳世本第二章）："故有無之相生，難易之相成，短長之相刑（形），高下之相頃（傾），言（音）聲之相和，先後之相隨。"郭店本及帛書兩本於"生""成""形""盈"[1]"和"之後皆有"也"字，王本、河本則"也"字與"之"字皆無，傅本則有"之"字、無"也"字，與漢簡本同。類似的例子還有很多。[2]

在用字習慣方面，與傳世本相比，郭店本和帛書本使用假借字和异體字較多。雖然漢簡本也存在大量假借字[3]，但總體上其用字習慣已更接近傳世本。例如"損"字，郭店本作"員"，帛書乙本多作"云"，皆爲假借字；帛書甲本作"敗"，即"損"之异體；漢簡本皆同傳世本寫作"損"。"谷"字，郭店本和帛書本多寫作"浴"，應該是戰國至漢初通行的异體字；漢簡本大多同傳世本作"谷"，僅一處作"浴"。但需要指出的是，用字習慣的變化非常複雜，與抄寫者的出身地域、文化傳統和個人習慣都有關係，并非時代越晚的版本越接近傳世本。比如王本第十三章"寵辱若驚"的"寵"字，漢簡本作"寵"，郭店本作"態"，可視爲"寵"之异體；帛書甲本作"龍"，乙本作"弄"，皆爲音近假借字。同一章的"患"字，郭店本、帛書乙本和漢簡本皆同傳世本作"患"，而帛書甲本却作"梡"，爲假借字。又如作爲動詞的"知"字，帛書兩本皆同傳世本作"知"，漢簡本却同郭店本作"智"。

①帛書兩本"傾"作"盈"，郭店本作"浧（盈）"。

②可參看《北京大學藏西漢竹書（貳）》"附録二 《老子》主要版本全文對照表"。

③比如傳世本"形"字，漢簡本皆作"刑"；"妙"字，漢簡本皆作"眇"等。

但是在少數具有顯著時代特徵的用字習慣上，漢簡本與郭店本、帛書本仍有接近之處。例如凡傳世本“不＋及物動詞”結構中的“不”字，漢簡本皆作“弗”，如“弗爲”“弗智”“弗去”“弗有”等，郭店本亦同，而帛書本已有個別地方改爲“不”（如甲本第七十三章“不召而自來”）。又如傳世本之“處”字，漢簡本多作“居”，與帛書本同。這些用法都反映出語言上的時代特點。

另外，漢簡本用字也有不同於帛書本和傳世本的獨特之處。比如傳世本常見的感嘆詞“兮”，帛書本均作“呵”，漢簡本則多數作“旖”，少數作“虖”。阜陽漢簡《詩經》中的“兮”字也寫作“旖”，整理者認爲“或與方言不同”有關。[①]這種用字差异值得重視和思考，如果確實是地域性特點，或能爲漢簡本抄寫者所出地域的推測提供綫索。

最後，漢簡本中有少數字形可能保存了戰國寫本的字形特徵，即所謂“隸古定”。如傳世本第二十五章“大曰逝，逝曰遠”的“逝”字，漢簡本作“懘”。此字亦見於阜阳漢簡《詩經》，如S034“毋懘我□”即《毛詩・邶風・谷風》“毋逝我梁”，S050“苞＝其懘”即《邶風・二子乘舟》“泛泛其逝”，S126“明星懘＝”，即《陳風・東門之楊》“明星晢晢”。胡平生先生指出，“懘”“逝”古音同屬定母月部，古書中亦多見從“帶”與從“折”之字通用之例，如朱駿聲《説文通訓定聲》引《古文奇字》云：“蹛，古文逝。”[②]從這一綫索看來，讀爲“逝”的“懘”很可能也是戰國古文的隸定，但與郭店本的“潫”字不屬

①胡平生、韓自强：《阜陽漢簡〈詩經〉研究》，上海古籍出版社 1988 年版，第 46 頁。

②見《阜陽漢簡〈詩經〉研究》，第 49—50 頁。

同一系統。另外同一章“獨立而不改”的“改”字，漢簡本作“狘”，郭店本作“亥”，帛書乙本作“玹”，顯然有一脉相承的關係。又如傳世本第十五章“强爲之容”的“容”字，帛書兩本亦作“容”，漢簡本却與郭店本同作“頌”；“容”寫作“頌”應該是戰國時期流行的書寫習慣，上博楚簡《容成氏》之篇題作“訟成氏”，“訟”通“頌”。傳世本第三十五章“執大象”之“執”字，郭店本作“埶”，裘錫圭先生指出此處“埶”應讀爲“設”，古書及出土文獻多見以“埶”表“設”之例，帛書兩本“埶”已訛爲“執”[①]；漢簡本此字正作“埶”，保存了戰國寫本的正確字形。[②]

五、文句方面的特點以及與其他《老子》版本的關係

與郭店本、帛書本以及傳世的幾種有代表性的《老子》版本相比較，漢簡本在總體上更接近帛書本，但也有一些與傳世本甚至郭店本相合之處，還有少數與各本皆异的獨特之處。

漢簡本文句接近帛書本之處可以第五十五章（傳世本第十二章）爲例：

·五色令人目盲，敺（驅）騁田獵令人心發狂，難得之貨令人行方（妨），五味令人之口爽，五音令人之耳

---

①裘錫圭：《郭店〈老子〉簡初探》，載《中國出土古文獻十講》，第215—216頁；《再談古文獻以“埶”表“設”》，載何志華、沈培等編《先秦兩漢古籍國際學術研討會論文集》，社科文獻出版社2011年版。

②帛書本尤其是乙本也保存了不少戰國寫本的字形，比如“四鄰”“鄰國”之“鄰”，帛書乙本作“哭”，與郭店本相同，帛書甲本與漢簡本已作“鄰”，同於傳世本。

聾。……

漢簡本的文句順序與帛書甲、乙本完全相同。王本、河本、傅本、想本等此段皆作“五色令人目盲，五音令人耳聾，五味令人口爽，馳騁畋（田）獵令人心發狂，難得之貨令人行妨”。從文意看來，傳世本的順序顯得更加通順合理，但與簡帛古本不合，應是後人加以整理的結果。另外值得注意的是，漢簡本的五個“令”字與傳世本相同，帛書兩本均作“使”。漢簡本句序同於帛書本，用字却同於傳世本，這對於認識古書文本流傳的複雜性頗有啓發意義。①

另外，漢簡本第二十章（傳世本五十七章）：“灋物兹（滋）章（彰）”，“灋物”傳世本多作“法令”，唯河本作“法物”。帛書甲本此二字殘，乙本殘存“物”字，郭店本亦作“灋勿（物）”，漢簡本與郭店本、帛書本顯然屬於同一系統。此處作“法令”者又見於《淮南子·道應訓》、《文子》卷七及《史記·酷吏列傳》等書引《老子》，應屬另一版本系統。“法物”和“法令”的内涵有所不同，“法令”即法律制度，“法物”的概念則更爲寬泛。馬王堆帛書《二三子問》有“德義廣大，灋物備具”之句，張政烺先生注釋引《管子·七法》：“尺寸也，繩墨也，規矩也，衡石也，斗斛也，角量也，謂之法。”注：“角亦器量之名，凡此十二事，皆立政者所以爲法也。”②丁四新先生指出“灋物”不僅指法令之物，而是泛指大人行施教化的模範之物，包括禮樂、儀制用物，其説甚是；他還認爲戰國

①漢簡本同於帛書本之例還很多，此處不煩多舉，讀者可參看《北京大學藏西漢竹書》“釋文注釋”及“附録二”。

②張政烺著、李零等整理：《張政烺論〈易〉叢稿》，中華書局2011年版，第164頁。

至漢初的《老子》文本當作“法物”而非“法令”，二者的文本變异大概發生在西漢文景時期，與當時的社會思潮有關，也有一定道理。[①]

漢簡本與帛書本的相同之處，可以回答過去學者對帛書本的一些懷疑。例如漢簡本第二十一章（傳世本五十八章）：“其正（政）昏昏，其民萅萅（蠢蠢）；其正（政）計計（察察），其國夬夬（缺缺）。”“其國夬夬”，帛書甲本作“其邦夬夬”，乙本僅殘存“其”字；傳世本大多作“其民缺缺”，“民”或作“人”，“缺”或作“觖”。高明先生認爲帛書甲本的“邦”字乃“民”之誤，并將乙本殘缺之處也補爲“民”；他引用高亨先生之説，認爲“夬”“缺”皆讀爲“狭”，“狭”同“獪”，狡詐也；此句意爲其政嚴明苛細，則民必狡猾狭詐。[②]今得漢簡本之證，可見帛書甲本作“其邦夬夬”不誤，乙本的缺字也未必是“民”，或有可能是“國”。如果此句的主語作“邦（國）”，高亨先生將“缺”讀爲“獪”的舊解就不太合適了。帛書及漢簡本的“夬”字仍應讀爲“缺”，“缺缺”形容殘破之狀，主語作“邦（國）”或作“民”於句意并無太大影響。《淮南子·道應訓》引《老子》已作“其民缺缺”，可見西漢早期已并存兩種版本。

在漢簡本中還發現了一些與帛書本不同，但合於郭店本的地方。例如：

1. 第六十六章（傳世本二十五章）：“天大，地大，道大，王亦大，或（域）中有四大而王居一焉。”帛書兩本及傳世各本

①丁四新：《郭店楚竹書〈老子〉校注》，武漢大學出版社 2010 年版，第 164—166 頁。
②《帛書老子校注》，第 109—110 頁。

此句均作“道大，天大，地大，王亦大”，而郭店本及《淮南子·道應訓》引《老子》則與漢簡本順序一致。從下文“人法地，地法天，天法道，道法自然”的順序看來，帛書本與傳世本以“道大”在“天大”之前，似乎更爲合理，故裘錫圭先生認爲郭店本順序“顯然不會是《老子》原貌”。[①]漢簡本爲“天大”在前的順序又增添了一個文本證據，説明這種順序的文本從戰國中期到西漢中期一直流傳不絶，應視爲不同於帛書本的另一系統，而不是偶然的改動或筆誤。

2. 第五十六章（傳世本十三章）“何謂寵辱？寵爲下，是謂寵辱”一句，各本皆無“是謂寵辱”四字。“何謂寵辱”，帛書兩本及王本、傅本皆作“何謂寵辱若驚”；郭店本及河本皆無“若驚”二字，與漢簡本同。想本作“何謂寵辱爲下”，“辱”下疑脱重文號，則原文應作“何謂寵辱？辱爲下”，同於河本。

3. 第七十七章（傳世本三十七章）：“道恒無爲，侯王若能守之，萬物將自化。”“道恒無爲”，郭店本同，衹“爲”下多“也”字；帛書兩本皆作“道恒無名”，傳世本作“道常無爲而無不爲”。漢簡本中將“道”與“無名”連言者衹有兩處，其一即第四章（傳世本四十一章）“道殷無名”，其二即第七十三章（傳世本三十三章）：“道恒無名，樸唯（雖）小，天下弗敢臣。侯王若能守之，萬物將自賓。”傳世本及郭店本亦同（郭店本僅有傳世本三十三章）。帛書本中相當於傳世本三十七章之處作“道恒無名”，很可能是受三十三章影響。而傳世本在“道恒無爲”之後加上“無不爲”，顯然是從四十八章“損之又損，以至於無爲，無爲而無不爲”移植而來。

①裘錫圭：《郭店〈老子〉簡初探》，載《中國出土古文獻十講》，第209頁。

漢簡本不同於帛書本，而同於傳世本之處，最具代表性者可舉以下三例：

1. 第一章（傳世本三十八章）：

·上德不德，是以有德；下德不失德，是以無德。上德無爲而無以爲，下德［爲］之而無以爲，上仁爲之而無以爲，上義爲之而有以爲，上禮爲之而莫之應，則攘臂而乃（扔）之。……

“下德［爲］之而無以爲”一句，帛書甲、乙兩本均無。傳世本此句多作“下德爲之而有以爲”，唯傅奕、范應元、樓古三本作“下德爲之而無以爲”，與漢簡本同。此句若作“下德爲之而有以爲”，則與下文“上義”重複；若作“下德爲之而無以爲”，則與下文“上仁”重複。高明先生曾認爲傳世本衍“下德”一句，詞義重疊，造成内容混亂，純屬多餘，絶非《老子》原文所有，當爲後人妄增[①]。但漢簡本的發現，説明此句的“妄增”至少在西漢中期已經出現。其出現的原因究竟是什麽？是抄寫時涉下文而誤衍，還是别有用意？值得繼續探討。

2. 第五十七章（傳世本十四章）：

……隨而不見其後，迎而不見其首。執古之道，以御今之有，以智（知）古以（始），是謂道紀。

第一句“隨而不見其後，迎而不見其首”同於帛書本。王本此句作“迎之不見其首，隨之不見其後”，現存各本順序多與之相同，唯景福碑本同於帛書、漢簡本。“執古之道，以御今之有”一句，漢簡本同於傳世本。帛書兩本“執古之道”均作“執今之道”，與傳世本文義恰好相反。高明先生認爲當以帛書本爲

①《帛書老子校注》，第3頁。

是。[1]但漢簡本證明傳世本此句也有其版本依據，非後人妄改；帛書本未必正確，也有涉下文而誤的可能。

3. 第六十六章（傳世本二十五章）：

·有物綸（混）成，先天地生。肅（寂）覺（寥），獨立而不孩（改），偏（遍）行而不殆，可以爲天地母。……

"偏（遍）行而不殆"一句，郭店本及帛書兩本皆無，傳世本作"周行而不殆"。高明先生曾認爲此句與"獨立而不改"形成駢體對文，爲六朝人所增入。[2]許抗生先生亦認爲此句是傳世本對"道"理解有誤而妄加的。[3]漢簡本證明此句至遲在西漢中期已經出現。

將漢簡本與最具代表性的幾種傳世版本對校，我們發現漢簡本與嚴遵《老子指歸》本相合之處頗多。除第三節介紹的兩處分章相同外，典型的語句相合之處可舉以下幾例：

1. 漢簡本第二章（傳世本三十九章，嚴本名"得一篇"），"谷得一以盈"句下，傳世本大多有"萬物得一以生"一句，嚴本及帛書兩本皆無。下文"谷毋已盈將恐渴（竭）"句下，傳世本多有"萬物無以生將恐滅"一句，與上文"萬物得一以生"相對應，嚴本及帛書本亦無。

2. 第二十章（傳世本五十七章，嚴本名"以正治國篇"）末句："故聖人之言云：我無爲而民自化，我無事而民自富，我好静而民自正，我欲不欲而民自樸。"帛書本及多數傳世本都是

①《帛書老子校注》，第288—289頁。
②《帛書老子校注》，第349頁。
③許抗生：《初讀郭店楚簡〈老子〉》，載姜廣輝主編《中國哲學》（第二十輯），遼寧教育出版社1999年版，第97頁。

“好静”句在“無事”句之前，衹有嚴本句序與漢簡本相同。郭店本則以“無事”“無爲”“好静”“欲不欲”爲序，與各本皆异。

3. 第四十四章（傳世本八十一章，嚴本名“信言不美篇”）：“智者不博，博者不智；善者不辯，辯者不善。”傳世本大多作“善者不辯，辯者不善；知者不博，博者不知。”唯嚴本作“知者不博，博者不知；善者不辯，辯者不善。”句序同於漢簡本。帛書本此句作：“知者不博，博者不知；善者不多，多者不善。”與各本皆异。

4. 第二十七章（傳世本六十四章，嚴本名“其安易持篇”）末句：“百仞之高，始於足下。”傳世本“百仞之高”多作“千里之行”，嚴本及帛書本與漢簡本同。

5. 第十三章（傳世本五十章，嚴本名“出生入死篇”）：“蓋聞善聶（攝）生者，陵行不避豙（兕）虎”，“陵”字帛書本同，傳世本訛爲“陸”。“避”，帛書乙本作“辟”（甲本殘），通“避”，傳世本大多作“遇”，唯嚴本作“避”。此處作“避”，是説“善攝生者”在山林中行走不用躲避兕虎，即使遇見兕虎也不能加害於我；如作“遇”，則是説消極的不會遇見兕虎。顯然“避”比“遇”更符合本章的主旨。

以上所舉尚有未盡之處。[①]這些例證説明漢簡本與嚴本之間的確存在一些文本上的聯繫，反過來也證明現存嚴本保存了一些西漢古本的原始面貌，其在《老子》文本校勘方面的價值應受到更多重視。但這并不是説漢簡本與嚴本屬於同一版本系統，因爲二者之間的差异比共同點還是要多得多。

除嚴本外，漢簡本與王弼本、河上公本、傅奕本、想爾注

①讀者可參看《北京大學藏西漢竹書（貳）》“釋文注釋”及“附録二”。

本等版本之間也或多或少存在一些聯繫。王弼本是唐代以後流傳較廣、影響較大的版本，也是學者公認受後世改動較多的版本。但由帛書本與漢簡本看來，王弼本仍然有一些與古本相合之處。例如：

1. 漢簡本第十四章（傳世本五十一章）："亭（成）之孰（熟）之"，傳世本多作"成之熟之"，河本作"成之孰之"，帛書乙本及王本、傅本皆作"亭之毒之"（甲本殘存一"亭"字）。此句王本、傅本的用字還處於未破讀的狀態，較漢簡本更爲原始。

2. 第十八章（傳世本五十五章）："逢（蜂）蠆虺蛇弗赫（螫）"，"逢蠆虺蛇"四字，帛書甲本作"逢㡿蜾地"，帛書乙本作"蠭癘虫蛇"，皆應如王本讀爲"蜂蠆虺蛇"。郭店本作"蟲（虺）蠆＝（蟲）它（蛇）"，略有不同。其餘傳世本如河本、嚴本作"毒蟲"，傅本作"蜂蠆"，范應元本作"毒蟲虺蛇"，與古本的差异都比王本更大。

3. 第五十二章（傳世本第九章）："功遂身退，天之道也"，帛書乙本、王本與漢簡本全同；郭店本、帛書甲本"遂"作"述"，其餘亦同。其餘傳世本"功遂身退"多作"功成名遂身退"，傅本作"成名功遂身退"，想本作"名成功遂身退"，與古本差别較大。

傅奕本據説源自北齊武平五年（574）彭城人盜發"項羽妾冢"所獲的古《老子》。帛書本出土之後，學者注意到傅本與帛書本有很多相合之處，開始重視其版本價值。1976年出版的《馬王堆漢墓帛書——老子》（釋文簡注本）和1980年出版的《馬王堆漢墓帛書（壹）》（皆文物出版社出版）都將傅本與帛書兩本製成全文對照表作爲附録。漢簡本的發現再次證明傅本在很大程度上保存了古本面貌。例如在用字方面，王本第十四章“惚恍”二字，漢簡本作“没芒”，帛書乙本作“沕望”；傅本作“芴芒”，“芴”字與帛書本相近，“芒”字則與漢簡本相同。凡傅本與帛書本、漢簡本皆相同之處這裏不再列舉，僅舉與帛書本不同而合於漢簡本的兩例：

1. 漢簡本第三十一章（傳世本六十七章）“以陳（陣）則正”四字，帛書乙本作“以單（戰）則朕（勝）”，甲本殘存“則勝”二字。傳世本大多作“以戰則勝”，與帛書本相合；唯傅本作“以陳則正”，同於漢簡本。

2. 第三十七章（傳世本七十三章）“謾（默）然善謀”，“謾然”二字，帛書甲本作“彈而”，乙本作“單而”，王本、河本作“繟然而”(《經典釋文》引河本“繟”作“墠”)，嚴本作“坦然而”，傅本作“默然而”。“謾”即“默”之异體，“彈”“單”“繟”“墠”皆讀爲“坦”。漢簡本與傅本爲同一系統，作“默然”；帛書兩本與王本、河本、嚴本爲同一系統，作“坦然”。

除以上介紹的漢簡本與各種出土和傳世《老子》版本之間的聯繫外，漢簡本還有少數與其他版本都不相同的獨特之處。其中最爲重要的是第七十二章（傳世本三十一章）：

> ·夫觟（畫）美不恙（祥）之器也，物或惡之，故有欲者弗居也。是以君子居則貴左，用兵則貴右。兵者，非君子之器也，不恙（祥）之器也。不得已而用之，恬（銛）僂（鏤）爲上，弗美。若美之，是樂之；樂之，是樂殺人。樂殺人，不可以得志於天下。……

“夫觟美”，帛書兩本皆作“夫兵者”，王本、河本、想本作“夫佳兵者”，樓古碑作“夫嘉兵者”，傅本作“夫美兵者”。學者很早就指出“佳兵”或“美兵”於文義難通，王念孫認爲“佳”乃“隹（唯）”之誤，盧文弨則認爲“佳”“美”是動詞，其下“之器”二字應是衍文。[①]帛書本出土之後，學者多認爲帛書作“夫兵者”是正確的，傳世本“兵”上之“佳”或“美”字應是衍文。

如今漢簡本又提供了新的文本證據。李零先生在討論漢簡本注釋時指出，“觟”應讀爲“佳”或“𡡉”，“觟（佳）美”應指有美麗裝飾之物；《史記·扁鵲倉公列傳》引《老子》曰：“美好者，不祥之器”，與漢簡本屬同一版本系統。李先生之説給我很大啓發，但經過反復考慮，我覺得此句仍可有其他的解讀方式。若將“觟美”理解爲華美之物，則凡此類器物皆被視爲“不祥之器”而遭人厭惡，有些不合常理，與以下談“兵”的内容也没有直接聯繫；而且下文稱“有欲者弗居”，“有欲者”即有貪欲之人，華美之物正是其所“欲”，説“弗居”豈非自相矛盾？[②]我覺得“觟”在此還可讀爲“畫”[③]，“畫”在先秦古書中雖然多作“界劃”或“畫策”講，但也有“繪畫”“裝飾”之義。如《爾雅·釋言》：“畫，形也”，郭璞注：“畫者，爲形象”，《釋名·釋書契》：“畫，繪也，以五色繪物象也”，

①參看《帛書老子校注》，第387—389頁。

②“有欲者”，帛書甲本同（乙本殘），傳世本多作“有道者”，高明先生認爲“欲”假爲“裕”，“裕”“道”音近可通，“有欲者”即“有道者”（《帛書老子校注》，第389頁），其説似非。與本句相似者亦見於漢簡本第六十五章（傳世本二十四章）：“其在道也，斜（餘）食叕（贅）行，物或惡之，故有欲者弗居。”帛書兩本亦皆作“有欲者”，傳世本作“有道者”。帛書整理組曰：“居，儲蓄。此言惡物爲人所弃，雖有貪欲之人亦不貯積。”其説較高先生之説更爲合理，傳世本“有道者”應是後人不解古本而誤改。

③“觟”屬匣母支部，“畫”屬匣母錫部（見郭錫良編著：《漢字古音手册》（增訂本），商務印書館2010年版，第19頁），聲母相同，韵母陰入對轉，故可通假。

《書·顧命》"畫純"《孔疏》曰："彩色爲畫。"西周册命金文常見賞賜的車器有"畫輯""畫轉"，"畫"就是指彩繪裝飾（有可能是漆繪），另外小臣宅簋銘文有"畫干"，應該是漆繪的盾牌。"畫"由"彩繪"引申爲用各種手段裝飾美化，包括先秦時期先後流行的鑲嵌緑松石、錯金銀、鎏金銀等工藝，大概都可泛稱爲"畫"。"觟（畫）美"在此可作動詞解，"夫觟（畫）美不恙（祥）之器也"應該連讀，是指裝飾、美化"不祥之器"的行爲。[①]河上公注："佳，飾也。祥，善也。兵者驚精神，濁和氣，不善之器，不當修飾之。"[②]同樣是把"佳"理解爲動詞，義爲"修飾"，與我們上面的解釋相近。[③]"物或惡之"，是指美化"不祥之器"的行爲受到人們的普遍厭弃；"有欲者弗居"，是説即使有貪欲之人也不會蓄積這樣的"不祥之器"。這樣理解，本句就與下文"兵者不祥之器"及"恬僂爲上"等句密切銜接起來了。而《史記》引文作"美好者不祥之器"，"美好"應該是將"觟美"破讀爲"佳美"而來；增添"者"字之後又衍生出一種新的解釋，即凡有華麗裝飾之器物皆爲"不祥之器"。

"恬僂"二字，王本作"恬淡"，河本、想本作"恬惔"，傅本作"恬憺"，郭店本作"銛纅"，帛書甲本作"銛襲"，乙本作"銛懺"。勞健《老子古本考》已疑王本"恬淡"二字乃"銛鋭"

①在"觟"讀爲"佳"的前提下，也可將"佳美"理解爲形容詞，"佳美不祥之器"即有美麗裝飾的"不祥之器"；雖然其文意與將"觟美"理解爲動詞相差不大，但於"器"上疊置多個形容詞畢竟過於拖沓，故本文未取此説。

②"佳，飾也"三字影宋本無，據《經典釋文》補。

③現存河上公本經文作"夫佳兵者不祥之器"（影宋本無"者"字，《道藏》河本有），將"佳"理解爲"修飾"，就其經文來講顯然不够通順。因此頗疑此處經文可能經過後世改動或有訛誤，注文反而保存了早期文本的解説。

之訛，謂兵器但取銛鋭，無用華飾也。裘錫圭先生肯定勞氏之説，認爲郭店本“銿”即“銛”字，“纅”應讀爲“功苦”之“功”，“銛功”就是説兵器以堅利爲上；帛書乙本的“懽”亦可讀爲“功”，甲本的“襲”應是從“龍”聲之字的形近訛字；“襲”“淡”二字古音相去不遠，可能有人將“銛襲”一類异文讀爲“恬淡”，遂爲今本所襲用。[①]裘先生之説很有道理。[②]漢簡本的“恬僂”疑應讀爲“銛鏤”，《説文·金部》：“鏤，剛鐵也”，“銛鏤”即鋒利的鐵製兵器。郭店本的“纅”與帛書本的“襲”“懽”均從“龍”得聲，“龍”屬東部，“僂”屬侯部，二字聲母相同、韵母爲陰陽對轉，故可通假。“僂”“惔”形近，疑“僂”先訛爲“惔”，再進一步變爲音近的“淡”“憺”等字。漢簡本“恬僂”二字將帛書本、郭店本與傳世本銜接起來，讓我們看到這兩個字是如何一步步演變爲今天的形態。

“銛鏤爲上，弗美”，就是説兵器以鋒利爲上，不要加以裝飾、美化。春秋晚期至戰國時期的青銅兵器，多用錯金銀、鎏金銀、鑲嵌寶石等工藝加以裝飾，“弗美”就是反對這種奢靡之風（裘錫圭先生已有此説）。兵器是用來殺人的“不祥之器”，因此裝飾、美化這種“不祥之器”的行爲當然是不好的行爲，是以殺人爲樂，有志於天下之人不會這樣做。按照這種理解，本章的文氣就顯得非常順暢，層層遞進，首尾貫通。衹是第二句“是以君子居則貴左，用兵則貴右”的“是以”二字顯得有些突兀，因爲此句與首句之間看不出因果承接關係。帛書兩本

①《郭店〈老子〉簡初探》，載《中國出土古文獻十講》，第213—214頁。
②但仍有不少學者認爲帛書和郭店本的這兩個字應從王本讀爲“恬淡”，見《帛書老子校注》，第390—391頁；《郭店楚竹書〈老子〉校注》，第398—402頁。

和多數傳世本此處皆無“是以”二字，唯傅奕本有，或爲衍文。

從郭店本和漢簡本看來，本章的宗旨并不是簡單的反對“兵”——兵器和戰争，因爲戰争在當時顯然是不可避免的；其重點在於强調“兵”是“不得已而用之”，反對統治者美化兵器、以戰争爲樂的行爲，主張用一種莊重、謹慎的態度來對待戰争。值得注意的是，郭店本此章恰好没有首句，多數學者認爲這一句是後來纔添加進去或是從另外一章混入本章的。[①]從郭店本看來，即使没有首句，本章的文意也已經比較圓滿，添加首句未免有畫蛇添足之嫌。本章首句之所以出現如此複雜的版本歧异，或許正是因爲不同學派對本章主旨有不同的理解，所以在“嫁接”首句之時對其文字做了不同的處理。

帛書兩本開頭就講“夫兵者不祥之器”，下文又説：“故兵者，非君子之器。兵者，不祥之器也。”[②]如此反復强調，不避重複之嫌，説明其反對的對象首先是“兵”本身，而不是美化兵器的行爲。按照帛書本的理解，本章的核心應該是“不祥之器”，而不是“不得已而用之”和“弗（勿）美”。帛書本與漢簡本的文字歧异背後，隱藏的是對本章宗旨的不同認識，也就是對待戰争態度的微妙差别。單純從文句的簡潔通順看來，漢簡本似乎顯得更好一些，但由於其用字偏僻，很容易引起譌字或誤解，所以没有能够流傳下來。

通過漢簡本，我們看到本章首句在西漢時期可能并存“兵

①參看丁四新：《郭店楚竹書〈老子〉校注》，第394—395頁。當然還有一種可能，即郭店本的編寫者已經見到包含首句的版本，但由於覺得該句與下文重複或文義難解而將其删去了，不過這種可能性較小。

② 漢簡本此句作：“兵者，非君子之器也，不恙（祥）之器也。”王本作：“兵者，不祥之器，非君子之器。”其餘傳世本多同，都比帛書本要簡練。

者”與“絓（畫）美”（或“美好”）兩個版本系統。傳世本的“佳兵”和“美兵”應該是糅合這兩種版本而成，“佳”應爲“絓”之破讀，“佳兵”之“兵”也有可能是“美”之訛。漢簡本的發現，不僅爲校訂本章文句增添了重要證據，而且爲認識郭店本、帛書本與傳世本之間的演變脉絡提供了綫索。

結　語

總體看來，西漢竹書《老子》的文本形態介於帛書甲、乙本與傳世本之間，而更接近帛書本。無論是上、下篇的先後，分章和章序，還是具體到用字習慣和文句异同，無不反映出這種“過渡性”特徵，這與其所處時代也是相符的。同時，我們也不能簡單將漢簡本視爲任何一種傳世本的直接前身，因爲漢簡本與傳世各本的差异，比傳世各本之間的差异還是要大得多。

漢簡本最重要的學術價值，是爲我們提供了一個處於“定型”階段的完整而精善的《老子》古本，這固然爲《老子》一書的校勘增添了不少新的文本證據，但更重要的則是在郭店本、帛書本與傳世本之間架起了一座橋梁。現有的四個出土簡帛《老子》古本，形成了由戰國中期到西漢中期、由萌芽到成熟的完整鏈條，這在各種出土簡帛經典中是獨一無二的。不僅使我們對《老子》一書産生、發展、定型的過程有比較清晰的認識，也爲研究簡帛古書的演變規律提供了一個很好的範例。

在目前所見各種出土簡帛古書中，《老子》文本的穩定性顯得最爲突出。秦漢之際的帛書本與傳世本相比，其相同之處已遠多於差异，西漢中期的漢簡本則更接近傳世本。這一點不僅遠遠超越同時代的諸子類、兵書類簡帛古本，甚至連六藝類經典也罕有能與之相比者。[1]古書文本的穩定性，與其“經典化”的年代和程度有很大關係。一般説來，“經典化”年代越早，程度越高，文本的固定就越早，穩定性也越强。從現有材料看來，《老子》的“經典化”及其文本的相對固定，很可能在戰國晚期已經完成，西漢時期的變化很有限。

漢簡本也讓我們進一步認識到古書文本傳承與演變的複雜性。漢簡本中的很多實例，有力地證明古書文本的演變不是一條簡單的直綫，而是多條綫索相互交錯形成的複雜“網絡”。一種古書在同一時代存在多個版本系統乃是常態，其中衹有少數版本得以流傳至今或見於文獻記載。更多的版本雖然早已湮没無聞，但其文本特徵却可能通過“隱伏”的形式傳遞下來，在時隔數百年甚至上千年以後“浮出水面”，出現在較晚的版本中。古書文本的演變既有同一版本系統的傳承、延續，也有不同系統之間的交互影響。古書傳抄過程中不斷加以校訂、改動，文本與解讀方式相隨而變，實際上相當於一種“再創造”[2]。一種版本流行時間越長、範圍越廣、複製和注釋越多，其文本形態的變化就越大，一般來説也越接近現代人的閱讀習慣，河上公注本和王弼注本《老子》就是典型例證。不那麽受重視的版本由於傳抄、複製較少，後人的改動也少，反而能保存更多的古本特徵，嚴遵本與漢簡本的相似之處就充分説明了這一點。另外，個别出現較晚的版本由於參考了出土古本，所以呈現出很多較原始的特徵，傅奕本就是罕見的一例。當然，嚴本、傅

①比如大約抄寫於文景至武帝初年的銀雀山漢簡《吴孫子》《齊孫子》《晏子》《尉繚子》《太公書》，以及年代更早的馬王堆帛書和阜陽漢簡本《周易》、阜陽漢簡《詩經》等，與傳世本之間的差异都比較大。

②夏含夷先生稱之爲“Rewriting”，見 Edward L. Shaughnessy: Rewriting Early Chinese Texts, State University of New York Press, 2006。

本在流傳過程中不可避免地要受其他版本影響（尤其是流行程度較高的王本、河本），而改動較大的王本、河本也會或多或少保存一些與古本相合之處。

認識到這種複雜性，對於古籍整理尤其是出土簡帛文獻的整理和校勘，乃至古代思想文化史的研究，都有很重要的啓示意義。二十世紀七十年代幾批簡帛古書的大發現，在上古文獻和思想史研究領域産生了革命性的推動作用，尤其是解决了有關很多古書真僞的疑問，使“古書辨僞學”向“古書年代學”演進。但當時在簡帛古本有限的情况下，學者仍然將很多注意力放在簡帛本與傳世本孰是孰非的争論上，實際上是把從簡帛本向傳世本的演變看作一種“單綫進化”。近年來，隨着上博簡、清華簡、北大簡等新出簡帛古書資料的面世，簡帛文本得到極大的擴充，一種古書往往有多個同時或不同時代的版本可供比較，這就促使我們超越過去的“單綫進化論”思維，更多地考慮古書文本演變的複雜性。對於一種古書乃至某一個文本特徵，不僅要研究其産生的年代早晚以及與傳世本的關係，更要將其放在當時的歷史背景中，進一步追問其産生的具體原因和過程。這種我們稱之爲“古書形態學”的研究，其最終目的是要揭示古書是如何一步步從簡帛古本的形態演變爲今天我們所看到的樣子。《老子》作爲出土簡帛古本最爲豐富、時代序列最爲完整的一種重要經典，無疑是“古書形態學”研究的最佳樣本，值得我們爲其付出更多的努力。

本文原作爲“附録”收入北京大學出土文獻研究所編《北京大學藏西漢竹書（貳）》，上海古籍出版社，2012 年 12 月。收入本書時做了少量改動。

簡帛《老子》相關研究

异常與回歸：老子的“反”探究

王中江[①]

摘要 老子的“反”一直有着多歧的不同解釋，但除了“正言若反”的“反”明顯是用作“相反”之外，其他的“反”都應統一解釋爲“返回”，它們不是指對立相反，也不是指迴圈。從“反”的文字假借到老子“返”的義理，從“返”與“復歸”的統一性，從老子爲什麽要主張返回和返回到何處，凡此種種，都充分説明了這一點。

引言：“反”的詮釋歧義

對於老子的“反”這一概念，一直存在着幾種不同的理解和

①王中江，北京大學哲學系教授。研究領域：周秦哲學、早期儒道哲學、近現代中國哲學。

解釋[①]，一是從對立相反及其運動來看[②]；二是從迴圈運動來看[③]；三是從“返回”和“復歸”的運動來看[④]。從哲學義理和東西方哲學傳統來説，不管是事物的對立相反、相反相成和物極必反，還是事物的循環往復，或者是事物的復歸、回歸等，它們各自都有其一定的重要性和不同的旨趣。對立相反注重的是事物的矛盾、相反相成和相互轉化，迴圈强調的是事物的迴環性和周期性的連續及變化，返回和復歸强調的是事物出現异常、异化而進行糾偏和修復及自身的回歸。從共同的方面説，它們都具有變化、轉化和轉變的意義，也具有某種交叉性和包含性。相反對立的運動可以是迴圈的，迴圈也可以具有對立相反性。有

①從方法論上説，同一個思想概念和術語，在不同的思想家甚至同一個思想家中都有可能在不同的意義上被使用，這同文字的多義性和人們常常在不同意義上使用它們十分相像；但同樣真實的是，人們也完全有可能在相似和相近的意義使用同一概念。這兩種情形原則上對老子的“反”這一概念都適用。事實上，它是兩者兼具，還是衹有一種情況，這要取决於我們的實質性考察。如果説同一個人在不同語境使用同一個概念，它的意義有可能相同也可能不同的話，那麽在同一個語境下，在同一個地方，他使用一個詞一般來説應該衹有一個意義而不能同時有兩個甚至更多的意義（雖然還有言外之意等），否則，理解和解釋就真的變得不可能，溝通和交流及通過語言來指示行爲也變得不可能。從這一點出發，我們衹能説對同一個文本和語境下的概念的解釋會有不同，但不能説這一概念在這個地方同時包含着不同的意思。實際上它究竟用作什麽意思，這同樣要藉助於實質性的考察。有關這一點，參閱盧育三的《老子釋義》，天津古籍出版社 1995 年版，第 188—189 頁。

②參閱馮友蘭：《老子哲學》，載《三松堂學術文集》，北京大學出版社 1984 年版，第 151 頁；張岱年：《中國古代辯證法思想發微》，載《張岱年全集》（第 5 卷），河北人民出版社 1997 年版，第 299—300 頁。

③有關這方面，參閱陳鼓應的《老子今注今譯》，商務印書館 2003 年版，第 170—171、226 頁；盧育三：《老子釋義》，第 128、188—189 頁；李存山：《老子》，中州古籍出版社 2008 年版，第 80、99 頁；池田知久：《老子》，［東京］東方書店 2006 年版，第 20、276 頁。

④蔣錫昌認識到了“反”在老子整個哲學和思想中的重要性，并統而觀之和多所致意。參閱《老子校詁》，成都古籍書店 1988 年版，第 264—268 頁。

去和往纔有返回，因此，返回也有某種迴圈的意義。衹是异常之返和回不注重周期性的意義，它衹注重返和回歸這一維度。

整體上，老子的哲學所具有的主要是相反轉化和回歸這兩種運動和變化的義理（雖然程度和多少不同）。首先它具有對立相反、物極必反和相互轉化的思想，而且這方面非常明顯。美惡、有無、難易、高下、禍福、大小、多少等相反和轉化，都是這方面的重要符號，也是通常所説的老子辯證法（我想稱之爲“轉化法”）的主要表現。正因爲如此，人們也容易將老子的“反”從這方面去理解和解釋。但老子使用的“反”字，衹有“正言若反”的“反”具有“相反”的意義，其他的都不是這樣。我不能説老子完全没有“迴圈”的思想，但至少非常微弱，人們用來論證的老子迴圈觀的“周行”（“周行而不殆”）①，其實它不是指迴圈（後述）。一般認爲，老子（還有莊子）具有濃厚的復歸和返本歸根意識，這不僅同老子的“復”和“歸”的概念有關，也同老子的“反”的觀念密不可分。現在看來，老子的“反”主要是用作“返回”和“回歸”，這是我首先要加以深究的。老子的“反”作爲“返回”决不是一個孤立的概念，它是老子思想中的結構性問題。這不僅是因爲老子的“復”和“歸”的概念同它息息相關，而且也因爲老子對事物爲什麽要返回和回歸及其它們的歸宿處也有十分清楚的意識。

---

①郭店簡、帛書本没有這句話。漢簡本作“偏（遍）行而不殆”。

一、“反”和“復”與事物的“返回”和“復歸”

老子的思想中包含着豐富的相反相成的思想，但老子“反”的概念主要不是這種意義。《老子》中使用的“反”字共有四個，它們分别是第25章的“遠曰反”的“反”、第40章的“反者道之動”的“反”、第65章的“與物反矣”的“反”和第78章的“正言若反”的“反”等。這四個“反”字的最後一個明顯是用作“相反”或“反面”，但其他的三個字，它們都不是用作“相反”，也不是用作“迴圈”，而是用作“返”——即“返回”，而且我們還需要强調的是，這種意義上的“反”(“返”)，又都是指萬物或事物（包括人和人造物）的返回，而不指道的返回。

我們先來看看第25章的“大曰逝，逝曰遠，遠曰反”的“反”。這裹的“反”一般都解釋爲“返回”[①]，但它不被認爲是事物的返回，而被認爲是“道”的返回，是道在“迴圈”過程中的“返回”。這樣的解釋如何呢？我贊成將“反”解釋爲“返”，衹是它不是指“道”的“返”，而是指“道”促使事物返回，同時這種“返回”不是“迴圈性”的。將“遠曰反”這一句話同前面的文句“字之曰大”和“大曰逝，逝曰遠”結合起來看，這幾句的主語和定語應該都是“道”，即道大，道大則逝，道逝則遠，道遠則反。説“道大”没有問題，問題是道的“大”是指什麽，道的大爲什麽經過逝和遠之後最後而“反”，而且是迴圈性的返。蔣錫昌没有解釋道的“大”是什麽，他將

①也有人將之解釋爲“相反的”，如馮友蘭。參閱馮友蘭：《中國哲學史》（上），載《三松堂全集》(第二卷)，河南人民出版社2000年版，第412頁。

道的“逝”解釋爲道的進行——即宇宙歷史之演進。宇宙歷史演進愈久，民智和歷史就愈進，各種邪惡等就出現了，在這種情况下，聖人就要返回無爲和至簡。①我贊成釋“逝”和“反”爲“行”和“返”，但問題在於它是誰的“逝”“遠”和“返”。蔣錫昌解釋的最大問題在於，在這幾句話中，他引入了三個主語：認爲産生“逝”的是道，産生“遠”的是“民”，推動“返”的則是聖人。這實際上是説，大之道的行有三個結果，這三個結果由三種不同的“主體”産生。在我們看來，老子的這幾句話不能這樣理解，結果和産生結果的主體前後應具有一致性，没有理由隨意轉换。蔣錫昌這種解釋值得注意的地方，是他發現一般的解釋有問題。池田知久的解釋同蔣錫昌的解釋有類似之處，這就是他將道與物結合起來，認爲道的運動産生了萬物，萬物遠離了道，那就要復歸於道。②這一解釋同我下面要做的解釋則更爲接近。我們再來看看一般的解釋。

一般的解釋是將“逝—遠—反”都看作是“道”的運動和過程，如張岱年認爲道的大就有道的“逝”，由逝而有道的愈遠，宇宙乃是道的逝逝不已的過程。③張先生没有説這個過程是迴圈的。王叔岷、陳鼓應等則强調道的運動過程是迴圈的。在王叔岷看來，道之所以是無窮的迴圈變化，正是由於它能“返”，如它不能返，那就是直綫式的，它就有窮盡之時。王叔岷還特意畫了一個圖式來表示道之返的圓周性和迴圈性。④陳

①參閲蔣錫昌的《老子校詁》，第 170 頁。
②參閲池田知久：《馬王堆出土文獻譯注叢書·老子》，［東京］汲古書院 2006 年版，第 276 頁。
③參閲張岱年：《中國哲學大綱》，中國社會科學出版社 1982 年版，第 102 頁。
④參閲王叔岷：《老子思想概論》，載《先秦道法思想講稿》，中華書局 2007 年版，第 36—38 頁。

鼓應解釋這段話時説，道廣大無邊而周流不息，周流不息而伸展遥遠，伸展遥遠而返回本原。[①]這種解釋，一般還以老子的“周行而不殆”和“反者道之動”等爲證。看起來，這種解釋非常合理，但進一步追究的話，就是老子的“道”爲什麽要做迴圈運動，如果道是一種獨立的力量，它的迴圈運動同它創造的萬物是什麽關係，它同老子要求的“返本歸根”又是什麽關係。蔣錫昌和池田知久顯然都意識到了這方面的問題，衹是他們的解釋也缺乏一貫性。

我認爲“遠曰反”的“反”是指“返”，但它不是指“道”的返，更不是指道的迴圈。乍看起來，説道的迴圈運動也没有什麽問題。迴圈也就是往復，但道有往復和迴圈嗎？道爲什麽要往復和迴圈呢？道的“大”爲什麽又成爲迴圈的開始呢？仔細追問，説道的反是道的迴圈實際上説不通。我們姑且接受傳世本所有的“周行而不殆”這句話，“道”的“周行”也不是説道的“圓圈運動”。“周”在先秦文本中主要是用作“遍”。“周行”即“遍行”，漢簡本恰恰就是作“偏（遍）行而不殆”。《韓非子・解老》中説：“聖人觀其玄虚，用其周行，强字曰道，然而可論。”這裏的“周”一般也解釋爲“遍”。結合《老子》第34章説的“大道泛兮，其可左右”和第32章説的“譬道之在天下，猶川谷之於江海”，“道”的周行的意思，一是説道的作用遍及萬物，它同道“獨立而不改”一致，道不是通過它的迴圈來保持它的無窮性，正如蔣錫昌所説，“道無所不至”[②]；二是説萬物各有其道（即各自的“德”）而行。因此，老子的“周行”不是説道是迴圈的，衹是説道是“遍行”。

①參閲陳鼓應：《老子今注今譯》，第173—174頁。
②參閲蔣錫昌：《老子校詁》，第265—268頁。

重新來看“遠曰反”的“返”，我認爲它原本是指“事物”的“返”，而且它是在道的推動之下的“返”。事物爲什麼要“返”，是因爲它遠離不了它的本性和道。將道的“大”和“大曰逝，逝曰遠”結合起來看，“道”的“大”(“玄德”）是説它“順應”萬物的變化（行)，它順應萬物的變化，萬物在自化中就出現了遠離自身的异常情形，在這種情況下，道就要催促它們返回自己。[①]這樣的解釋，首先同老子的“返本歸根”(指具體事物的）思想統一了起來。另外，它也同老子的“反者道之動”和“與物反矣”的“反”相一致。

現在我們來説老子“反者道之動”的真正意義。一些注釋者和解釋者將老子“反者道之動”的“反”解釋爲“道”向相反的對立面轉化。[②]這種解釋根本説不通。因爲，第一，它假定了道有一個對立面，但老子的道有對立面嗎？第二，如果道有對立面，道轉化爲它的反面，它就變成了“非道”，這同老子的道的根源性和“獨立而不改”完全矛盾。同這種解釋有別，另外一些解釋者，像將上面的“遠曰反”的“反”解釋爲“返”那樣，他們將這裏的“反”也解釋爲“返”。按照郭店簡本《老子》(甲組)，“反者道之動”的“反”原作“返”(“返也者道動也”)。據此，“反”原即是“返”。但具體到“返”的所指，他們的解釋又有不同：一是認爲道進行迴圈的運動；一是認爲返是指道的返本、返無運動，指道復歸於它自己。[③]還有像池田

①對於“遠”和“返”的所指，我贊成池田知久的解釋；對於“大”和“逝”的所指，我的解釋與池田知久的則不同。

②參閱盧育三：《老子釋義》(第188頁）和劉笑敢：《老子古今：五種對勘與析評引論》(上卷)，中國社會科學出版社2006年版，第421—422頁。

③王弼注説“返”是返其無。現代學者朱謙之等也采取了這種注釋方式。參閱朱謙之：《老子校釋》，中華書局1984年版，第165頁。

知久那樣，他將這裏的“反”，解釋爲“相反”。①

道没有迴圈運動，這一點我們上面已述。至於説返是道的返本歸根，這完全不能成立。道本身就是“本”和“根”，如果説它的運動是返回到它自己就意味着它失去了自己，這也同道的“獨立而不改”矛盾。也許正是因爲這樣，纔有了河上公模棱兩可的解釋：“反本也，本者道所以動，動生萬物，背之則亡”。蔣錫昌之所以將道的運動與事物的异常和返回結合到一起説，盧育三之所以將道的運動與事物避免走極端而返回於無聯繫起來看，都説明他們意識到了“道”没有“返本”的問題，衹有事物纔有返本和歸根的問題。②他們的解釋的可取之處是没有將“返”看作是“道”的單一的運動，而是將“道”的運動同事物的變化狀態結合起來。“反者道之動”的“返”不是説道本身的返回，而是説事物的“返回”。事物自行變化如果不合乎道，變得异常，道就要促使它們“返回”自身。因此，“反者道之動”的真正意思是：促使事物返回到它們自身是道的一種運動（活動）方式。這正好同上句的“弱者道之用”相對應。“柔”是老子的“道”的本性之一，《吕氏春秋·不二》將老子的思想概括爲“貴柔”。但“柔”首先是“道”的柔，就像它的“無爲”是對待萬物的方式那樣，它的柔也是對待萬物的方式。“柔者道之用”的真正意思是：柔弱地對待萬物是道發揮它的作用的一種方式。道柔弱地對待萬物就是不主宰萬物（“長而不宰”），以使事物能够自行變化（下面談到事物的“自然”和“自化”時再具體來説這一點）。

①參閲池田知久：《馬王堆出土文獻譯注叢書·老子》，第20頁。
②參閲盧育三：《老子釋義》，第188—189頁；蔣錫昌：《老子校詁》，第264—268頁。

同以上兩個“反”一樣，《老子》第65章中的“與物反矣”的“反”也是“返”，而且同樣是指事物的返。對於這個“反”同樣有解釋爲“相反”的。河上公將玄德解釋爲“玄德之人”，説他同萬物不同，萬物都欲有益於自己，而玄德者則是施與人[①]；盧育三的解釋是，玄德者不用智，他與用智者相反。與此不同，另外的是將“反”解釋爲“返”。返至哪裏，王弼的注説是“反其真”。如何“反”，有的説是事物與玄德一起返[②]，有的説是統治者與萬物一起返[③]。這裏的“反”不是“相反”，而是指“返”，這是我所同意的。問題是何者需要“反”并回到“大順”中。顯然，它衹能是“事物”，而不能是“玄德者”。玄德首先屬於道，它是道的德。這裏的玄德如果是説道的“玄德”，它本身就是大順，它没有异化，它不需返。硬要説它同“物”一起“返”，就衹能理解爲它陪伴事物“返”，陪伴事物一起走到“大順”，這纔勉强説得通。但在這裏的上下文中，具有玄德者也可能是指掌握了道的君主。按照上述邏輯，君主有了玄德，他就同事物一起返（類似於蔣錫昌的解釋）。根據老子的“玄德”主要是在道的“生而不有，爲而不恃，長而不宰”（不限於這些）下被界定的，道是最根本的標準和價值，這裏的“玄德”完全有可能是“道”。“返”是指“事物”，我們清楚了。這裏的“與”不是用作連詞，而是同《老子》第79章中的“天道無親，常與善人”的“與”一樣，它是用作動詞，即“助”。馬叙倫的

①參閲《老子道德經河上公章句》，中華書局1993年版，第255頁。池田知久也是解釋爲“相反”（玄德與物相反），參閲池田知久：《馬王堆出土文獻譯注叢書·老子》，第117頁。

②參閲陳鼓應：《老子今注今譯》，第304—307頁；許抗生：《帛書老子注譯與研究》，第50—51頁；李存山：《老子》，第88—89頁。

③參閲蔣錫昌：《老子校詁》，第400—401頁。

《老子校詁》解釋説："與，讀與助之與。"[①]它同《孟子·公孫丑上》的"取諸人以爲善，是與人爲善者也"中的"與"用作"助"一樣。"與物反"是説道的玄德"助物返回"。在萬物的返回中，道是它的指導者和贊助者。可以肯定，"與物反"不是説玄德與物相反，也不是説玄德與物一起返回。

從文字上説，老子的"反"用作"返"，同先秦的反、返通假現象相吻合。即使像畢秀潔所説的那樣，"返"字早在商周晚期的青銅方鼎銘文中就已出現，不能再將"返"看成是"反"的後起字，但先秦文本中仍存在着藉同音的"反"字表示"返"之義的現象[②]，而且這種現象非常多。《老子》的"反"衹是其中的一小部分，《莊子》中也有很多藉"反"表示"返"的用法。從義理上説，整體上它同老子的"返本歸根"思想一致。如：

> 而已反其真，而我猶爲人猗！(《大宗師》)
>
> 性修反德，德至同於初。(《天地》)
>
> 中純實而反乎情，樂也。(《繕性》)
>
> 文滅質，博溺心，然後民始惑亂，無以反其性情而復其初。(《繕性》)
>
> 當時命而大行乎天下，則反一無迹；不當時命而大窮

①馬叙倫對第65章的"與"無釋，它的意義應同他解釋的第79章的"與"的意義一致。參閲馬叙倫：《老子校詁》，古籍出版社1956年版，第197頁。

②參閲畢秀潔的《對"反、返"古今字的重新考察》，《江南大學學報》（人文社會科學版）2010年第9卷第3期，第107—110頁。

乎天下，則深根寧極而待；此存身之道也。(《繕性》)[1]

這些地方的“反”字都是用作“返”，旨在説明事物和人偏離自身，它們就需要返回到自己的本真和性命之中。

根據以上討論，我們可以看出，理解老子的“遠曰反”和“反者道之動”不能單就“道”而論，必須結合它同“萬物”的關係來説；再就是，我們還要牢記，在老子那裏，發生异常和异化的是萬物而不是道。如果説道也會异常，也會异化，道就失去了它的根本意義和作用。現在我們可以肯定，以上的老子的三個“反”字都是用作“返”，而且它們都衹是指萬物的“返”而不是道的“返”。事物的“返”，當然要以它之前發生的“往”爲前提，這好像是迴圈，其實它不是迴圈，因爲它的“往”和“行”實際上是事物一般意義上的“自化”，它原本不是“相應”於“返”的“往”，它的“往”衹要正常，它就不需要“返”。它需要返，那是因爲它出現了异常和异化。在這種情況下，道作爲事物的監護者和畜養者，它在長而不宰的同時，又促使和幫助异常和异化的事物復歸它們自身。因此，這種“返”不是一般意義上的迴圈。

老子的“反”主要是指事物的“返回”和“回歸”，而不是指道的相反變化和迴圈，這從老子的“復”和“歸”的概念中也可以得到説明。在《老子》中，“復”字一共有十五個(比“反”多得多)。這些“復”字除了第58章和第64章的

①《莊子》中其他“反”作“返”的例子還有：“無以人滅天，無以故滅命，無以得殉名。謹守而勿失，是謂反其真。”(《秋水》)“無東無西，始於玄冥，反於大通。”(《秋水》)“中國有人焉，非陰非陽，處於天地之間，直且爲人，將反於宗。自本觀之，生者，喑噫物也。”(《知北游》)“馳其形性，潛之萬物，終身不反，悲夫！”(《徐無鬼》)“使天下學士不反其本，妄作孝弟，而僥幸於封侯富貴者也。”(《盜跖》)

兩個不能用作“返回”“回歸”外①，其他都是用作“返回”“復歸”。“復”的本義不是《說文》解釋的“往來”，它的本義是“返”和“回”(即《易·泰》的“無往不復”的“復”)。老子的“復”有六處是同“歸”連用。它們分别是第14章的“繩繩不可名，復歸於無物”、第16章的“夫物芸芸，各復歸其根”、第28章的“常德不離，復歸於嬰兒”和“常德不忒，復歸於無極”及“常德乃足，復歸於樸”、第52章的“用其光，復歸其明”等。從這些“復”字同“歸”連用來看，“復”就是“歸”，也是“返”。其他的“復”字出現在第16章（“萬物并作，吾以觀復”“歸根曰静，静曰復命”)、第19章（“民復孝慈”）和第80章（“復結繩而用之”）中。相比於上述老子的幾個“反”字來，老子的“復”和“歸”理解和解釋起來要容易得多，但整體上，老子使用的三個“反”字，同它的一系列“復”字（兩個除外）和“歸”字一樣，都是指萬物和人返回和復歸於“道”中。

二、爲什麽要返回？“欲作”和“妄作”

老子的反和復是返回、回歸、復歸，雖然有一般意義上事物變化的前提，但根本上這是因爲事物在變化中産生了异常和异化。按照老子的思維，事物的异化衹有通過返回和復歸纔能在合理和正常的軌道上重新變化發展。問題是爲什麽會出現异

①其中第58章的“正復爲奇，善復爲妖”的“復”是説“正奇”“善妖”之間的轉化；第64章的“復衆人之所過”，多解釋爲“糾正”。《莊子·德充符》説的“猶務學以復補前人之惡”的“復補”被認爲是一個根據。這裏“復補”的“復”應作“補償”解釋，類如《禮記·曾子問》中的“除喪則不復婚禮乎”的“復”(鄭玄注爲“償”)，同糾正無關。“復衆人之所過”的“復”應解釋爲“寬宥”，類如《吕氏春秋·當賞》中的“故復右主然之罪”。

常和异化。按説“道”是純正的根源，它創生了萬物，又爲事物賦予了各自的“德性”(“善根”)，它又養之、育之，事物爲什麽會偏離道和它自身的德性而誤入歧途呢？按照池田知久的解釋，事物誤入歧途的原因在於萬物“過多”的“自然”和“自化”。他認爲老子的思想有一個内在矛盾，即道的形而上的支配性及其政治上的一君萬民的中央集權，同老子的道和聖人無爲、事物則自然和自化過度與政治上的民主主義和無政府主義。①

我不認爲老子的思想存在着這樣的矛盾。老子恰恰是爲了克服各種支配性和集權性，纔提出了通過道和聖人的無爲而使萬物和百姓自化的根本主張。道是萬物的創造力和根源性力量，是萬物的宗主，但這决不意味着它就要去主宰和支配萬物，相反，正是爲了避免道的主宰和支配，老子爲道被賦予了無爲、柔弱，還有“生而不有，爲而不恃，長而不宰”的玄德。《老子》第34章的説法也非常有代表性：

> 萬物恃之而生而不辭，功成不名有，衣養萬物而不爲主。常無欲，可名於小；萬物歸焉而不爲主，可名爲大。以其終不自爲大，故能成其大。

道和聖人的無爲和柔弱，相應地就是爲了使萬物和百姓能够自然、自化、自成。同時，道和聖人的無爲和柔弱，又正是表現爲因循萬物的自然和自化（即“道法自然”）。《老子》第37章和第57章都非常清楚地説明道與萬物、聖王之我與百姓之民的這種關係：

---

①參閲池田知久：《〈老子〉の形而上學と“自然”思想》，載《東アジア文化交涉研究》，2014年第7號，第1—19頁。

道常無爲而無不爲。侯王若能守之，萬物將自化。

故聖人云：“我無爲而民自化，我好静而民自正，我無事而民自富，我無欲而民自樸。”

從道創造萬物，到道因循萬物，從萬物被道創生到萬物在道的監護下自化，道與萬物整體上是和諧和協同的關係，看不出事物發生了异常和异化。

問題出現在哪裏呢？柏拉圖設置了理念的完滿與現實事物殘缺不全的二元論。按照亞里士多德的思想，一方面“自然”具有自身的本性和合目的性，但事物在從潛能到現實的過程中，由於受内外條件的影響，它不一定就能沿着一條正確的道理前進并最終實現自己。就人而論，他的靈魂中本身就包含着理性與非理性不同的東西。按照基督教對人的原罪的解釋，人是受到了誘惑纔墮落的。但如果人原本就是純然善的，他就應該能够經受住誘惑。這正是荀子批評孟子“性善論”的依據之一。荀子推論説，人性如果像孟子所説的那樣是善的，它就不會失其本心；它會失去本心，這就説明它先天不是善的。

老子没有柏拉圖那樣的二元論，他想象的“道”創造的事物也是好的。蔣錫昌將萬物和文明的异化看成是“道”演化的結果，這一解釋没有文本上的根據。在人事中，如果説支配和專制會産生异常和异化，同樣任其自然和放任也會産生不良的東西。但對老子來説，道和聖人的無爲和柔弱不是事物出現异化和异常的原因，事物的异化和异常在於事物有不同的“作”。其中一個是“欲作”。《老子》第37章説：

侯王若能守之，萬物將自化。化而欲作，吾將鎮之以無名之樸。無名之樸，夫亦將無欲。不欲以静，天下將自定。

這裏的關鍵是老子説的“化而欲作，吾將鎮之以無名之樸”。“萬物將自化”是正常的“化”。老子并不否認事物的變化和分化（“自化”），認爲“大樸”要變成各種的器（“樸散爲器，聖人用爲官長”）。衹是，按照《老子》第 32 章的説法，分化和使用需要有限度，超過它的限度就會産生异化（“始制有名，名亦既有，夫亦將知止，知止所以不殆”）。從“吾將鎮之以無名之樸”可以看出“欲作”是不正常的“作”。“作”的本義是人起身，引申爲“興”和“起”。“欲”有想、想要、願、願意、要、需要、愛好等意思。這種意義上的“欲作”，應該没有什麽問題。但“欲”還有“貪欲”“邪淫”等明顯的貶義。《説文解字》釋“欲”爲“貪欲”。《廣雅·釋詁二》説“欲”是“貪”。《易·損》中的“君子以懲忿窒欲”和《禮記·樂記》中的“君子樂得其道，小人樂得其欲”等這兩處的“欲”，都是貶義性的。老子的“欲作”的“欲”也應是用作貶義，一般將它解釋爲“貪欲”是恰當的。

在老子思想中，“無欲”“不欲”“欲不欲”等觀念引人注目，我們先看一些例子：

> 不見可欲，使民心不亂……常使民無知無欲，使夫智者不敢爲也。（《老子》第 3 章）
>
> 見素抱樸，少私寡欲。（《老子》第 19 章）
>
> 常無欲，可名於小。（《老子》第 34 章）
>
> 無名之樸，夫亦將無欲。不欲以静，天下將自定。（《老子》第 37 章）
>
> 罪莫大於可欲，禍莫大於不知足，咎莫大於欲得。（《老

子》第46章)[①]

我無欲而民自樸。(《老子》第57章)

是以聖人欲不欲，不貴難得之貨。(《老子》第64章)

人衹要生存，他就要滿足基本的生活需求，對此，老子肯定不會也不應該反對。老子反對的應是一些過分的、過度的欲求，即“可欲”“欲得”等的“貪欲”和“貪求”等，相應地，他主張的“無欲”也應是指不良、不正當的“貪欲”，而不是一般意義上的“願望”和“需求”。《韓非子·解老》對於老子所説的“禍莫大於可欲”有一個注解，按照這個注解，“可欲”就是多欲，它會導致各種不良的後果：

人有欲，則計會亂；計會亂，而有欲甚；有欲甚，則邪心勝；邪心勝，則事經絶；事經絶，則禍難生。由是觀之，禍難生於邪心，邪心誘於可欲。可欲之類，進則教良民爲奸，退則令善人有禍。奸起，則上侵弱君；禍至，則民人多傷。然則可欲之類，上侵弱君而下傷人民。夫上侵弱君而下傷人民者，大罪也。故曰：“禍莫大於可欲。”是以聖人不引五色，不淫於聲樂；明君賤玩好而去淫麗。[②]

老子反對占有和掠奪，反對財富壟斷和集中，都是反對貪得和貪欲。他主張摒除和克服的也是這種意義上欲求，正如《老子》第29章和第44章所説的那樣：“去甚，去奢，去泰”；

①王弼本脱第一句。此句郭店本作“罪莫厚於甚欲”；“咎莫大於欲得”的“莫大”，《韓非子·解老》、帛書甲本和簡本作“莫憯”。

②《韓非子·解老》對“禍莫大於不知足”的注解也説明“欲得”和“不知足”一樣就是“貪得”：“人無毛羽，不衣則不犯寒；上不屬天而下不着地，以腸胃爲根本，不食則不能活；是以不免於欲利之心。欲利之心不除，其身之憂也。故聖人衣足以犯寒，食足以充虛，則不憂矣。衆人則不然，大爲諸侯，小餘千金之資，其欲得之憂不除也。胥靡有免，死罪時活，今不知足者之憂終身不解。故曰：‘禍莫大於不知足。’”

“名與身孰親？身與貨孰多？得與亡孰病？是故甚愛必大費，多藏必厚亡，知足不辱，知止不殆，可以長久”。爲了實現社會的分配正義和公平，老子主張清心、寡欲，這也是反對貪求，他認爲“天道”和偉大的“聖人”同利益的壟斷者和專制者不同，它們是“損有餘以補不足”，而不是“損不足以奉有餘”：

> 天之道，其猶張弓與？高者抑之，下者舉之；有餘者損之，不足者補之。天之道，損有餘而補不足。人之道則不然，損不足以奉有餘。孰能有餘以奉天下？唯有道者。（《老子》第77章）

> 聖人不積。既以爲人己愈有，既以與人己愈多。天之道，利而不害；聖人之道，爲而不爭。（《老子》第81章）

老子界定的“玄德”——“生而不有，爲而不恃，長而不宰”，主要就是創造而不占有。根據以上老子對“欲”的看法可知，“欲作”的“作”（即貪欲）是事物發生异常和异化的一種原因。

在老子那裏，不正常的“作”還有“妄作”。“妄作”出現在《老子》第16章中：

> 萬物并作，吾以觀復。夫物芸芸，各復歸其根。歸根曰静，是曰復命。復命曰常，知常曰明。不知常，妄作凶。知常容，容乃公，公乃王，王乃天，天乃道，道乃久，没身不殆。

“妄作”之“妄”，按《説文》的解釋意思是“亂”。《管子·牧民》説的“上無量，則民乃妄”的“妄”，《左傳·哀公二十五年》説的“彼好專利而妄”之“妄”等，都是指不正當、不合法的行爲（狂亂、胡作非爲等）。産生“妄作”的原因是“不知常”。這一章還有“并作”的説法。“并作”的“并”如果没有問題，那就要看“作”是不是有問題。上博簡《恒先》説：“恙（詳）宜（義）利巧[1]，采物出於作，作焉有事，不作無事。舉天［下］之事，自作爲事，庸以不可更也。”根據前後文，這裏的“作”就有不合理、不正當的意思。衡之於此，“并作”的“作”，可能類似於上述的“欲作”和“妄作”，也可以説是不合理的行爲。另外，事物要是正常的自化，就不存在“復”的問題。如果不這樣理解，事物的异化就應是出現在一般意義上的“并作”中（萬物并作中有异常）。“夫物芸芸”，“夫物”帛本作“天物”，或疑“天”乃“夫”之誤。然據《禮記·王制》中“無事而不田，曰不敬；田不以禮，曰暴天物”和僞《古文尚書·武成》：“今商王受無道，暴殄天物，害虐烝民”所使用的“天物”，即“天下衆物”，它同“夫物”意思一致。郭店本的“天道員員”，如“員員”讀爲“圓圓”，“天道圓圓”同下文的“各復其根”於義不通，也同上文所説的“萬物并作”不連屬。在老子的思想中，衹有萬物和人纔有復歸和返的問題，道和天道没有這樣的問題。如“功遂身退，天之道”（第9章）、“不窺牖，見天道”（第47章）、“天之道，不争而善勝”（第73章）、“天之道，其猶張弓與”（第77章）、“天之道損有餘而補不足”（第77章）、“天道無親，常與善人”（第79章）、“天之道利而不害”（第81章）等，其中所説的“天之道”“天道”都没有復歸的問題。因此，此處之“天道”恐明顯有誤，或原作“天物”，或原作“夫物”。《莊子·在宥》也説：“萬物云云，各復其根。”

①“詳義利巧”的“巧”，原釋文作“主”，據董珊説校改爲“巧”。參閲董珊：《楚簡〈恒先〉“祥宜利巧”解釋》，簡帛研究網（http://www.jianbo.org/），2004年11月9日。

老子的萬物是指一切事物，“萬物并作”或“妄作”的立論適用於所有的事物——自然的、人事的。但實際上，老子列舉的各種具體的“妄作”現象，主要是指人事方面的，這説明老子關注的是人間和人事方面的“异常”。從老子的判斷標準來説，在人間和人事世界中，衹要是不合乎“道”和事物自身之德的活動和行爲都是“妄作”。再進一步，在老子那裏，人間不合乎道和德的“妄作”，又主要是指掌握着大量權力和資源的統治者的一些行爲。《老子》第3章説：“不尚賢，使民不争；不貴難得之貨，使民不爲盗；不見可欲，使民心不亂。”按照這裏所説“尚賢”“貴難得之貨”和“見可欲”都是不應該有的行爲。按説統治者應遵循道的無爲、清静、純樸、柔弱、不争等從事政治事務，但實際上由於他們掌握着最高的權力，掌握着最多的資源，他們又最容易違背道，最容易“妄作”，其產生的後果也更爲嚴重。《老子》一書中有許多地方都是對統治者惡政的揭露和控訴，有兩章更是淋漓盡致：

> 大道甚夷，而人好徑。朝甚除，田甚蕪，倉甚虚；服文彩，帶利劍，厭飲食，財貨有餘。是爲盗夸，非道也哉！（第53章）
>
> 民之饑，以其上食税之多，是以饑。民之難治，以其上之有爲，是以難治。民之輕死，以其求生之厚，是以輕死。夫唯無以生爲者，是賢於貴生。（第75章）

政治的异化使老子對人類文明產生了非常暗淡甚至是悲觀性的論調。《老子》第18章描述了文明退化和衰敗的表現：

> 大道廢，有仁義；智慧出，有大僞；六親不和，有孝慈；國家昏亂，有忠臣。

從儒家的立場來説，仁義、智慧、孝慈、忠臣等都是重要的道德價值和理想。但在老子那裏，這些東西是“大道廢”的可悲結果，特别是“智慧”“孝慈”“忠臣”竟然成了“大僞”“不和”和“昏亂”的代名詞。對老子來説，似乎有一種不可遏制的力量使人類的本然、本真價值一直在衰退。從“大道廢，有仁義”來看，道的衰退是歷史和時間的産物，《老子》第38章更具體地描述了道和德的衰敗過程：

> 故失道而後德，失德而後仁，失仁而後義，失義而後禮。夫禮者，忠信之薄而亂之首。

韓非對最後一句話的注釋跟許多注釋有類似之處（將禮看成是消極性和問題性的根源），但對前面幾句話的注釋則比較特别，他將道、德、仁、義和禮看成是相互可以包含的價值，而不是相反的每况愈下的否定物。[①]原因很可能是他使用的抄本：“失道而後失德，失德而後失仁，失仁而後失義，失義而後失禮。”不管是他自己抄錯的，還是他另有所據，這裏的文本很可能是不正確的。一是因爲傳世的和出土的其他抄本，都是一致的；二是“禮”既然是文明衰退之後的“亂之首”，它就應該同文明的每况愈下相對應，而不是前後價值的相互包含。因此，《莊子·知北游》對這段話的理解和注釋應該是正確的：

> 夫知者不言，言者不知，故聖人行不言之教。道不可致，德不可至。仁可爲也，義可虧也，禮相僞也。故曰：“失道而後德，失德而後仁，失仁而後義，失義而後禮。”

①《韓非子·解老》的注是：“道有積而積有功；德者，道之功。功有實而實有光；仁者，德之光。光有澤而澤有事；義者，仁之事也。事有禮而禮有文；禮者，義之文也。故曰：失道而後失德，失德而後失仁，失仁而後失義，失義而後失禮。”

禮者，道之華而亂之首也。故曰：“爲道者日損，損之又損之，以至於無爲。無爲而無不爲也。”今已爲物也，欲復歸根，不亦難乎！其易也其唯大人乎！

同樣，河上公和王弼也是從衰退的過程來注釋這段話。

根據以上所説，老子之所以主張“反”（返回）和“復”（復歸），很明顯，那是因爲事物特別是人間事務在歷史和現實中產生了各種各樣的异常和异化。

三、何處是歸程？“無名之樸”和返本歸根

在老子那裹，“反”是返回和復歸，還因爲他爲“反”和“復”設定了方嚮和目標，設定了標準和尺度。事物的异常和异化從自身説是背離了它們自身的“德”，從它們的根源説是背離了“大道”，因此，老子的“復”和“歸”既是説事物回到自身的原本上，回到它自己的固有之“德”上，也是説事物復歸於道的根本上和道的標準上。按照《老子》第16章所説，事物的“反”是“各復歸其根”，事物回到根本就能够寧静；達到了寧静，它們就回到了它們的“本性”和“性命”。道和德的標準，按照老子的説法也是“常”（“知常曰明”）的標準。“不知常”而“妄作”是“反常”，“知常”就是回到“常”。我們再看看《老子》第28章的説法：“知其雄，守其雌，爲天下溪。爲天下溪，常德不離，復歸於嬰兒；知其白，守其黑，爲天下式。爲天下式，常德不忒，復歸於無極；知其榮，守其辱，爲天下谷。爲天下谷，常德乃足，復歸於樸。”按照這一章中的説法，“嬰兒”“無極”和“樸”是事物的反和復的目標，事物的反是

“復歸於嬰兒”“復歸於無極”“復歸於樸”等。在老子那裏，“嬰兒”“樸”和“幾於道”的“水”都是道的隱喻。這裏的“樸”同上述對“欲作”要“鎮之以無名之樸”的“樸”一樣。

對老子來説，异化和异常是多餘東西的“增生”，拯救則是對它們的减損，因此，“復”和“歸”也是减少的過程，它是《老子》第38章説的“是以大丈夫處其厚不居其薄，處其實不居其華”，也是第3章説的排除：

> 不尚賢，使民不争；不貴難得之貨，使民不爲盗；不見可欲，使民心不亂。是以聖人之治，虚其心，實其腹，弱其志，强其骨。常使民無知無欲，使夫智者不敢爲也。爲無爲，則無不治。

更是第19章説的革命性和激進性的反叛：

> 絶聖弃智，民利百倍；絶仁弃義，民復孝慈；絶巧弃利，盗賊無有。此三者，以爲文不足，故令有所屬：見素抱樸，少私寡欲。①

老子的道以純樸爲特徵，面向道的返本歸根又是返樸歸真。作爲一種社會理想，它是老子設想出的“小國寡民”社會。按照老子的描繪，這種理想社會對器物的使用非常少，它没有戰

①很明顯，《莊子·馬蹄》和《胠篋》篇發揮了老子的文明批判精神：“道德不廢，安取仁義！性情不離，安用禮樂！五色不亂，孰爲文采！五聲不亂，孰應六律！夫殘樸以爲器，工匠之罪也；毁道德以爲仁義，聖人之過也。”“故曰：‘魚不可脱於淵，國之利器不可以示人。’彼聖人者，天下之利器也，非所以明天下也。故絶聖弃知，大盗乃止；擲玉毁珠，小盗不起；焚符破璽，而民樸鄙；掊斗折衡，而民不争；殫殘天下之聖法，而民始可與論議；擢亂六律，鑠絶竽瑟，塞瞽曠之耳，而天下始人含其聰矣；滅文章，散五采，膠離朱之目，而天下始人含其明矣。毁絶鈎繩而弃規矩，攦工倕之指，而天下始人有其巧矣。故曰：大巧若拙。削曾、史之行，鉗楊、墨之口，攘弃仁義，而天下之德始玄同矣。”

争和衝突，人們過着非常幸福的生活——“安其居，樂其俗，甘其食，美其服”。老子要求復歸，更多地是減少和排除在他看來是道和德的腐蝕性東西，這些東西既有技術方面的，也有儒家的那些倫理規範。從“失道而後德”和“大道廢，有仁義”來看，老子也許想象了一個先前的最好的社會狀態，因此，他的復歸又可以説是回到一個原有的曾經發生過的歷史狀態。《莊子》一書將老子的這一方面的復歸意義突出地表現了出來：

> 子獨不知至德之世乎？昔者容成氏、大庭氏、伯皇氏、中央氏、栗陸氏、驪畜氏、軒轅氏、赫胥氏、尊盧氏、祝融氏、伏戲氏、神農氏，當是時也，民結繩而用之。甘其食，美其服，樂其俗，安其居，鄰國相望，鷄狗之音相聞，民至老死而不相往來。若此之時，則至治已。（《莊子·胠篋》）

莊子更想象出了原始性的“至德之世”狀態：

> 彼民有常性，織而衣，耕而食，是謂同德。一而不黨，命曰天放。故至德之世，其行填填，其視顛顛。當是時也，山無蹊隧，澤無舟梁；萬物群生，連屬其鄉；禽獸成群，草木遂長。是故禽獸可繫羈而游，鳥鵲之巢可攀援而窺。夫至德之世，同與禽獸居，族與萬物并。惡乎知君子小人哉！同乎無知，其德不離；同乎無欲，是謂素樸。素樸而民性得矣。（《莊子·馬蹄》）

從《莊子》一書的這兩個文獻來看，越是原始性的、自然性的東西就越好，這是對遠古歷史的一種“美好的想象”；這種想象同其先秦另外一些子學家們的想象有些不同，比如墨家和法家人士認爲，遠古的自然原始狀態是不好的狀態，文明正是從這種狀態中走出來的結果。如墨子認爲，遠古的初民不知道建造住所，不知道製作衣服，也不知道飲食之道和製作運輸工具，他們的生活十分不便，爲了適應人民生活的需要，聖王創造了這些文明：

> 古之民未知爲宮室時，就陵阜而居，穴而處，下潤濕傷民，故聖王作爲宮室，爲宮室之法，曰：室高足以辟潤濕，邊足以圉風寒，上足以待雪霜雨露，宮墻之高，足以別男女之禮。謹此則止……古之民未知爲衣服時，衣皮帶茭，冬則不輕而溫，夏則不輕而凊，聖王以爲不中人之情，故作誨婦人，治絲麻，梱布絹，以爲民衣，爲衣服之法：冬則練帛之中，足以爲輕且暖，夏則絺綌之中，足以爲輕且凊，謹此則止……古之民未知爲飲食時，素食而分處，故聖人作誨，男耕稼樹藝，以爲民食。其爲食也，足以增氣充虛，强體適腹而已矣，故其用財節，其自養儉，民富國治……古之民未知爲舟車時，重任不移，遠道不至，故聖王作爲舟車，以便民之事。其爲舟車也，全固輕利，可以任重致遠，其爲用財少，而爲利多，是以民樂而利之，法令不急而行，民不勞而上足用，故民歸之。(《墨子·辭過》)

與此有某種類似，韓非認爲，從上古到中古和近古，人民的生活都遇到了各種各樣的困難，聖人和偉大人物都應時出現，幫助人民解決每個時代遇到的問題：

> 上古之世，人民少而禽獸衆，人民不勝禽獸蟲蛇。有聖人作，構木爲巢以避群害，而民悦之，使王天下，號曰有巢氏。民食果蓏蚌蛤，腥臊惡臭而傷害腹胃，民多疾病。有聖人作，鑽燧取火以化腥臊，而民説之，使王天下，號

之曰燧人氏。中古之世，天下大水，而鯀、禹决瀆。近古之世，桀、紂暴亂，而湯、武征伐。(《韓非子・五蠹》)

從墨子和韓非的這種歷史叙事來説，他們不像莊子，他們没有美化遠古的歷史，相反，他們肯定人類走出遠古狀態的合理性和正當性，肯定文明的進步性。但同時他們又不是歷史進步論者，他們没有綫性的歷史觀。在不同程度上，他們仍然具有類似於儒家的“托古改制”的思維方式。在墨子的叙事中，他整體上又認爲當今的社會和做法違背了聖人創造文明的初衷，這又將聖人創造的早期歷史理想化了；韓非根據不同的歷史時期的特徵，認爲每個時期的文明和治道都有它的合理性和正當性，這一方面意味着不能將過去的治道理想化，不能用它去衡量後世的一切，也意味着後世和當今之世要用適合於它們需要的治理方式：“今有構木鑽燧於夏后氏之世者，必爲鯀、禹笑矣；有决瀆於殷、周之世者，必爲湯、武笑矣。然則今有美堯、舜、湯、武、禹之道於當今之世者，必爲新聖笑矣。是以聖人不期修古，不法常可，論世之事，因爲之備。”(《韓非子・五蠹》)韓非著名的歷史階段論圖式也是爲了説明這一點。按照他的這一圖式，上古時期的社會是在道德中展開競爭，中古時期的社會是在智慧中展開競爭，當今的社會是在力量中展開競爭。[①]韓非没有説道德和智慧的競爭不好，他説這種競爭很好，但它們衹是

①韓非説：“事异則備變。上古競於道德，中世逐於智謀，當今争於氣力。”(《韓非子・五蠹》)又説：“古人亟於德，中世逐於智，當今争於力。古者寡事而備簡，樸陋而不盡，故有珧銚而推車者。古者人寡而相親，物多而輕利易讓，故有揖讓而傳天下者。然則行揖讓，高慈惠，而道仁厚，皆推政也。處多事之時，用寡事之器，非智者之備也；當大争之世，而循揖讓之軌，非聖人之治也。故智者不乘推車，聖人不行推政也。”(《韓非子・八説》)

適應於上古和中古的社會。當今的社會是在力量中競争的，如果還想用道德和智慧，那同樣無异於守株待兔。

在老子那裏，道是世界根源性的價值，也是原本的和最初的價值，萬物保持它和遵循它，世界就能處於一種最好的狀態，背離它、失去它，事物就會産生异化。爲了克服异化，人類爲它尋找各種替代物，反而又産生了許多“文明化”的東西。醫治文明弊病的方法類似於醫治人的身體疾病的醫術，它也有局限性和負作用，有時還會給人造成傷害，就像《莊子》中所説的那樣。[①]但人類總體上還是需要醫術（可以不斷改善和完善），不能通過抛弃醫術來解决人類的疾病。同理，文明的病態祇能通過文明的發展來解决。對老子來説，“文明化”的東西不能從根本上解决問題，這些替代物越多，它不僅不能解决問題，還會産生更多的問題，人類文明的衰退和衰敗就越嚴重。老子求助於道，他認爲這是一勞永逸的方法。在老子看來，事物失去了自我，主要是爲自己增加了許多多餘的東西，《老子》第24章説：“其在道也，曰餘食贅行。物或惡之，故有道者不處。”解决文明病態的方法不能使用加法，祇能使用减法，减去大量多餘的和不必要的東西（“爲道日損”）。求助於道就是放弃和排除這些替代物，回到道和德的本原中，回到萬物的原初狀態中，這是拯救病態性文明的根本方案和出路。科學中的還原主義相信通過還原來探尋事物的本質和本性，老子和莊子想通過還原讓事物返回和復歸到它的本然中。

嚴格而論，歷史無法走回頭路，也無法將已走過的歷程一

①《莊子·徐無鬼》篇説：“得之也生，失之也死；得之也死，失之也生：藥也。其實堇也，桔梗也，鷄壅也，豕零也，是時爲帝者也，何可勝言！”

筆勾銷，它從哪裏退化，它就要從哪裏改變。事物返回自身也好，復歸自身也好，它也衹能是在新的時間歷程中去重建一個更高的自己，而不是去簡單重複一個過去的自己。同樣，老子的事物復歸的世界觀，看上去是説事物回到自身，最終是回到它的過去，實際上，它是改變它的當下并向它的未來展開。

原刊於《道家文化研究》(第三十輯)，中華書局，2016年

“大器晚成”的今生與前世

蕭無陂[1]

摘要 《老子》通行本第四十一章中的“大器晚成”，因簡帛《老子》中有异文而引起紛爭，學界據此提出了“大器晚成”説、“大器免成”説、“大器慢成”説、“大器槾成”説、“大器免盛”説等。實際上，《老子》的“大器”是本原於“道”的“器”，并非通過“名”的規範所“成”之“器”，故“大器”乃“無成”之“器”，實質上是一種從“名”的角度看上去好像“殘缺”“無成”的“大成”，這就是老子所説的“大器免成”與“大成若缺”。老子通過否定經驗事物中的“名”，以保全事物内在的“玄德”，從而在“物”中呈現出“道”的品質。莊子繼承了老子對於“名”的警惕與否定，批判諸子百家學説拘於“小成”，遮蔽了“大道”，進而從“名”的層面消解了“成”與“毁”之對立，主張“凡物無成與毁，復通爲一”，在“道”之中彰顯出萬物本真之“成”的開放性與多樣性。

王弼本《老子》第四十一章中的“大器晚成”，傳世通行本皆與之同，本無甚争議。然自從簡帛文獻出土之後，馬王堆

①蕭無陂，湖南師範大學公共管理學院哲學系副教授。研究領域：道家與道教、宋明理學。

帛書《老子》乙本作"大器免成"[①]，郭店楚墓竹簡《老子》乙編作"大器曼成"[②]，北大漢簡《老子》作"大器勉成"[③]，如此一來就出現了四種不同文本共存的現象，學界亦爲此争論不休，是謂"大器晚成"的今生。究竟哪一種纔是《老子》的原文呢？本文嘗試探求一下"大器晚成"的前世。

一、當前幾種觀點及其評析

隨着上述幾種不同《老子》文本的面世，學界對"大器晚成"及其异文進行了深入的探究。主要觀點有以下幾種：

第一，"大器晚成"説。傳統注疏大多秉持這種理解，《韓非子·喻老》與《吕氏春秋·樂成》引用《老子》此文皆爲"大器晚成"。漢代的河上公注曰："大器之人，若九鼎瑚璉，不可卒成也。"[④]王弼注曰："大器，成天下不持全别，故必晚成也。"[⑤]"卒成""晚成"之説似乎也表明其所據《老子》原文當讀爲"大器晚成"。簡帛文獻出土之後，不少研究者仍然堅持傳統的理解，如彭浩認爲："'免''晚''慢'音近，或許因此而導致了各本用字的不同。簡本'曼'或讀作'慢'，或讀作'晚'，

① 國家文物局古文獻研究室編：《馬王堆漢墓帛書（壹）》，文物出版社1980年版，第89頁。
②整理者注釋曰："曼，讀作'晚'。"參見荆門市博物館：《郭店楚墓竹簡》，文物出版社1998年版，第118—119頁。
③整理者認爲："'勉'，郭簡作'曼'，應讀爲'晚'或'慢'；帛乙作'免'，傳世本作'晚'，'免'、'勉'皆應讀爲'晚'。"北京大學出土文獻研究所編：《北京大學藏西漢竹書（貳）》，上海古籍出版社2012年版，第125頁。
④河上公著、王卡點校：《老子道德經河上公章句》，中華書局1993年版，第165頁。
⑤樓宇烈：《老子道德經注校釋》，中華書局2008年版，第113頁。

均與‘免’字含義并不相同。可知帛乙本的‘免’當讀作‘晚’。”①丁四新認爲：“晚與免可互借，然晚、免字義本不同，各通行本多作‘晚’，是否真切地即是免之借，尚未可知。……似作‘晚’字是。”②陸永品批駁了“大器免成”的解讀，指出：“老子繼承前人‘大器’賢才成就較晚的思想，創造性地寫出‘大方無隅，大器晚成，大音希聲，大象無形’的哲理名言，自然也是順理成章的事。”③王中江認爲：“一些研究者沿着‘大器免成’的思路，認爲這裏的‘曼’亦當讀作‘免’，或者釋‘曼’爲‘無’。以上這些看法，筆者認爲不能成立。”④

這一派觀點的最大優勢在於歷代注疏所形成的解釋傳統及思想史背景，以及歷代文獻引《老子》此文皆作“大器晚成”所提供的客觀支撑；然而不足之處在於，研究者們往往忽視了老子哲學的主旨與特色，忽略了“大器晚成”出現的具體語境，對於老子的言説方式亦缺乏足够的重視。

第二，“大器免成”或“大器無成”説。先是清人吕種玉在《言鯖》中指出：“大器晚成，非也。道德原本乃大器無成，其義甚精。晚成之説，後人相沿襲耳。”⑤近代學者陳柱認爲，“晚者，免之借。免成猶無成，與上文之無隅，下文之希聲、無

①彭浩：《郭店楚簡老子校讀》，湖北人民出版社 2000 年版，第 93 頁。
②丁四新：《郭店楚墓竹簡思想研究》，東方出版社 2000 年版，第 66 頁。後來他又明確指出，“辨核文句及傳統注疏，‘曼’‘免’仍當讀爲‘晚’。而今人以‘無’釋義，疑非”。詳見《郭店楚竹書老子校注》，武漢大學出版社 2010 年版，第 320 頁。
③陸永品：《老子“大器晚成”辨證》，《中國社會科學院院報》2008 年 4 月 24 日第 3 版。
④王中江：《“大器晚成”抑或“免成”“無成”?》，《中國社會科學報》2013 年 2 月 18 日第 A05 版。
⑤吕種玉：《言鯖》上卷，《叢書集成續編》第 214 册，臺灣新文豐出版公司 1989 年版，第 746 頁。

形一例，無隅與大方相反，希聲與大音相反，無形與大象相反，故知免成與大器相反也。晚借爲免，義通於無，猶莫本朝暮本字而訓爲無也。”[①]後來樓宇烈[②]、高明[③]據帛書乙本“大器免成”而以“免”爲本字。郭店楚簡《老子》和北大漢簡《老子》出土後，學界亦有不少人認爲“曼”通“免”或“曼”訓爲“無”[④]，“勉”“免”古通[⑤]，郭店本“曼成”、北京大學本“勉成”疑從帛書本讀爲“免成”[⑥]。

這一派觀點最大的優勢在於出土文獻提供的證據以及訓詁音韵方面的證據，以及對老子哲學之根本精神的領悟，對語境的理解與把握；然而不足之處在於，缺乏從哲學觀念的角度進行深入的分析與論證，一旦面臨第一種觀點提出的挑戰[⑦]，就仍然局限在文字訓詁層面而不能提供更有力的回應。

第三，“大器慢成”説。此説實本郭店楚簡的“大器曼成”，但似乎并不主張將“曼”訓爲“無”或借爲“晚”“免”。裘錫圭認爲：“疑當讀爲‘趨（慢）’。”[⑧]李零認爲，“大器曼成”爲“大器慢成”[⑨]。上述兩種釋讀并没有給出具體詞義解釋，但

①陳柱：《老子韓氏説》，上海商務印書館 1939 年版，第 73 頁。
②樓宇烈：《老子道德經注校釋》，第 115—116 頁。
③高明：《帛書老子校注》，中華書局 1996 年版，第 24—25 頁。
④廖名春：《郭店楚簡老子校釋》，清華大學出版社 2003 年版，第 447 頁。
⑤董蓮池：《〈老子〉“大器晚成”即“大器無成”説補證》，《古籍整理研究學刊》2000 年第 5 期，第 21 頁。
⑥林志鵬：《簡帛〈老子〉“大器免成”“天象無型”解——兼説道家型、器之譬》，《杭州師範大學學報》（社會科學版）2017 年第 3 期，第 19 頁。
⑦這些質疑與挑戰下文將進行探討，兹不贅舉。
⑧荆門市博物館：《郭店楚墓竹簡》，文物出版社 1998 年版，第 118—119 頁。
⑨李零：《郭店楚簡校讀記》（增訂本），中國人民大學出版社 2007 年版，第 26 頁。

將“曼”讀爲“慢”大概不出“遲緩”之義[①]，如此一來則與第一種觀點較爲近似[②]。而丁原植則明確認爲“慢”有輕忽之義，“大器慢成”言“大器”不居其成[③]。據廖名春説，池田知久亦持此觀點[④]。這一派觀點嘗試開闢一條新的理解之路，然而却在文字訓詁與思想論證兩個方面都比較薄弱。

第四，“大器槾成”説。劉信芳認爲：“‘曼’讀如‘槾’，《説文》：‘槾，杇也，從木，曼聲。’杇者，所以塗也。古銅器、陶器，須依模具製成，而‘大器’無模具可依，無規矩可循，衹可‘塗抹’而自成一器，是‘大器’乃創製之器。‘曼成’若引申而言，謂創造而成。”[⑤]此説頗爲迂曲，既不依循傳統注疏，又不顧老子的哲學主旨，更是脱離了語境。

第五，“大器免盛”説。王光漢認爲“大器免成”的“成”，并不是“成就”的“成”，而是“盛”的古字，而“器”的本質特點是“盛”。“大器晚成”一語，其本義當是指“最能裝盛的器物不裝盛”。“大器”的本義是指最能裝盛的“皿”，而“免盛”則是指不裝盛。[⑥]“成”確實可以通“盛”，但要看具體語境。

①據《説文・走部》：“趨，行遲也。”段玉裁注曰：“趨，今人通用慢字。”《集韵・元韵》：“趨，行緩也。”可見“趨”或“慢”都是行走遲緩之意。

②蔣瑞爲之辯護曰：“事實上，竹簡整理者與裘錫圭先生將曼讀爲‘晚’或‘慢’，是爲了與《老子》通行本取得一致。裘先生謂曼‘疑’當讀爲趨（慢），没有完全肯定。”參見《説郭店簡本〈老子〉“大器曼成”》，《中國哲學史》2000年第1期，第32—33頁。

③丁原植：《郭店竹簡老子釋析與研究》（增修版），臺灣萬卷樓圖書有限公司1999年版，第293頁。

④轉引自廖名春：《郭店楚簡老子校釋》，第447頁。

⑤劉信芳：《荊門郭店竹簡老子解詁》，臺灣藝文印書館1999年版，第59頁。

⑥王光漢：《“大器晚成”初義辨》，《合肥學院學報》2008年第6期，第70頁。

[①]“大器免盛”之説標新立异，然論證不足。

綜上可知，學界對於“大器晚成”“大器曼成”“大器勉成”已經有了很多研究，尤其是從文字訓詁層面做了大量的工作，然而却存在着很大的争議。究其原因，主要還在於對老子哲學的理解問題。既然在文字訓詁層面積纍的分歧已經到了誰也不能説服誰的地步，且目前關於這一方面的研究已經足够多了，那麽筆者將不再從這一角度發力，而是嘗試以“大器免成”爲中心，從老子哲學及其對莊子哲學之影響的角度加以解讀。

二、以老證老：大器免成

要理解“大器免成”，我們還得以老子哲學文本爲根據，貫通其他相關章節，力求全面解讀此一命題。爲此，我們不妨先從該章文本分析入手，把握其語境。先據帛書乙本摘録如下：

> 上〔士聞〕道，堇（勤）能行之。中士聞道，若存若亡。下士聞道，大笑之。弗笑，〔不足〕以爲道。是以建言有之曰：明道如費（昧），進道如退，夷道如類。上德如浴（谷），大白如辱，廣德如不足，建德如〔偷〕，質〔真如渝〕。大方无禺（隅），大器免成，大音希聲，天（大）象无刑（形），道褒无名。夫唯道，善始且善成。[②]

此章大概有三個層次。第一層，老子講明了三種人聞道後的不同姿態。上士聞道後努力地踐行，中士聞道則時存時忘，

①李零整理竹簡曾指出，簡文有兩“大成”，舊作皆讀爲“大盛”。今案前文仍應讀“大成”，同於今本。“大成若缺”，“成”是完整，“缺”是殘缺，兩者相反。“大盛若絀”，“盛”是滿盈，“絀”是不足，也是相反。字雖相同，但讀法不同。參見《郭店楚簡校讀記》（增訂本），第31頁。

②高明：《帛書老子校注》，第18—25頁。

想起時就去踐行，忘記時就拋弃。而下士聞道，則大加譏笑。如果“道”不被他們譏笑，那麽就不能稱之爲真正的道。爲什麽説“弗笑，不足以爲道”呢？老子的下文就是着重探討這個問題。第二層，老子探討了體道之人的品質表現，也可以説是“道”之品質體現。正因爲老子所宣導的“道”與世俗社會所崇尚的價值觀念恰恰相反，所以纔會被下士所嘲笑。從世俗經驗的角度觀照，老子所宣導的“道”體現出幽暗昏昧、躊躇退却、崎嶇坎坷、空虚不足、偷惰愚頑、卑下軟弱等特徵。“道”的這些品質在《老子》文本中都可以找到很多根據，如“我獨昏昏”“我獨悶悶”（第二十章）[①]、“處衆人之所惡”（第八章）、“受國之垢”（第七十八章）、“不敢進寸而退尺”（第六十九章）、“我獨頑似鄙”（第二十章）等等。如果説從“明道如昧”到“質真如渝”主要是講述“道”與“德”的話[②]，那麽接下來就是從物象層面來談如何纔是真正的得“道”。

這就到了我們要着重論述的“大方無隅，大器免成，大音希聲，大象無形”四句。這裏的“方”“隅”“器”“成”“音”“聲”“象”“形”在經驗中可以感知。“方”即藴含着“隅”，“音”即藴含着“聲”，“象”即意味着必具某種“形”。同理，“器”即意味着必具某種“成”，换言之，“器”必然具備某種滿足我們需要的功用。老子在這裏也要借用經驗事物來表達某種超越經驗事物自身有限性的特徵，以此來彰顯“道”的品質，這就

①本文所引《老子》原文，除特别標注外，以王弼本爲主，行文精簡故，衹標注章。

②當然，這中間有一句“大白如辱”頗不好解，因爲没有直接使用“道”或“德”字。而“質真如渝”一句，實際上我們仍然不能完全排除這個“真”字是“德”字的可能性，這一點如劉師培所説，“‘真’亦當作‘德’，蓋‘德’字正文作‘悳’，與‘真’相似也”。參見高明：《帛書老子校注》，第23頁。

是老子的“正言若反”。那麼具體如何來表達呢？老子使用了一個“大”字。“大”在這裏與大小無關，“大”通“太”，表示“初始”“本原”“極致”的含義。進而言之，“大”表達的是一種源於事物自身本性而非人爲裁制或規範的狀態，它的這種含義直接指嚮了“道”①。換言之，衹有本於“道”的纔可以稱之爲“大”。因此“大方”并非説事物不是“方”，乃是指“不以隅來規定的”那種“方”；同理，“大器”并非説事物不是“器”——具體器物，乃是指不以預先設置的“成”的標準來規定的“器”，因而“大器”“不是”也“不符合”任何一種經驗中的“成”，儘管“器”本身就意味着一種“成”②。“大音”也仍然是一種“音”，并非絶對的“無音”或“稀少之音”，而是一種真正的或曰本原於“大道”的“音”，因爲“它”不是按照我們預先界定的“聲”來呈現出來的“音”。“大象”也仍然是有某種“形”的“象”，但不是通過我們預先規定或設置的“形”來界定的“象”。由此可知，“大器晚成”實際上要表達的就是“大器免成”或“大器曼成”，“免”或“曼”皆表達“無”的意藴。

然而，主張上述第一種觀點的人已經對這種理解發難。首先，如果理解爲“大器免成”，那麼老子剛説過“大器免成”的話，怎麼緊接着還會説“夫唯道，善始且善成”呢？老子是個大哲學家，他不會説話前後相左而缺乏邏輯，不能自圓其説的③。實際上這裏涉及如何理解老子的“成”。“成”在《老子》中出現約 17 次，這些“成”大概有以下幾層含義：

---

①《老子》第二十五章曰：“我不知其名，字之曰道，强爲之名曰大。”
②帛書《老子》第五十一章曰：“道生之，德畜之，物形之而器成之。”
③陸永品：《老子“大器晚成”辨證》，《中國社會科學院院報》2008 年 4 月 24 日第 3 版。

第一，促成，生成。如："難易相成。"（第二章）

第二，成功，完成（動詞）；完滿（名詞）。如："功成而不居。"（第二章）"大成若缺。"（四十五章）

第三，形成，創造。如："道生之而德畜之，物刑（形）之而器成之。"（帛書《老子》甲本第五十一章）

第四，完整。如："不敢爲天下先，故能爲成器長。"[①]（帛書《老子》乙本第六十七章）

由此可見，老子并不反對"成"，相反，他多次提到如何纔能獲得成功或成就。但他所講的這種成功或成就并不必然被衆人理解爲是"成功"或"成就"，不僅因爲獲得這種"成"的方法很難被世俗人所認同[②]，如前文所述一系列體現"道德"的各種品質，而且這種"成"看上去與俗世社會通過"名"來表達或呈現的"成就"或"成功"截然不同。老子始終對於以"名"來表達的"成"抱有一份警惕，因此他纔反復地宣揚"功成而不居"（第二章）、"功成不名有"（第三十四章）、"功成而不處"（第七十七章），"不居""不處"都是爲了"不名"，衹有如此纔能真正持守"如昧、如退、如類、如谷、如辱、如不足、如偷、如渝"般的"玄德"。如從世俗角度觀照，這種"成"看上去好像并不完滿，甚至是殘缺或破敗，如老子説"大成若缺"（第四十五章）。然而看上去好像殘缺不全的這種"成"恰恰纔是真正的"成"——大成，或者説是"天成"，因爲這種"成"乃遵

①王弼本以及通行本多作"不敢爲天下先，故能成器長"。這裏的"成"一般應作動詞"成爲"解。但王弼注曰："唯後外其身，爲物所歸，然後乃能立成器爲天下利，爲物之長也。"顯然是將"成器"視爲一合成詞。俞樾認爲"成器"乃"大器"之義，高明認同，詳見《帛書老子校注》，第162頁。

②老子曰："不言之教，無爲之益，天下希及之。"（第四十三章）又曰："吾言甚易知，甚易行。天下莫能知，莫能行。"（第七十章）

循了"道"所達到的狀態，本身也就是"道"的體現。由此可知，"大器免成"并非否定"成"，"免成"不是否定"器"本身就是一"現成"的"具體器物"，但這個"成器"不是按照人爲創設或規範的"成"（名）來衡量的[①]，而是一種源於自身本性的自然生成或存在狀態，因而它具有無限的開放性和可能性，"大方""大音""大象"亦復如是。從這個角度來説，"大器"并没有這種"成"，因爲它衹具有源於"道"的自然之"成"，或曰"大成"。

回到此章語境，緊隨"大方無隅"四句後的是"道褒無名"。"褒"，王弼等通行本多作"隱"，北大漢簡本作"殷"，整理者認爲"隱"乃"殷"之同音假借。[②]"褒"與"殷"皆有"盛大"的意思。"道"處於盛大的狀態，却没有任何的"名"[③]，亦不可"名"[④]。這裏的"無名"正好證成了上文所分析的"成"乃是指一種人爲創設的作爲"名"或藉助於"名"得以呈現的"成"，而非源於"道"的本真存在狀態——大成。源於"道"的本真存在狀態就是"大器"，也就是"大成"，而

①由"道"到"器"其實是一種必然，如老子曰："樸散則爲器。"（第二十八章）但人不能"器化"，也不能爲"器"所役使，所以他説："樸散則爲器，聖人用之，則爲官長，故大制不割。"（第二十八章）又警告曰："始制有名，名亦既有，夫亦將知止，知止所以不殆。"

②北京大學出土文獻研究所編：《北京大學藏西漢竹書（貳）》，第125頁。

③這裏我們又可以聯繫到第二十五章，"道"本没有"名"，它最初衹是一個"混成"狀態。我們爲之命名其實恰好要打破這種"混成"狀態，讓"它"更爲"清晰"地呈現出來，這樣我們纔能更好地把握。但老子顯然意識到這種命名活動會損害作爲"混成之物"的本性，因而始終帶着一份勉强和不得已。參見蕭無陂：《"道"不可道嗎？——從"名""實"之辯重新審視老子第一章》，《中國哲學史》2014年第3期，第16—17頁。

④《老子》第三十二章曰："道常無名。"

無“可名”之“成”。

第三層，該章最後一句：“夫唯道，善始且善成。”“成”猶“終”，“善始且善成”即“善始且善終”。[①]祇有“道”纔是善始善終、始終如一，它“無名”且不因“名”而限制自身，故實無所謂“成”與“不成”，因爲它超越了作爲“名”意義上的“成”，因此“道”是真正的“大成”。這一句又正好照應了該章第一句：“上士聞道，勤能行之。”祇有上士這種相信大道并且始終如一地踐行大道的人纔是真正的得道之人。至此可知，老子此章前後貫通，何來前後不一致或邏輯上的不圓滿之疑呢？關鍵在於不能將“成”字看得太死。

其次，不少學者提出，“大方無隅”等四句不屬於同一類。如丁四新認爲，“大音希聲”顯然不能換作“大音無聲”，即此“大器晚成”而言，則“晚”是否必定讀作“免”字？[②]陸永品認爲，“大方無隅”與“大象無形”相對稱，“大器晚成”與“大音希聲”相對稱，這四句本不一致，硬要拉成一致，豈不是多事！[③]同“大器晚成”前後緊密相連的句子，前一句是“大方無隅”，後兩句是“大音希聲”“大象無形”。這四句話不能歸爲“一類”。能够歸爲一類的祇有“大方無隅”和“大象無形”，這兩句用的是“無”，以完全否定立論。而“大音希聲”不等於“大音無聲”，不能與此劃爲一類。[④]

誠然，諸家都關注到一個細節問題，即“大音希聲”的

①高明：《帛書老子校注》，第26頁。
②丁四新：《郭店楚竹書老子校注》，第320頁。
③陸永品：《老子“大器晚成”辨證》，《中國社會科學院院報》2008年4月24日第3版。
④王中江：《“大器晚成”抑或“免成”“無成”?》，《中國社會科學報》2013年2月18日第A05版。

“希”義爲“稀少”，“稀少”并不等於“無”。從字義上來看，這種理解完全正確；但以此解讀老子的哲學，則未免作繭自縛，畫地爲牢，而不能得魚忘筌、得意忘言矣。問題在於將“希”字看得太死，完全以現代人的嚴格邏輯去匡衡古人的思維方式。姑且不説老子有没有嚴格地區分“希”與“無”，單從“無”的理解上，就可以推斷出諸家對“希”的理解存在着問題。衆所周知，老子所講的“無爲”并不是“毫無作爲”或絶對“不作爲”，“無爲”中的“無”衹是表達一種節制，一種規範[1]，而不是一種絶對的虚無或否定。與此相應，老子使用了很多表示否定意義的詞彙來表達“無”的意藴，如“希”“夷”“微”“少”“寡”“幾”等等，當然使用得最多的是“不”“弗”。如果説“希”不是表達“無”的意藴，而是嚴格地表達“稀少”的意思，那麽“聽之而不聞名之曰希”的説法就有問題。既然“聽之不聞”，那聲音又何“希”之有？這是否意味着如果去聽的話，關於“道”我們其實還是可以聽到稀少的聲音呢？或者説即便聽不到，還是存在着稀少的聲音呢？顯然這種理解很荒謬！因爲老子明確説“聽之而不聞”，而不是聽到很稀少的聲音。[2]實際上河上公的注釋就已經清楚地表明這些觀念都是在表達“無”的意藴：“無色曰夷。言一無采色，不可得視而見之。無聲曰希。言一無音聲，不可得聽而聞之。無形曰微。言一無形體，不可摶持而得之。”[3]而王弼注也曰：“無

①詳見蕭平：《老莊自然觀念新探》，臺灣花木蘭文化出版社 2015 年版，第 109 頁。

②正如陳鼓應先生所説，“夷”“希”“微”這三個名詞都是用來形容感官所不能把捉的“道”。參見《老子今注今譯》，商務印書館 2003 年版，第 126 頁。

③河上公：《老子道德經河上公章句》，第 52 頁。

狀無象，無聲無響，故能無所不通，無所不往，不得而知，更以我耳、目、體不知爲名，故不可致詰，混而爲一也。”[①]同理，“希言自然”“天下希及之”“希有不傷其手者”等表述中的“希”均應如此理解。

最後，學界都引用了《韓非子·喻老》以及《吕氏春秋·樂成》中的“大器晚成”來佐證，至少戰國晚期的學者們都是理解爲“大器晚成”，而非“大器免成”。但這兩則材料是否真的能有效證明早期《老子》文本中的“大器晚成”不能讀作“大器免成”呢？儘管有學者已經對此進行了反駁[②]，但《韓非子·喻老》中“不蚤見示，故有大功”的表述顯然還是在作“大器晚成”的理解[③]。因此，我們完全不必去通過否定或過度詮釋這兩則材料的方式來證明“大器免成”的合理性。實際上，韓非以及吕氏門客的解讀衹能代表當時有這麽一種理解而已，并不能説這就是《老子》文本的原初含義，何况他們當時也未必看到了我們今天所見的“大器免成”“大器曼成”這種文本。從思想史的角度來看，韓非、吕氏門客的解讀當然具有一定的價值；客觀地説，他們的解讀包括傳下來的“大器晚成”文本直接影響了歷代的《老子》注釋者，致使“大器晚成”之説成爲一種思想定勢與思想史背景，給現代人的解讀帶來了極大的“干擾”，但這并不能成爲我們探究《老子》文本的可能形態以及發掘老子哲學之可能新意的障礙。

①王弼：《老子道德經注校釋》，第31頁。
②董蓮池：《〈老子〉“大器晚成”即“大器無成”説補證》，第22頁。
③“蚤”通“早”，顯然是針對“晚”而發。

三、由老導莊：凡物無成與毀，復通爲一

從形式上來看，老子哲學中的“大器免成”“大白若辱”等表述體現爲“大□無□”和“大□若□”結構，而這種表述法被莊子繼承和發展。莊子一方面直接引用了《老子》的原文，如：

> 故曰：“大巧若拙。”(《莊子·胠篋》)
>
> 大白若辱，盛德若不足。(《莊子·寓言》)

另一方面莊子將表述形式改變爲“大□不□”。如：

> 夫大道不稱，大辯不言，大仁不仁，大廉不嗛，大勇不忮。(《莊子·齊物論》)

而莊子更爲重要的一個改變就是以“至”來代替“大”，形成了“至□不□”或“至□無□”的表述：

> 至精無形，至大不可圍。(《莊子·秋水》)
>
> 至仁無親……至仁不孝。(《莊子·天運》)
>
> 至樂無樂，至譽無譽。(《莊子·至樂》)

其中“至譽無譽”顯然來自於《老子》第三十九章的“故致數輿無輿”[①]，這裏的“至”實際上表達的就是“大”的意蘊。在莊子的哲學中，筆者更傾嚮於將其理解爲“真正的”“本真的”。衹有源於“道”的存在狀態纔是本真的，不需要各種人爲的、規範性的限制。

從實質内容上來看，回到主題，老子“大器免成”觀念中對於作爲“名”的“成”的態度直接影響到莊子。在《齊物論》

①帛書《老子》乙本作“故至數輿無輿”，吴澄本作“故至譽無譽”，傅奕本等作“故致數譽無譽”。詳見高明：《帛書老子校注》，第17頁。

中，莊子明確指出："道隱於小成，言隱於榮華。"林希逸注曰："小成，小見也，一偏之見也。因人之偏見，而後此道晦而不明。"[①]"小成"就是各種"名"堆積出來的"成"，這裏暗指諸子百家的學説。本來大道無處不在，然諸子百家紛紛以一家之見爲"成"，執着於是是非非，争論不休，反而遮掩了"道"的本真存在狀態，此之謂"道術將爲天下裂"(《莊子·天下》)。進而言之，莊子批判了各種拘執於現有之"成"的觀念：

> 其分也，成也；其成也，毀也。凡物無成與毀，復通爲一。(《莊子·齊物論》)

"成"是如何形成的呢？是通過"分"。這裏的"分"不僅僅指對"物"進行的有形改造或分離，也指各種對"物"進行命名分析的活動。"分"帶來了"成"，而"成則毀"(《莊子·山木》)，因爲"分"損害了"物"原初的本性，所達到的"成"不過是一"小成"。事實上，"物"無所謂"成"與"毀"，"復通爲一"即"道通爲一"，從"道"的視角來看，"成"與"毀"等一切相對的價值判斷終歸消解，統一於道。比較老莊，不難看出，老子從物象層面論得道之狀態，因而有"大方無隅，大器免成，大音希聲，大象無形"之説，旨在破除各種"名"對於"道"的遮蔽，回歸"大道""無名"的狀態；而莊子則直接從"道通爲一""道物相即"[②]入手，破除各種添附在"物"上的"名"，消解各種"名"帶來的"成"，又以"毀"來説"成"，進而摒弃"成"與"毀"這一對名异實同的概念，直

①林希逸：《南華真經口義》，陳紅映點校，雲南人民出版社2002年版，第25頁。
②限於篇幅，本文不再詳細論證莊子對道物關係的探討，詳見蕭平：《老莊自然觀念新探》，第159—163頁。

謂“凡物無成與毀，復通爲一”，最終在“物”的原初本性中得“道”。

綜上所論，無論是將“大器免成”放置在《老子》文本中加以探討，還是放置在老莊哲學的視域中加以考察，都不難看出“大器免成”的思想確實符合老子哲學的精神，亦是老莊哲學的重要特質。“大器免成”應當是“大器晚成”的前世。

范應元《老子道德經古本集注》考述

劉固盛[1]

摘要 南宋道教學者范應元所作《老子道德經古本集注》一書，《正統道藏》及《續道藏》均未收録，但其文獻價值很高。一者，其所謂古本《老子》經文與通行本文字多有不同，而這些不同的文字恰與《老子》帛書本、楚簡本一致；説明此"古本"的確是一個近古的文本。一者，范氏《集注》對當時能見到的不同《老子》版本作了廣泛徵引，有助於瞭解南宋時期《老子》版本的流傳狀況與解《老》的時代風氣。就思想價值而言，其融理合禪，以本心解《老》的思想，是對老子思想的一種重大發揮和改造，反映了宋代道教哲學在義理上的深刻變化。

南宋道教學者范應元所作《老子道德經古本集注》一書，《正統道藏》及《續道藏》均未收録，今見於《續古逸叢書》之十七，被推崇爲"道家秘笈"。筆者在研究宋元老學以及整理編纂《老子集成》的過程中，發現范注的文獻價值確實很高，所録《老子》經文與通行本文字多有不同，而這些不同的文字恰好和《老子》帛書本和楚簡本一致，這一現象值得重視。此外，

[1]劉固盛，華中師範大學道家道教研究中心教授。研究領域：老莊學、道教教義與思想、宋明理學以及儒道釋三教關係。本文爲國家社科基金重大項目"中國老學通史"（14ZDB004）的階段性成果。

范注的思想内容也很有特點。關於范應元其人其書，目前尚罕有人專門研究，故本文擬作簡要論述。

一、作者略考

范應元的生平事迹不見史籍記載，據此集注卷前所署“前玉隆萬壽宫掌教，南岳壽寧觀長講果山范應元集注直解”，及卷後所署“湛然堂無隱齋谷神子范應元”，除能確定其道士身份外，仍難知具體情况。不過，該書卷末沈乙盦之跋爲我們提供了一條綫索，其跋云：“此本《道藏》不收，焦氏《老子翼》采摭亦不及，真道家佚典矣。范應元無可考，褚伯秀《南華真經義海纂微》所録諸家有范無隱者，或即此人。”查褚氏《南華真經義海纂微》後序云：“淳祐丙午歲，幸遇西蜀無隱范先生游京，獲侍講席，幾二載。”又言：“師諱應元，字善甫，蜀之順慶人。學通内外，識究天人，静重端方，動必中禮。”可知范應元確爲褚伯秀之師，且學識淵博，修道有方，淳祐丙午（1246）、戊申（1248）之際，尚在人間。褚氏後序作於咸淳庚午（1270），此時業已稱“諱”，則知范應元已於庚午之前去世，范注乃成於庚午之前，也是毫無疑問的了。

從褚氏的後序中，我們還可以知道，范應元不僅深研《老子》，而且精於莊學，曾於淳祐丙午年間爲弟子專門講授《莊子》，弟子們都凝神以聽，“於是衆心豁然，如發重覆而睹天日也”。褚氏遂發出感嘆：“竊惟聖賢垂訓，啓迪後人，義海宏深，酌隨人量。箋注之學，見有等差，須遇師匠心傳，庶免多歧之惑，否則死在惠施句裏，無由達《南華》向上一關，雖多方五車，不過一辯士耳。古語云：務學不如務求師。至哉！”看來，褚氏作《南華真經義海纂微》一書，受到了范應元的許多啓發，褚氏對其師也極其尊敬和感激，如其後序所説，“師恩昊天罔極”。褚氏最後説：“江湖宿德，稔知其人，不復贅述。聊志師徒慶會之因於卷末，俾後來學者知道源所自云。”由此可知，范應元當時的名氣和影響都是比較大的。

二、《老子道德經古本集注》的文獻價值

范應元爲《老子》作集注，特别强調是以古本爲依據的，他説：“有變化不可得而測者，在去古愈遠，尤慮失真。所以余解此經，一從古本。蓋書坊刊行者其稍异處，皆後人臆説，不得老氏之意矣。”[①]又説：“若夫先覺之士固忘筌蹄，而後進之英尚資梯級，是書也不無少補。然懼僣率，弗敢張露。偶因道友來求，難以稿付，復念老矣，將形槁於一丘，惟恐此經浸失古本，遂命工鏤板，藏諸名山，以俟來哲。”[②]可見，范應元對這個古本是相當珍視的，所以直到年老時，他害怕此古本有失傳的危險，纔願意公之於世。既然此本在南宋時就號稱古本，那它形成的時間便應該早出南宋很遠，完全有可能是漢魏六朝舊本或更早的本子，所謂近古必存真，該本必然較多地保存了《老子》原來的面貌。

范應元之集注一切以古本爲權衡，同時又廣泛徵引當時能見到的各種版本，互爲參證，辨析同异，但絶不改動古本。這樣，我們今天不僅得以見到此古本原貌，而且可以知道南宋時期《老子》版本的流行情況。除古本外，范氏先後共引用了韓

①《老子道德經古本集注·後序》。
②《老子道德經古本集注·後序》。

非、嚴遵、劉安、揚雄、司馬談、司馬遷、河上公、王弼、楊孚、孫登、馬誕、王詡、郭雲、阮籍、阮咸、董遇、陳韶、李奇、梁王尚、張嗣、梁帝簡文、應吉父、張玄静、張君相、朱桃椎、開元御注、傅奕、李若愚、陳碧虛、蘇轍、司馬光共三十一家，其中相當一部分如楊孚、馬誕、王詡、郭雲、阮咸、陳韶、應吉父、李奇、朱桃椎等爲書志所未著録，其他《老子》集注亦未提及，吉光片羽，彌足珍貴。在注解方面，范氏在引用了韓非、河上公、王弼、韓康伯、郭璞、張沖應、陸德明、傅奕、成玄英、蘇轍、司馬光、程頤、王雱、朱熹等十四家注文或説解的基礎上，再加上自己的解釋，這樣，我們不僅可以藉此研討范應元的老學思想，而且可以窺見南宋解《老》之時代風氣。

當然，范注更重要的文獻價值則是體現在對《老子》經文的考證上。自唐宋以後，有關《老子》的各種版本輾轉傳抄，彼此承訛襲謬，互相竄改，其結果是經文内容同流合一，使得其中錯誤無法校正。而在這些通行傳本中，溯本求源，主要又是嚴遵本、王弼本、河上公本、傅奕本這四種本子的輾轉流傳，其中又以王、河二本爲盛。王弼注本文筆曉暢，主要流傳在文人學者與士大夫階層；河上公注本通俗簡要，主要流行於道流學子與平民百姓之間。[1]然而，范應元所據古本，則與上述通行的版本都有明顯差別，例如范本《老子》的第 16 章“凡物貟貟”句，“貟”字通行本作“芸”；范本第 41 章“大白若黶”，“黶”字通行本作“辱”；范本第 42 章“萬物負陰而抱陽，盅氣以爲和”，“盅”字通行本作“冲”；范本第 47 章“其知彌鮮”，

①參見高明：《帛書老子校注》，中華書局 1996 年版，第 3 頁。

“鮮”字通行本作“少”；范本第53章“大道甚徯”，“徯”字通行本作“夷”；范本第58章“其政閔閔，其民偆偆。其政詧詧，其民缺缺”，通行本作“其政悶悶，其民淳淳。其政察察，其民缺缺”；范本第64章“其脃易判”，“脃”字通行本作“脆”；等等。在這些差別之處，范應元都有注解，并説明是“從古本”。顯然，與通行本比較，范氏之古本應該是另有來源的，那麽，范氏古本與通行本之間的差别，就特别值得我們重視，這些差别對於我們考訂今本《老子》之經文，將具有非常重要的意義。下面便從范本經文中擇要舉例，并結合馬王堆帛書本及郭店楚簡本《老子》，以説明范本在版本方面的重要價值。

（1）視之不見名曰幾。(《老子》第14章）范注曰：“‘幾’字，孫登、王弼同古本，傅奕云：‘幾者，幽而無象也。’”范氏又説：“道無色，視之不可見，故名之曰幾。”孫登本已佚，王弼、傅奕本今均作“夷”，由此可知王、傅本亦爲後人所改，古本同樣作“幾”。作“幾”應該更近老旨，且與《易》義相合，《易·繫》云“極深研幾”，又云“知幾其神，幾者動之微，吉之先見者也”，鄭玄注：“幾，微也。”正與傅奕之説相契。

（2）芴兮芒兮，中有象兮。芒兮芴兮，中有物兮。(《老子》第21章）范注曰：“芴音忽，芒，虚往切。於無非無曰芴，於有非有曰芒。”范氏又説：“别本作‘其中有象，其中有物’，今從古本。謂道爲無則非無，以道爲有則非有，故曰：‘芴兮芒兮，芒兮芴兮。’然而萬象由斯而見，萬物由斯而出，故曰：‘中有象兮，中有物兮’。”“芴芒”二字流行本作“惚恍”，可通用。《莊子·至樂》篇：“芒乎芴乎，而無從出乎。芴乎芒乎，而無有象乎。”褚伯秀注云：“芒芴，讀同恍惚。”是其證。“中有象兮”“中有物兮”與通行本都不相同，而獨與馬王堆帛書本相合，帛書乙本作“沕呵望呵，中有象呵。望呵沕呵，中有物呵”。甲本作“□□□呵，中有象呵。望呵忽呵，中有物呵”。由此比較，范氏之古本確實是近古的。

（3）無名之樸，夫亦將不欲。（《老子》第37章）“不欲”，王弼本、河上公本、龍興碑本、景龍碑本及陸希聲、蘇轍、邵若愚、林希逸等唐宋諸流行本都作“無欲”，唯范應元本作“不欲”。范本正確，“不欲”恰與下句“不欲以静，天下將自正”相聯繫，驗之帛書，甲乙本亦均作“不欲”。

（4）吾將以爲學父。（《老子》第42章）范注曰：“古本作學父，河上公作教父。按《尚書》‘惟斆學半’，古本并作‘學’字，則‘學’宜音‘斆’，亦教也。義同。‘父’，始也。今并從古本。”范注是。河上公、王弼以及唐宋流行諸本均作“教父”，而“學父”更近古義。成玄英《老子義疏》引顧歡注曰：“其斆學之本父也。”可見顧本作“斆”，“學”爲“斆”省。另《弘明集》釋慧通《駁顧道士夷夏論》引《老子》此句并作“學父”。揆之馬王堆帛書，甲乙本均作“吾將以爲學父”，與范本正同。

（5）罪莫大於可欲，禍莫大於不知足，咎莫憯於欲得。（《老子》第46章）范注曰：“憯音慘，痛也。”王弼本無“罪莫”句。“憯”字，顧歡本、敦煌本、唐碑本作“甚”，河上本、王弼本以及其他諸本作“大”。然此句帛書甲、乙本均作“咎莫憯於欲得”，郭店楚簡本作“咎莫憯乎谷（欲）得”，可證范本之不誤。

（6）蜂蠆虺蛇不螫，猛獸攫鳥不搏。（《老子》第55章）此句通行本分作三句，王弼本作“蜂蠆虺蛇不螫，猛獸不據，攫鳥不搏”。河上本、嚴遵本及唐宋諸本“蜂蠆”俱作“毒蟲”，俞樾認爲“蜂蠆虺蛇不螫”，是“毒蟲不螫”的注文。然而馬王堆帛書甲本作“逄（蜂）𧎳（蠆）螝（虺）地（蛇）弗螫，攫鳥猛獸弗搏”。乙本作“𧍯（蜂）癘（蠆）虫（虺）蛇弗赫（螫），據鳥孟（猛）獸弗捕（搏）”。郭店楚簡本作“蟲（虺）蠆蟲它（蛇）弗蓋，攫鳥猷（猛）獸弗哺”。在衆多的版本中，《老子》此句實唯范應元所據古本與帛書及楚簡相似。

（7）是以早服。（《老子》第59章）范曰：“王弼、孫登及世本作‘早復’，如《易·復卦》‘不遠復’之義，亦通。然承上文‘事天’處來，‘服’字相貫。”儘管范氏認爲“早復”亦有道理，但仍然堅持從古本作“早服”。李約、陸希聲、宋徽宗、司馬光、林希逸、邵若愚等唐宋諸本均作“早復”。朱熹解此句説：“能嗇則不遠而復。”亦認爲作“早復”。另王弼及諸唐本“是以”作“是謂”。今驗之帛書，甲本損掩，乙本正作“是以早服”。楚簡本則爲“夫唯嗇，是以早；是以早備（服）是胃（謂）……”，顯然，“是以早”後脱一“服”字。看來，“早服”宜古，“早復”乃後人所改。

從以上所舉的例子來看，在流行諸本互相改動《老子》經文使經文趨同之時，范本却相對保持了本來面貌，與王弼本、河上公本及唐宋流行諸本比較，顯示出明顯的差别。然而，范本這些與流行本不同的地方，却恰恰能與馬王堆帛書本及郭店楚簡本相合，這就比較充分地説明，范應元所據之版本確實是一個近古的本子，因此具有很高的文獻價值。

三、《老子道德經古本集注》的思想内容

宋元之際著名的道教學者杜道堅在《玄經原旨發揮》一書中説：“道與世降，時有不同，注者多隨時代所尚，各自其成心

而師之。故漢人注者爲‘漢老子’，晋人注者爲‘晋老子’，唐人、宋人注者爲‘唐老子’‘宋老子’。”這裹説到了老學發展的一個重要特點，即不同時代有不同的“老子”，也就是説，在不同的歷史時期，人們可以根據政治、道德、思想領域的時代需要，不斷地對《老子》作出新的解釋。范應元之《老子》集注，在裒集諸家注解的基礎上，再加上自己的見解，其老學思想，同樣打上了鮮明的時代烙印，下面從三個方面略加分析。

（一）自然之理

范應元在《老子》首章注云：“常久自然之道，自然而然，萬物得之以生而不知”，“道者，自然之理，萬物之所由也”。這裹説的是常道，即自然之道，也即自然之理，乃是萬物産生和存在的根源，這就開宗明義地點出了道的本體意義，并暗示了道的最大特點是自然。范氏在此章繼續指出，道可分體用，常道爲體，可道爲用，但體用一源，非有二道。而日用常行，隨事著見之可道，其中也包含着自然之理。當然，相對來説，常道處於更重要的位置：“夫常久自然之道，有而無形，無而有精。其大無外，故大無不包；其小無内，故細無不入。……人物莫不由此而生，聖賢莫不體此而立。然此道雖周行乎事物之際，相傳乎典籍之中，而其妙處事物莫能雜，言辯莫能及，故人鮮造詣於是。”由於老子之道衹可意會不可言傳，故常人難以領悟。如果真正要有所得的話，就必須緊緊抓住道的特點：自然。例如道生萬物乃出於自然：“觀道生一，一生二，二生三，三生萬物，萬物負陰而抱陽，盅氣以爲和，皆自然之理也。”[①]人

①《老子道德經古本集注》卷下。

應萬物要遵循自然："蓋事物莫不自然，各有當行之路，故聖人循自然之理，行而中節，不自矜伐以爲美善也。""循自然之理以應事物，莫不有當行之路，則何以智爲。"[①]愛己是自然："有身斯有患也，然則既有此身，則當貴之愛之，循自然之理，以應事物，不縱情欲，俾之無患可也。"[②]修身也是自然："吾之身，清静無欲則不妄作，不妄作則和氣充盈，和氣充盈則三田通暢，三田通暢則百脉調榮，百脉調榮則遍體康健，髓堅骨實，此皆抱道自然之效也。"[③]治國治民亦是自然："君正則民自順，民順則國自安，自然之理也。""聖人之道，大而化之，故古之善爲道以化民者，非以明之，將以愚之，使淳樸不散，智詐不生也。所以愚之者，非欺也，但因其自然，不以穿鑿私意導之也。"[④]應該説，范氏以自然之理釋《老》，乃抓住了老子思想的本質特徵。然而，范氏解《老》的重點不在於追求老子之原意，而是將"本心"的概念運用到注釋中，與自然之理結合在一起，并加以創造性的發揮。

（二）本心

關於本心，范應元是這樣定義的："所謂心，即本心也。常虚常静，能應萬事，而不失其正者也。"又言："唯阿善惡未發之時，方寸湛然，純乎天理，無有不善，此乃本心也。"[⑤]把這兩條注文綜合起來，可知本心乃指人心虚静至善而合乎自然之理的本始狀態。本心有時又被范氏稱之爲"初心"或"心之

①《老子道德經古本集注》卷下。
②《老子道德經古本集注》卷下。
③《老子道德經古本集注》卷上。
④《老子道德經古本集注》卷上。
⑤《老子道德經古本集注》卷上。

初”，他注“其安易持”章云：“諦觀此心之初，虚靈微妙，安而無危，於此持之，何難之有。持，謂持守道心也。此心之初，私欲未兆，於此謀之，豈爲難事。”心之初，虚靈微妙，私欲未兆，此種狀態即與道心或本心相吻合。在這裏，他不僅藉助於僞《古文尚書·大禹謨》“人心惟危，道心惟微”裏的道心來説明本心，而且也吸收了理學家的一些思維成果。例如二程論本心思想：“情之未發，乃其本心。本心無過與不及，所謂‘物皆然，心爲甚’。所取準則以爲中者，本心而已。”[①]二程之本心指情之未發狀態，以“中”爲準則，與范應元之定義不同，但范氏之本心指心之初，“未發之時”，又與二程的思考有某種聯繫。再如陸九淵之學以本心爲最重要之觀念，并把本心等同於理，而范氏亦認爲“方寸湛然，純乎天理”，本心是天理的體現，表現出與陸學思維方式的一致性。當然，其具體内容的規定則有明顯的差异，陸九淵云：“仁義者，人之本心也。”[②]即本心爲任何人都具有的道德理性。而范氏之本心是不具備這一内涵的，并且，所謂本心“純乎天理”，此處的天理也非陸九淵之“理”，而是指“自然之理”，即心的寂静狀態。

范應元上述有關本心之定義，實際上已初步反映出了本心的三個特點。其一，本心虚静。范氏注“致虚極”章云：“吾心之初，本來虚静，出乎自然。”“命猶令也，天所賦爲命，萬物受之而生也。常者，久也，復命則常久也。在人言之，根者，本心也。歸根者，反本心之虚静也。吾心之初，本來虚静，於此可以見道之令也，即天之所賦者，故静篤則可以復道虚通之令

①《程氏經説·中庸解》，載《二程集》（下），中華書局2004年版，第1152頁。
②《象山先生全集》卷一《與趙監》，四部叢刊初編本。

而有常也。”“令”在此可理解爲一種不以人的意志爲轉移的安排，萬物生長，是由道所安排和決定的，道的這種安排體現到人身上，即爲虛静之本心，也就是説，虛静之本心是道的性質在人身上的反映。但本心一旦與外境接觸，就會感物而動，牽於物欲，不再體現道虛通常久的性質，故須復命歸根，返回本心之虛静。既然虛静乃由物欲而失，那麼返回本心之首要前提就是去欲：“人心本虛，私欲窒之，則難復其初。漸去之，又去之，以至於無爲，則仍虛矣。無爲，虛也，無不爲，通也，虛則通矣。心虛則道通。”[①]其二，本心至善無惡。范氏注“聖人無常心”章：“聖人之心與百姓之心，其初均同乎虛静，純粹至善，未有惡也。”“蓋百姓與聖人得之於初者，未嘗不善也。”無論聖人還是百姓，其初心無有不同，都是純粹至善的，那麼，現實中的人爲什麼會有善惡之别呢？范氏指出：“體道之士，自然謹善，無慢與惡，蓋明本心元善也。但循天理而發，則全乎善，縱人欲而發，則流乎惡。”意謂聖人清静無欲，縱使心有所動，仍然能够體道而行，自己恢復初心，因而心總是善的。百姓則放縱自己，本心被私欲遮蔽，遠離了自然之道，因而産生妄心而流於惡。聖人不僅要本人自全其心，還要引導天下百姓收斂妄心，使之漸化而復歸於善。其三，本心合乎天道。范氏指出，所謂初心或本心，就是道，也即自然之理在人身上的具體呈現。他注“絶學無憂”章：“聖人之心，常虛常静，無去無來，故儽儽兮外無文飾，其若不足，内不離道，似無所歸也。”“聖人之心，無得無失，衆人皆以僞學爲有餘，而我與道合同，實無所得，故獨若失也。聖人之心，渾然天理，終日如

①《老子道德經古本集注》卷下。

愚。”聖人之心之所以能常虛常静、無去無來、無得無失，是因爲其心與道合同，體現了自然之理。范氏進一步指出：“萬物莫不由是而生。人爲物靈，其本心真實無妄，凛不可欺，能於日用之間，循乎自然之理，而真實無妄，則事事物物莫不各有當行之路，合乎天之道也。”萬物由道而生，人也不能例外，人的本心遵循自然之理以應萬物，則合乎天道的要求，正所謂，“吾之心，即天之心”①。

（三）大道之妙，歸於自得

既然人的本心反映了自然之理，與天道相合，那麼，求道即復歸於初心，“人不可外此心而求天道於高遠”②。關於這一點，范應元在《老子》注文中是反復加以强調的：“老子應運垂教……首曰‘道可道，非常道’，意欲使人知常久自然之道不在言辭，當反求諸己，而自得之於吾心之初也。”又言：“無名之樸，道也，求之於吾心之初，則得之矣。豈可不知止而更欲外起妄情，自取危殆邪。”③范氏認爲，如果能够直指此心之初，而不被有無同异所迷惑，就能够得意忘言，升玄極妙，此乃入道之門，立德之基，是每一個修道者應該加以充分注意和重視的。這實際上也等於告訴道教人士，其修道主要不在於吐納導引、服藥燒煉，而在於修心。那麼，個體又要怎樣纔能復歸於本心呢？除了去掉私欲以外，主要還在於“自悟”。范氏注“善行”章：“大道之妙，歸於自得。倘徒貴其師，而不反求於吾身之中，徒愛其資，而不使反求其中，皆外學也。苟於中而自得

①《老子道德經古本集注》卷上。
②《老子道德經古本集注》卷下。
③《老子道德經古本集注》卷上。

真道，則師自然無愛資之心，資自然無貴師之心。若師尚有愛資之心，資尚有貴師之心，則是未與道合通也。故善人之道，如陽和陶物，公而無私，薰然融怡，使人自得之也。一旦洞悟，則默契玄同之真，了無貴愛之迹，此自古至今，不傳之傳也。”如果求道者把希望全部寄托在老師的指引以及其他外部條件上，而偏離了自己内心的反省，那是不能够與道“合通”的，大道之妙，在於自得，在於内心的豁然洞悟。因此，縱使一些非常有智慧的人，如果不能悟徹本心，也會與道失之交臂，留下許多遺憾。然而人心易塞而難虚，易動而難静，易遷而難守，易變而難常，即使費盡心思返歸虚静，也很容易再被外物所誘惑。要解決這一難題，還是禪宗的修持方法比較管用：“寂寂虚通，蕩蕩無迹。譬如無病而忘藥，達岸而捨舟矣。若夫學道之士，因言以明道，悟道則忘言。若復執着有無，豈解玄妙。”[①]悟道而忘言，恰如病愈而忘藥，登岸而捨舟，心與道合而爲一，不知道之爲我、我之爲道，如此，纔深得大道之玄機，洞明本心之要妙。

綜上所述，范應元的《老子道德經古本集注》不僅文獻價值很高，而且思想内涵也十分豐富，其融理合禪，以本心解《老》的思想，無疑是對老子思想的一種重大發揮和改造，但正是這種創造性的發揮，使我們不僅可以窺見宋代老學新的時代特點，而且可以看出宋代道教哲學在義理上的深刻變化，即修丹的重點已不是個體的生命延長和肉體飛升，而在於心靈解脱和精神超越。

原刊於《歷史文獻研究》(總第21輯)，華中師範大學出版社2002年，收入本書時做了一定修改。

①《老子道德經古本集注》卷下。

自然與治道

——先秦諸子自然狀態學説的比較研究

孟慶楠[1]

摘要 在先秦諸子中，早期道家雖然使用了“自然”或是與之相關的以“自”爲名的一系列術語，但這些術語所指示的内容却不是現代政治哲學語境下的“自然狀態”。老子及道家所討論的“自然”主要還是一種無爲政治的結果。當然，先秦諸子中仍不乏對政治國家産生以前的人群狀態的關注。《商君書》及《莊子》中描述了某種樸素、無争的自然狀態。而墨子、荀子和韓非子則認爲在政治國家産生以前，人群處於一種相互傷害、充滿紛争的混亂狀態。但他們對於這種狀態産生的原因却有着不同的認識，并由此給出了各具特色的擺脱自然狀態的方法。

在禮廢樂壞的亂世中，有秩序的生活在很大程度上成爲了春秋戰國時人共同的追求。先秦諸子從各自的視角出發，探討了理想的社會秩序及其得以成立的依據。在各種理論探討中，一個重要的思考方嚮就是通過對人群的自然狀態的分析，來論證由其演化而成的某種政治秩序的合理性。這裏所謂“自然狀

①孟慶楠，北京大學哲學系副教授。研究領域：中國哲學史、早期儒家哲學、早期經學。

態”，是就這一術語的現代意義而言的，也即是在政治哲學語境中所指稱的政治、國家形成之前的人類群體的狀態。本文即嘗試以“自然狀態”的這一含義爲參照，分析、比較先秦諸子對人類自然狀態的幾種典型認識。

一、無爲與自然

在諸子學背景下討論所謂自然狀態，很容易讓人聯想到道家的“自然”觀念。那麽，道家提出和使用的“自然”一説，與我們今天所理解的“自然狀態”是否具有相同的内涵呢？這是我們需要首先澄清的一個問題。

對於老子所提出的“自然”觀念，歷代注解歧義紛呈。但藉由今人的研究成果，我們還是可以厘清“自然”觀念的某些基本含義。從相關研究來看，對“自然”之義的澄清在很大程度上是伴隨着“自然”主語的確認而實現的。[①]《老子》書中有五處講到“自然”，其中十七章、六十四章明確提及了“自然”的主語：

> 功成事遂，百姓謂我自然。[②]
>
> 是以聖人欲不欲，不貴難得之貨。學不學，復衆人之所過。以輔萬物之自然，而不敢爲。[③]

“自然”是萬物和百姓的一種狀態。而與萬物、百姓相對的是道與聖人。當然，這裏的聖人主要是一種統治者的形象，也即是

①如王博：《權力的自我節制：對老子哲學的一種解讀》，《哲學研究》2010年第6期；王中江：《道與事物的自然：老子“道法自然”實義考論》，《哲學研究》2010年第8期。
②樓宇烈：《老子道德經注校釋》，中華書局2008年版，第41頁。
③樓宇烈：《老子道德經注校釋》，第166頁。

另外語境中的侯王。[1]統治者行無爲之治，不過多干預百姓的生活，百姓即處於自己而然的狀態之中。與這樣一種“自然”之義相關，我們在《老子》書中還可以看到“自化”“自定”“自正”“自富”“自樸”等説法：

> 道常無爲而無不爲，侯王若能守之，萬物將自化。化而欲作，吾將鎮之以無名之樸。無名之樸，夫亦將無欲。不欲以静，天下將自定。[2]

> 故聖人云，我無爲而民自化，我好静而民自正，我無事而民自富，我無欲而民自樸。[3]

“自化”等的主語同樣是萬物與百姓。而與之相應的也仍然是道或侯王、聖人的“無爲”。以“自”爲名的一系列説法，可以看作是對“自然”的進一步解説。但無論是“自然”還是以“自”爲名的這些説法，都沒有對“自然”本身究竟是一種怎樣的狀態給出直接、清晰的描述。當然，如果我們分析以“自”爲名的正、富、樸的意義，并結合八十章所描述的“小國寡民”來看，老子所説的“自然”狀態即是百姓沒有太多的欲望，彼此之間沒有争競，在一定範圍内維持着某種樸素的、自足的且有一定秩序的生活。

這樣一種政治哲學視域下的“自然”觀念，後來被黄老之學、乃至法家不斷繼承和發揮。在馬王堆漢墓帛書中最初被作爲《老子》乙本卷前古佚書的《黄帝四經》裏，可以看到以下

---

①《老子》三十七章：“道常無爲而無不爲，侯王若能守之，萬物將自化。化而欲作，吾將鎮之以無名之樸。無名之樸，夫亦將無欲。不欲以静，天下將自定。”（參見樓宇烈：《老子道德經注校釋》，第 90—91 頁。）
②樓宇烈：《老子道德經注校釋》，第 90—91 頁。
③樓宇烈：《老子道德經注校釋》，第 150 頁。

的論述：

故執道者之觀於天下也，无執也，无處也，无爲也，无私也。是故天下有事，无不自爲形名聲號矣。形名已立，聲號已建，則无所逃迹匿正矣。①

同樣被認爲屬於黄老之學的《管子·白心》，也表達了類似的認識：

是以聖人之治也，静身以待之，物至而名自治之。正名自治之，奇身名廢〈奇名自廢〉。名正法備，則聖人無事。②

《四經》所謂執道者，也即是上引《老子》書中作爲統治者的聖人或侯王。統治者行無爲之治，而百姓自爲、自治。但與老子"自然"之説有所不同的是，黄老學中的"自然"更多地被詮釋爲形名聲號的自爲。事實上，戰國中後期的法家之學之所以多被"歸本於黄老"，一個重要的原因就是繼承了這樣一種"無爲自然"之義：

道者，萬物之始，是非之紀也。是以明君守始以知萬物之源，治紀以知善敗之端。故虚静以待令，令名自命也，令事自定也。虚則知實之情，静則知動者正。有言者自爲名，有事者自爲形，形名參同，君乃無事焉，歸之其情。③

①國家文物局古文獻研究室編：《馬王堆漢墓帛書（壹）》，文物出版社1980年版，第43頁。
② 黎翔鳳：《管子校注》，中華書局2004年版，第789頁。據王引之之説，"奇身名廢"當作"奇名自廢"。
③王先慎：《韓非子集解》，中華書局1998年版，第26頁。其中"故虚静以待令"之"令"字疑爲衍文。（參見陳奇猷：《韓非子新校注》，上海古籍出版社2000年版，第68—79頁。）

無論是君主的虛静無爲，還是由此所成就的有言者、有事者的自爲形名，都與黄老“自然”之説如出一轍。而我們知道，在黄老之學和法家那裏，形名聲號標志着貴賤、高下、貧富的差等以及個人的職分與責任。名號自正，就使得被干預而成的畸名自然廢止了。不受統治者干預的自爲、自治的名號保證了某種正當的社會秩序。因此，“自名”實際上澄清了在老子那裏并不十分清晰的“自然”狀態的具體樣態。這樣一種經由形名的自爲而形成的秩序差等，顯然已經不再是“小國寡民”之下的樸素狀態了。它更符合戰國之時大國争霸背景下建構新的政治秩序的需要。

儘管老子與之後的道家、法家之學所主張的“自然”觀念有所差异，但從總體上看，三者對“自然”的基本認識是一脉相承的，“自然”就是百姓的自己而然。而這一狀態的實現是與統治者的“無爲”緊密相關的。因此，對“自然”觀念的進一步定位勢必需要對二者關係做出更深入的考察。我們注意到，在上引文獻中，“自然”總是接續在“無爲”之後的。如果進一步考察其中的某些關鍵字，我們可以更清楚地看到這種表述次第背後的意義。在老子那裏，“侯王若能守之，萬物將自化”一句，暗示着侯王如果不能行無爲之治，那麽萬物也就無法實現自化。據此來看，自化的實現取决於聖人或侯王守無爲之道。在《道法》篇中，我們同樣可以找到這樣的綫索。《道法》在論述了執道者的無爲、無私之後，用“是故”一詞來引出形名聲號的自爲。正是因爲執道者無爲、無私的緣故，萬物或百姓纔得以自爲形名聲號。在《韓非子・主道》中，這一關係被表述得更爲明確。明君通過虛静無爲的方式，“令”名自命、事自定。這裏的“令”字標志了君主無爲在這一關係中的主導性地位。經過對這樣一些細節的分析，我們不難發現，萬物或百姓“自然”是作爲統治者“無爲”的結果而出現的。我們甚至可以認爲，“自然”的意義在一定程度上就是通過“無爲”來界定的。而這裏的“無爲”并不是全無作爲，它衹是“爲”的一種特殊方式。因此，藉由這種方式實現的“自然”，顯然并不能等同於現在一般意義上所理解的政治、國家産生以前的人群的“自然狀態”。

二、道法自然

儘管道家所使用和討論的“自然”觀念與現代學術話語中的自然狀態的意義并不相同，但二者之間是否毫無關聯呢？要回答這個問題，我們恐怕還需要在“無爲”與“自然”的關係中對“自然”之義做出進一步分析。

之前的討論着重呈現了統治者“無爲”的優先性和主導性，但這更多地是爲了服務本文的主題，亦即是要澄清道家的“自然”觀念與自然狀態的差别。實際上，在“無爲”與“自然”這兩個道家的核心觀念之間有着更爲複雜的邏輯。我們知道，“無爲”是侯王或聖人所持守的一種爲政方式。而任何一種爲政方式都必然會牽涉到它所治理的物件，或者説，爲政方式一定反映着統治者對其治下百姓的基本態度。簡單地講，統治者面對百姓可以有截然不同的兩種選擇：一種是按照自己的意志或原則來塑造、改變民衆的生活；另一種則是節制自己的權力，保障民衆享有不被干涉的自主、自爲的生活。道家的“無爲”

觀念所指示的正是後者。[①]通過“無爲”以實現百姓之“自然”，體現了統治者對百姓的尊重。這樣一種邏輯在《老子》第二十五章被表達得更爲鮮明：

道法自然。[②]

關於這四個字的含義，歧解甚多。參考學者們近來的研究，筆者認同將這句話理解爲道取法於萬物之“自然”。[③]而根據三十七章所言“道常無爲而無不爲”[④]，道的基本屬性就是“無爲”。侯王或聖人守此道以行無爲之治。所以，“道法自然”在政治世界中的意義就是統治者“無爲”以效法百姓的“自然”。統治者對百姓的尊重，在這裏更進一步表現爲對百姓“自然”的效法。這無疑提升了百姓在與統治者關係中的地位，使百姓具有了一定程度的主體性，而不再僅僅是統治者的從屬和附庸。但這樣一種主體性的實現，不可避免地會與統治者“無爲”的優先性和主導性形成緊張。我們當然不必把這種緊張看成理論上的矛盾。事實上，即便是特別强調統治者與百姓的雙主體結構的研究者也都明確指出，百姓的主體性衹是“某種程度”上的。[⑤]從總體上看，老子與道家對政治秩序的思考還是在由統治者主導的權力架構下展開的。百姓始終不是一個與統治者具有同等地位的主體，其有限的主體性取決於統治者對權力的自我節制。

這樣一種對老子及道家思想的理解，學者們早有論述。筆

①參見王博：《權力的自我節制：對老子哲學的一種解讀》，第 48 頁。
②樓宇烈：《老子道德經注校釋》，第 64 頁。
③參見王博：《權力的自我節制：對老子哲學的一種解讀》，第 49 頁校注 1；王中江：《道與事物的自然：老子“道法自然”實義考論》。
④樓宇烈：《老子道德經注校釋》，第 90—91 頁。
⑤王博：《權力的自我節制：對老子哲學的一種解讀》，第 50 頁。

者之所以還要在這裏叙述此義，是爲了在統治者效法百姓“自然”的思路之下追問一個問題：統治者在享有優先性和主導性的權力架構中爲什麼要因循、效法百姓的“自然”？對於這個問題，一般會有兩種解答。一是從當時的政治與學術背景考慮，認爲老子之所以有如此主張，是因爲深刻地認識到了現實中普遍施行的“有爲”政治的弊端，這當然也包含了對宣導“有爲”政治的儒家學説的批評。相較於這一外在的解釋，另一種回答則是從理論的内在邏輯着眼的。按照老子所建構的道與統治者、萬物與百姓的平行結構，統治者對百姓的尊重乃是出於對道的持守，或者説是以道與萬物關係爲依據和範式的。但這一回答并未徹底解决問題，因爲在道與萬物的層面仍然需要追問：道爲何要因循、效法萬物之“自然”？面對這個問題，我們不難做出一個推斷：道之所以要因循、效法萬物之“自然”，一定是因爲萬物之“自然”具有某種合理性；而且，這種“自然”狀態的存在及其合理性應該在邏輯上優先於道對萬物的因循與效法。這也即意味着，“道法自然”之説暗含着某種獨立於政治治理之外或之先的某種“自然狀態”假設。

那麼，有關這種獨立的“自然狀態”的存在是否具有足够的理論支撑呢？事實上，道家的宇宙生成論在很大程度上回答了這個問題。宇宙生成論通過對萬物生成的根源、過程的描述，將萬物的存在及其合理性歸源於某處，從而爲萬物確立一種合理性的根據。當然，道家的宇宙生成論有多種模式，在宇宙生成的開端、生成的階次等各方面都有所差异。①就開端言，早期道家將天地萬物的生成歸源於“道”“一”“太一”“恒先”等。

①參見王中江：《出土文獻與先秦自然宇宙觀重審》，《中國社會科學》2013年第5期。

誠如王中江先生分析指出的，這幾個概念固然是有區别的，甚至是刻意的區别，但它們彼此之間也是可以相容的。它們所描述的都是一種無形的、虚静的、混沌的宇宙開端。[①]以此爲開端，天地萬物按照一定的階次不斷生成。天地萬物既由此而生，那麽萬物的存在樣態及其合理性也有賴於此。事實上，大多數早期道家的宇宙生成論確實是按照這一思路開展的。但如果按照這一思路來分析"道法自然"的原因，無疑會造成邏輯上的迴圈：道因循、效法萬物，是因爲萬物之"自然"狀態具有某種合理性，但這種狀態的存在及其合理性又依據於道。

正是由於上述論證困難的存在，《恒先》這篇有關道家宇宙論建構的文獻纔顯示出了特殊的意義：

> 恒先無有，質、静、虚。質，大質；静，大静；虚，大虚。自厭不自忍，或作。有或焉有氣，有氣焉有有，有有焉有始，有始焉有往者。未有天地，未有作、行、出、生，虚静爲一，若寂寂夢夢，静同而未或明，未或滋生。氣是自生，恒莫生氣。氣是自生、自作。恒氣之生，不獨，有與也。或，恒焉。生或者同焉。[②]

大體而言，《恒先》所呈現的宇宙生成論模式并没有背離道家一貫的思路。在上述引文中我們可以看到，有形的世界仍然源自於一個"無有"的開端，即"恒先"。以"恒先"爲始，按照一定的階次逐步衍生出萬有。當然，在這一典型思路之下，《恒先》還是在很多細節上表現出了鮮明的特色。《恒先》用以描述宇宙生成階次的一系列術語無疑是獨特的，以至於其具體含義

①參見王中江：《出土文獻與先秦自然宇宙觀重審》，第 72 頁。
②釋文參見馬承源主編：《上海博物館藏戰國楚竹書（三）》，上海古籍出版社 2003 年版，第 288—290 頁。

仍存在争論。但正如學者們普遍注意到的,《恒先》的一個更爲重要的特色在於提出并强調了“氣是自生”這一命題。“恒莫生氣”一語明確地切斷了“恒”與“氣”之間的生化關係。“氣”并不是由“恒”所生,或者説,“氣”的出現背後并没有一個推動者,而是某種内在作用的結果。當然,對“氣是自生”的强調并不意味着完全否定“氣”與“域”“恒”之間的關聯。對“氣是自生”的準確理解仍然要以生成的階次爲基礎。“有 × 焉有 ×”的句式表明,前者構成了後者出現的前提,後者的出現要受到前者的限制、影響。所以《恒先》在强調“自生”“自作”之義的同時就指出,“恒氣之生”是“不獨”的,是“有與”的。“氣”的産生仍然受到“域”“恒”的作用與影響。事實上,在《恒先》的論述中,不僅“氣”是“自生”而“不獨”的,“生域者同焉”。“域”的出現同樣一方面由某種内在作用推動,一方面又受到“恒”的影響。這樣一種“自生”且“不獨”的生成方式無疑會貫穿在宇宙生成的整個過程之中。儘管在這裏,我們既要看到“自生”又要承認“不獨”,但毫無疑問,“自生”之義纔是《恒先》爲早期道家宇宙生成論注入的一種新義。

帶着這種理解回到本文所關切的問題,我們就會發現,“自生”的一個關鍵性意義在於,它從宇宙生成論的角度爲萬物的存在提供了一種内在依據。萬物的存在不再僅僅取決於作爲宇宙端始的“道”或“恒”,萬物存在的依據就在其自身。如果是這樣的話,“道”所因循、效法的萬物之“自然”就具有了某種獨立的意義,“自然”在一定程度上不再是“道”的無爲作用下的一種結果。這一意義落實在社會政治領域,也即呈現出了一種擺脱統治者影響的獨立的“自然”狀態。這樣一種從宇宙生成論到社會政治領域的過渡,正是曹峰先生所特别强調的《恒先》上下篇之間存在的對應性的邏輯關聯。[①]事實上，這樣一種自生的、因而是自爲依據的“自然狀態”，已經不同於我們之前所討論的老子及道家的“自然”，而是更接近於現代政治哲學話語中的“自然狀態”。但遺憾的是，就目前所見的文獻材料而言，早期道家并没有進一步發展《恒先》所帶來的這種新思想。按照李鋭先生的考察，東漢時期的王充纔再次提出“萬物自生”的思想，而更進一步的發揮要到鄭玄以及魏晋玄學的“崇有”學派那裏纔能見到。[②]

三、素樸無争

儘管老子的“道法自然”説暗含着某種獨立的“自然狀態”的假設，在《恒先》那裏我們也看到了對這種“自然狀態”的論證痕迹，但就整體而言，早期道家所討論的“自然”主要還是一種無爲政治的結果。當然，如果拋開“自然”之名，而尋求現代政治哲學語境下所討論的有關人類群體的自然狀態的内容，我們仍然可以在先秦諸子的論述中有所發現。

一種對自然狀態的典型認識，是相信在政治、國家出現以前，人群處於一種素樸的、與世無争的原始狀態。但這種主張往往面臨着一個在本文第一部分就曾經分辨過的問題：這種狀態究竟是人群原始的生存狀態，還是某種無爲之治的結果？

①曹峰：《〈恒先〉政治哲學研究》，載《上博楚簡思想研究》，臺灣萬卷樓圖書股份有限公司 2006 年版，第 123—148 頁；曹峰：《〈恒先〉的氣論：一種新的萬物生成動力模式》，《哲學研究》2012 年第 5 期，第 42—51 頁。

②參見李鋭：《“氣是自生”：〈恒先〉獨特的宇宙論》，《中國哲學史》2004 年第 3 期，第 98 頁。

事實上，有關這一主張的幾條重要材料都會牽涉到這個問題。因此我們有必要對此稍作分析。最常被人們用以支援樸素自然狀態的文獻就是上文中已經提到的《老子》八十章：

> 小國寡民，使有什伯之器而不用，使民重死而不遠徙。雖有舟輿，無所乘之；雖有甲兵，無所陳之；使人復結繩而用之。甘其食，美其服，安其居，樂其俗。鄰國相望，鷄犬之聲相聞，民至老死不相往來。[①]

正如史華慈先生（Benjamin I. Schwartz）已經注意到的，這裏所描述的生活世界已經具有了船隻、車輛、兵器等先進的物質資料。更重要的是，民衆不使用這些先進器具，是因爲受到某種外在的命令或要求，“使”他們有而不用。因此，“上述文字所暗示的并非一種自發興起的‘無政府主義’的狀態，而是一種由聖賢統治者有意造就的狀態”。[②]另有兩條材料與神農的傳説有關，都描述了一種紛争、戰亂出現以前的素樸狀態。一則出自《商君書》，一則出自《莊子・盗跖》。《商君書・畫策》稱：

> 神農之世，男耕而食，婦織而衣，刑政不用而治，甲兵不起而王。神農既没，以强勝弱，以衆暴寡。故黄帝作爲君臣上下之義，父子兄弟之禮，夫婦妃匹之合，内行刀鋸，外用甲兵，故時變也。[③]

《盗跖》的描述與之類似：

> 神農之世，卧則居居，起則于于，民知其母，不知其父，與麋鹿共處，耕而食，織而衣，無有相害之心，此至

①樓宇烈：《老子道德經注校釋》，第 190 頁。
②［美］史華慈：《古代中國的思想世界》，程鋼譯，江蘇人民出版社 2008 年版，第 289 頁。
③蔣禮鴻：《商君書錐指》，中華書局 1986 年版，第 107 頁。

德之隆也。然而黄帝不能致德，與蚩尤戰於涿鹿之野，流血百里。堯舜作，立群臣，湯放其主，武王殺紂。自是之後，以强陵弱，以衆暴寡。湯武以來，皆亂人之徒也。①

以上兩條材料的問題在於，神農在這樣一種“無有相害之心”的素樸世界之中很可能具有統治者的身份，因此使得這種狀態的維繫具有了政治的意義。

當然，有關素樸自然狀態的主張仍然可以獲得一些較爲可靠的文獻支持。常被提及的材料，如《莊子・馬蹄》篇：

夫至德之世，同與禽獸居，族與萬物并，惡乎知君子小人哉！同乎無知，其德不離；同乎無欲，是謂素樸；素樸而民性得矣。及至聖人，蹩躠爲仁，踶跂爲義，而天下始疑矣；澶漫爲樂，摘僻爲禮，而天下始分矣。②

另一段明確地承認素樸自然狀態的材料出自《韓非子・五蠹》：

古者丈夫不耕，草木之實足食也；婦人不織，禽獸之皮足衣也。不事力而養足，人民少而財有餘，故民不争。是以厚賞不行，重罰不用，而民自治。今人有五子不爲多，子又有五子，大父未死而有二十五孫。是以人民衆而貨財寡，事力勞而供養薄，故民争，雖倍賞纍罰而不免於亂。③

兩條材料都認爲，人群最初處於某種素樸的自然狀態。但需要注意的是，這種看似相近的狀態背後有着本質的差异。《馬蹄》篇所謂素樸，是出於人的無知無欲。但是韓非子顯然不會認同這樣一種民性或人性。在韓非子看來，人性之中始終包含着對

①郭慶藩：《莊子集釋》，中華書局 1961 年版，第 995 頁。
②郭慶藩：《莊子集釋》，第 336 頁。
③王先慎：《韓非子集解》，第 443 頁。

外物的欲求。而人群最初得以處於素樸無争的狀態，衹不過是因爲人口較少，充足的外物尚能滿足人群的需要。當然，二者都承認這種素樸狀態是有其合理性的，但他們所理解的合理性的意義又是不同的。對韓非子而言，素樸無争的狀態是人類群體發展的一個必然階段。從歷史發展的過程來看，在這個階段上，素樸狀態是合理的。但同時，這種狀態被另一種充滿紛争而不免於亂的狀態所超越或取代也是合理的。現實的國家政治的建立正是以後一種狀態爲基礎的。韓非子并不期待或嘗試以某種方式使人類群體回歸到最初的素樸狀態。但以《馬蹄》篇作者爲代表的另一些思想家則有着不同的認識。他們認爲，素樸狀態所具有的合理性是絶對的。也就是説，即便在這種狀態已經瓦解的當下，也認爲原始的素樸狀態較之今日的社會狀態具有更高的合理性。因此，他們對於有悖於素樸狀態或導致這一狀態瓦解的各種政治手段持有批評的態度。當然，在已經處於禮法之治下的春秋戰國時期，素樸狀態更多地是爲反省現實政治提供一種方嚮或理想的模型。不過也不排除存在更極端的想法，即試圖創建一套制度以保證現實社會可以回歸并維繫在素樸狀態之中。不過由於文獻的缺失，我們很難對相關主張形成明確的認識。

四、壹同衆義

在這種素樸自然狀態的主張之外，更爲人們所熟知的，是先秦諸子對於某種充滿紛争和混亂的人群原始狀態的强調。首先要提到的是墨子。其“尚同”説的邏輯起點即是一種“民始生未有刑政”之時的人群狀態：

> 子墨子言曰：古者民始生未有刑政之時，蓋其語“人异義”。是以一人則一義，二人則二義，十人則十義，其人兹衆，其所謂義者亦兹衆。是以人是其義，以非人之義，故交相非也。是以内者父子兄弟作怨惡，離散不能相和合。天下之百姓皆以水火毒藥相虧害，至有餘力不能以相勞，腐死餘財不以相分，隱匿良道不以相教，天下之亂，若禽獸然。①

這段材料開頭一句“古者民始生未有刑政之時”，即明確地標志了其後所描述的内容正是我們要探尋的政治、國家形成以前的人類群體狀態。在墨子看來，人群的自然狀態就是人與人相互傷害，與禽獸無异。而造成這種狀態的原因則是是非標準的差异。每個人都有自己的是非標準，且相互差异。人越多，是非標準越駁雜。人們都按照自己的標準去判斷是非，認爲自己是而他人非，於是彼此之間便生非議。這樣一種是非標準的差异、分歧，最終導致了人與人在言語行爲上的相互怨惡、虧害。而且，這種由异義而造成的相虧害是超越於血緣親情之上的，父子兄弟概莫能外。

在墨子看來，社會的有序發展必須要擺脱這種“若禽獸然”的混亂狀態。墨子對此給出了解决辦法，也就是“尚同”：

> 夫明虖天下之所以亂者，生於無政長。是故選天下之賢可者，立以爲天子。天子立，以其力爲未足，又選擇天下之賢可者，置立之以爲三公。天子三公既以立，以天下爲博大，遠國异土之民、是非利害之辯，不可一二而明知，故畫分萬國，立諸侯國君。諸侯國君既已立，以其力爲未

①孫詒讓：《墨子閒詁》，中華書局 2001 年版，第 74—75 頁。

足，又選擇其國之賢可者，置立之以爲正長。

正長既已具，天子發政於天下之百姓，言曰："聞善而不善，皆以告其上。上之所是必皆是之，所非必皆非之。上有過則規諫之，下有善則傍薦之。上同而不下比者，此上之所賞而下之所譽也。意若聞善而不善，不以告其上。上之所是弗能是，上之所非弗能非。上有過弗規諫，下有善弗傍薦。下比不能上同者，此上之所罰而百姓所毀也。"上以此爲賞罰，甚明察以審信。

是故里長者，里之仁人也。里長發政里之百姓，言曰："聞善而不善，必以告其鄉長。鄉長之所是必皆是之，鄉長之所非必皆非之。去若不善言，學鄉長之善言；去若不善行，學鄉長之善行。"則鄉何說以亂哉？察鄉之所治者，何也？鄉長唯能壹同鄉之義，是以鄉治也。

鄉長者，鄉之仁人也。鄉長發政鄉之百姓，言曰："聞善而不善者，必以告國君。國君之所是必皆是之，國君之所非必皆非之。去若不善言，學國君之善言；去若不善行，學國君之善行。"則國何說以亂哉？察國之所以治者，何也？國君唯能壹同國之義，是以國治也。

國君者，國之仁人也。國君發政國之百姓，言曰："聞善而不善，必以告天子。天子之所是皆是之，天子之所非皆非之。去若不善言，學天子之善言；去若不善行，學天子之善行。"則天下何說以亂哉？察天下之所以治者，何也？天子唯能壹同天下之義，是以天下治也。①

墨子認爲，天下之亂既然是由是非標準的分歧造成的，那麽要

①孫詒讓：《墨子閒詁》，第75—76頁。

擺脱這種自然狀態也必須從解决是非分歧入手。而要解决是非標準的問題，需要依賴於一套特定的政治制度。具體的做法就是選拔天下之賢者，分級設官。上立天子，天子以下設三公輔佐天子。又分封萬國，各國立國君及各級正長，拱衛中央。這樣一種從中央到封國鄉里的政治架構，在形式上與西周以來所實際施行的政體并無太大差异。但墨子這一設計的不同之處在於，上至天子下至鄉長的各級政長的任用，不是依循於血緣宗法關係，而是要選賢任能。更爲重要的是，這套政治架構以及選任原則都是爲了一個更根本的目標：壹同天下之義。從政治架構的最底層開始，里長要率一里之百姓上同於鄉長，里中之是非必以鄉長之是非爲準。鄉長又率一鄉之百姓上同於國君，鄉中之是非必以國君之是非爲準。國君又率一國之百姓上同於天子，國中之是非必以天子之是非爲準。這樣由下至上，逐層推進，從一人一義、衆人衆義，最終變成衆人一義，以天子之是非爲百姓之是非。是非標準統一了，也就消解掉了因是非標準的不同而造成的相互紛争與傷害，由此便能實現天下之治。

五、起僞與禁暴

事實上，就有關人群自然狀態的討論而言，墨子從是非標準的角度分析該問題，呈現出了鮮明的特色。而戰國後期的荀子、韓非子即從另外的視角着眼，探討了自然狀態問題。

《荀子》中《禮論》《性惡》兩篇都牽涉到這方面的內容。《禮論》言：

> 禮起於何也？曰：人生而有欲，欲而不得，則不能無

求；求而無度量分界，則不能不爭；爭則亂，亂則窮。先王惡其亂也，故制禮義以分之，以養人之欲，給人之求，使欲必不窮乎物，物必不屈於欲，兩者相持而長，是禮之所起也。①

這段材料討論的主題是禮的起源。從政治的角度來看，禮就是政治秩序的一種制度化、器物化的載體。因此對禮的起源的探討，必然要涉及未有國家、政治以前的人群狀態。事實上，荀子正是希望以人群的某種自然狀態來論證禮的必要性。荀子認爲，在先王製作禮義以前，人群乃是處於一種相互紛爭而混亂、窮困的狀態。而造成紛爭的原因則是人性中固有的對外物的欲求。人天生就是有欲望的，爲了滿足欲望就會向外求取。如果僅僅依循於人性中的欲望，那麽對外物的求取往往是没有節度的，必然會突破一定的限度而造成人與人之間的紛爭，最終導致一種混亂的狀態。

韓非子對自然狀態的認識在很大程度上繼承了其師荀子的思想，但要更複雜一些。《韓非子·五蠹》言：

古者丈夫不耕，草木之實足食也；婦人不織，禽獸之皮足衣也。不事力而養足，人民少而財有餘，故民不爭。是以厚賞不行，重罰不用，而民自治。今人有五子不爲多，子又有五子，大父未死而有二十五孫。是以人民衆而貨財寡，事力勞而供養薄，故民爭，雖倍賞纍罰而不免於亂。②

上引材料的前半段描述了一種自給自足的樸素生活，我們之前已經做過簡要分析。這種生活狀態的實現有賴於一個前提：人

①王先謙：《荀子集解》，中華書局 1988 年版，第 346 頁。
②王先慎：《韓非子集解》，第 443 頁。

民少而財有餘。衹有在這個前提之下，民衆纔能够足食、足衣而不必相互争奪。但是，這種情形必然會因爲人口的繁衍而瓦解，從而過渡到材料後半段所描寫的人民衆而財貨寡的情形。一旦物質資源無法滿足人群的需要，民衆彼此間的紛争就必不可免了，人群將進入一種無序的混亂狀態。如果强調“自然狀態”的原始、原初之義，那麽似乎衹有前一種生活狀態纔是自然的；但如果我們以未有國家、政治作爲“自然狀態”的標志的話，後一種情形也應屬於自然的範疇。事實上，自給自足的樸素生活作爲一種必然會瓦解的生活狀態，在韓非子那裏并没有太大的意義。有關國家、政治的理論建構所真正面對的，還是人民衆而財貨寡之時人群的自然狀態。而對於這種狀態形成的原因，韓非子并没有直接給出答案。但正如學者們從他的“挾自爲心”“用計算之心以相待”的言論中看到的，韓非子繼承了荀子的性惡論。如果結合性惡論來看，我們可以很清楚地知道，由財貨不足而發生的紛争正是由於人性中所固有的對外物的欲求。

就人與人相互紛争而導致的混亂狀態而言，荀、韓與墨子的認識是基本相同的。但是他們對這種自然狀態産生的原因，却有着截然不同的見解。墨子將其歸因於是非標準的分歧與混亂，而荀、韓則從人性着眼，認爲人與人之間的紛争是因爲對外物的欲求無法得到滿足。由於對自然狀態成因的理解不同，也就使得他們所提出的擺脱混亂狀態的方法呈現出了顯著的差异。

事實上，即便荀、韓對於自然狀態的成因有着相近的認識，但他們所給出的擺脱自然狀態的方法也是不同的。荀子的解決方案是“化性起僞”：

古者聖王以人之性惡，以爲偏險而不正，悖亂而不治，是以爲之起禮義，制法度，以矯飾人之情性而正之，以擾化人之情性而導之也。①

所謂“化性起僞”，就是通過聖人制定的禮義法度來改變、修正人的性情，使人性中固有的欲望獲得某種合理的安頓，而避免毫無節制地求取。性情的轉化保證了合乎道德的人倫生活的實現。如果説荀子的這種處理方法仍然延續了孔子“道之以德，齊之以禮”的主張的話，韓非子給出的解決方案則顯然屬於“道之以政，齊之以刑”②：

夫嚴家無悍虜，而慈母有敗子，吾以此知威勢之可以禁暴，而德厚之不足以止亂也。夫聖人之治國，不恃人之爲吾善也，而用其不得爲非也。③

韓非子的這種説法顯然有悖於師説，他不相信通過德與禮的教化能够使人們改變本性。對本性的最好的處理方式就是以强制性的法令來加以節制，使民衆不敢一味因循於内心的欲求而擅爲非。

總的來看，無論是墨子還是荀、韓，都認爲在政治、國家産生以前人群處於一種相互傷害、紛爭的混亂狀態。這種混亂的自然狀態威脅着個體的生存與利益，因此也就成爲了某種有序的國家政治産生的理由。不過，由於不同學派對於自然狀態的成因有着不同的認識，因此也就給出了各具特色的擺脱自然狀態的方法。而值得注意的是，各家的方法雖然有所差异，但其中都設定了一個至關重要的角色——天子或聖王。無論是作

①王先謙：《荀子集解》，第 435 頁。
②《論語注疏》，北京大學出版社 1999 年版，第 15 頁。
③王先慎：《韓非子集解》，第 461 頁。

爲是非標準的制定者，還是作爲道德教化、行政法令的發布者與執行者，天子或聖王都是凌駕於普通百姓之上的，都在人群擺脱自然狀態的過程中發揮着不可替代的關鍵作用。

此外，我們也注意到，荀子和韓非子都是從人性論的角度來思考人群自然狀態的。這或許與戰國中後期以來人性逐漸成爲某種公共話題有關。事實上，人性論與人群自然狀態的問題有着内在的關聯。二者都關注於人的某種原始狀態，衹不過人性論着重於個體普遍具有的内在本性，而自然狀態則側重於人群、也即是個體間關係的原始狀態。從邏輯上講，每種人性論都可能演變成一種特定的人群自然狀態；但實際上，并不是每一位關注人性的思想家都會明確地探討人群的自然狀態。

原刊於《雲南大學學報》2016 年第 1 期

上博楚竹書

楚竹書《恒先》的三重宇宙生成論與氣論思想

丁四新①

摘要 （1）楚竹書《恒先》的宇宙生成論可分爲三重，第一重以“恒先”爲終極始源，將整個宇宙的生成劃分爲“恒無”和“氣有”兩大階段；第二重以“濁氣”“清氣”爲起點，指嚮人、物的生成及其如何生成；第三重以“或”爲起點，指嚮名事世界的生成。（2）《恒先》的“氣”概念可劃分爲本原之“氣”、“濁氣”“清氣”和“天地之氣”三種，它們在宇宙生成論中的位置和功能都不相同。終極始源“恒先”的特性是“無有”，而在竹書中，“有”又是以“氣”來規定的，“無有”即是對“氣”的否定或指氣的缺失狀態。因此《恒先》是以氣論爲基調的。（3）我們可以借鑒王充“天地合氣，物偶自生”的命題來理解《恒先》“自生”概念的内涵；不過，竹書“氣是自生”畢竟將“自生”限定在“氣”上，是相對於“恒莫生氣”來説的，因此難以將竹書的“自生”觀念普遍化，推廣到其宇宙生成的每一階段上。實際上，在竹書中，“或作”和萬物的生作都帶有泛靈

①丁四新，清華大學人文學院哲學系教授。研究領域：中國哲學與儒家經學。本文係國家社科基金重大項目“出土簡帛四古本《老子》綜合研究”（15ZDB006）的階段性成果。

論的色彩。因此《恒先》的宇宙生成論不是純粹自然主義的。（4）在萬物的生成上，《恒先》預設天地之間是虛的，而氣是實的，氣通過"伸"（伸展）的方式充滿此虛空。萬物的生成遵循一定的法則（"天道"）。竹書引入"性"的概念來説明萬物和名事的生成。

上海博物館藏戰國楚竹書《恒先》是一篇重要的道家文獻，[①]自公開出版後即引起了學者的廣泛關注和討論。氣論和宇宙生成論是楚簡《恒先》的重要内容，在這兩個主題上，學界已發表了不少成果。不過，在筆者看來，對於《恒先》文本的理解和一些基本問題，目前的研究仍有缺陷和不足，需要再作辨析和論述。

一、研究現狀與問題的提出

1. 研究現狀

學者關於《恒先》宇宙生成論的論述，主要表現在四個方面。第一，關於《恒先》竹簡内容的基本結構，王中江將竹書分爲兩大部分，從"宇宙觀"和"人間觀"兩個方面作了論述。曹峰等人進一步將《恒先》的第二部分定性爲"政治哲

①楚竹書《恒先》的文本，參見李零釋文注釋：《亘先》，載馬承源主編：《上海博物館藏戰國楚竹書（三）》，上海古籍出版社2003年版，第285—300頁。

學”。[①]第二，關於《恒先》的宇宙生成序列或圖式，淺野裕一給出的生成序列是：恒…或→氣→有→天地→云云→天行·天道→人→明王·明君·明士。同時，他還給出了另外一個生成系列：或→有→性→音→言→名→事。陶磊給出了兩個生成系列，一個是恒→域…氣→天·地，另外一個是域→有→生→音→言→名→事。曹峰分爲兩大系列，一個系列爲或→氣→有→始→往，另一個系列爲或→有→生→意→言→名→事。[②]第三，關於《恒先》的終極始源“恒先”及其與《老子》之“道”的關係，李零認爲“恒先”即是老子的“道”，[③]淺野裕一、谷中信一、裘錫圭等均反對之，[④]郭静雲和曾振宇則另有新解。郭氏認爲“恒先”是“太一”的别名，是所謂“天恒”。曾氏認爲“《恒先》極有可能并没有受到《老子》思想影響”，“《恒先》位格最高的概念是氣而非道”。[⑤]第四，關於《恒先》的宇宙生成

①王中江：《〈恒先〉宇宙觀及人間觀的構造》，載氏著：《簡帛文明與古代思想世界》，北京大學出版社 2011 年版，第 56—79 頁。王文初次發表在《文史哲》2008 年第 2 期（總第 305 期）上。曹峰：《從“自生”到“自爲”——〈恒先〉政治哲學探析》，載氏著：《近年出土黄老思想文獻研究》，中國社會科學出版社 2015 年版，第 168—187 頁。

②淺野裕一：《上博楚簡〈恒先〉的道家特色》，《清華大學學報》（哲學社會科學版）2005 年第 3 期，第 61、64 頁；陶磊：《〈恒先〉思想探微》，載劉大鈞主編：《簡帛考論》，上海古籍出版社 2007 年版，第 279—280 頁；曹峰：《〈恒先〉的氣論》，《哲學研究》2012 年第 5 期，第 44 頁。

③李零釋文注釋：《亘先》，載馬承源主編：《上海博物館藏戰國楚竹書（三）》，第 287、288、290 頁。

④淺野裕一：《上博楚簡〈恒先〉的道家特色》，第 62 頁；谷中信一：《〈恒先〉宇宙論析義》，載丁四新主編：《楚地簡帛思想研究》（第 3 輯），湖北教育出版社 2007 年版，第 364 頁；裘錫圭：《是“恒先”還是“極先”》，復旦大學出土文獻與古文字研究中心網（http://www.gwz.fudan.edu.cn/）2009 年 6 月 2 日。

⑤郭静雲：《先秦自然哲學中的“天恒”觀念——由竹簡〈太一〉與〈恒先〉論及宇宙源頭》，載郭齊勇主編：《儒家文化研究》（第 1 輯），三聯書店 2007 年版，第 357 頁；曾振宇：《竹書〈恒先〉的思想史意義》，《史學月刊》2010 年第 7 期，第 90、91 頁。

方式或方法，曹峰在李鋭斷句的基礎上將竹簡“作、行、出、生”四字分讀，譚寶剛繼而認爲它們是四種生成方式。[①]

學者關於《恒先》氣論的論述，主要表現在三個方面。其一，就“恒氣之生”一句，學者有爭議。李零首先將本句的“恒氣”作爲一個概念來理解，他説：“亘㤿（氣），作爲終極的氣，最原始的氣。”[②]學者多從之。廖名春等不同此説，他認爲本句的“恒”“氣”應爲兩個概念。[③]由此，學者對於整句文意的理解也因此不同。其二，就“氣”在《恒先》中的地位，特别是與“恒先”的關係問題，學者提出了不同的看法。李零等大多數學者認爲“恒”或“恒先”，比“氣”更爲根本，因而在宇宙論中居於第一性的位置。但郭梨華、曾振宇等有不同的看法。郭氏一方面認爲“氣”是第二性的，另一方面又認爲“其第一義在於始源”，[④]大有將“氣”與“恒先”等同起來的傾嚮。曾振宇的看法更進一步，他説：“《恒先》位格最高的概念是氣而非道。”又説：“（氣）是宇宙本根。”[⑤]這顯然跟大多數

①李鋭：《〈恒先〉淺釋》，孔子 2000 網（http://www.confucius2000.com/）2004 年 4 月 17 日；曹峰：《談〈恒先〉的編聯與分章》，《清華大學學報》（哲學社會科學版）2005 年第 3 期，第 55 頁；譚寶剛：《上博藏戰國楚竹書〈恒先〉研究述評》，《長江大學學報》（社會科學版）2010 年第 6 期，第 2 頁。

②李零釋文注釋：《亘先》，載馬承源主編：《上海博物館藏戰國楚竹書（三）》，第 290 頁。龐樸跟從李零的意見，他認爲“恒氣”爲“本原之氣”。見氏著：《〈恒先〉試讀》，簡帛研究網（http://www.jianbo.org/）2004 年 4 月 26 日。

③廖名春：《上博藏楚竹書恒先簡釋》（修訂稿），孔子 2000 網 2004 年 4 月 22 日；陳静：《〈恒先〉義釋——思想史視野下的一種解讀》，《西安建築科技大學學報》（社科版）2007 年第 1 期，第 4 頁；李鋭：《讀〈恒先〉札記》，載丁四新主編：《楚地簡帛思想研究》（第 3 輯），第 373 頁。

④郭梨華：《〈亘先〉及戰國道家哲學論題探究》，《中國哲學史》2008 年第 2 期，第 44、45 頁。

⑤曾振宇：《竹書〈恒先〉的思想史意義》，第 84、91 頁。

人的意見相差甚巨。其三，關於《恒先》“自生”觀念的内涵及意義，李鋭認爲竹簡“氣是自生”的宇宙論是獨特的；曹峰特别注意到“自生”概念與“自然”“自化”等的聯繫，并依據王充的《論衡》等文獻作了分析，進而認爲由“氣”形成的萬物不是“恒”故意地、有目的地、有意識地生成，而是“自生”的。他還試圖將“自生”的觀念貫穿於《恒先》全篇，認爲竹簡上篇的“自生”原則爲下篇“自爲”的政治哲學提供了合理性。①

2. 批評與問題的提出

總之，竹簡《恒先》的宇宙論與氣論已引起學者的廣泛注意，得到了較爲深入的討論。學者注意從宇宙論、氣論及政治哲學的角度來論述竹簡的思想，并且注重檢討和辨析其重要概念。在這些方面，大家取得了一定程度的共識。不過，一者，就何者爲《恒先》宇宙論的“本根”或“始源”——是“恒”還是“氣”，以及“恒”“氣”二概念的關係問題，學者的看法多有不同，争議較大。二者，就《恒先》的宇宙生成序列及其生成方式的問題，學者雖然有一些論述，但仍不够清晰、徹底。三者，就“氣”在宇宙生成中的位置及其重要性，及“氣”與“有”“無”的關係問題，學者雖然作了一定程度的論述，但是仍有深入研究的必要。四者，就“氣是自生”這一命題，特别就“自生”概念的内涵及其應用範圍的問題，今天仍然需要作出更

①李鋭：《“氣是自生”：〈恒先〉獨特的宇宙論》，《中國哲學史》2004年第3期，第98—99頁；曹峰：《從“自生”到“自爲”——〈恒先〉政治哲學探析》，載氏著：《近年出土黄老思想文獻研究》，第182—187頁。

多的辨析和澄清。

二、三重生成論與宇宙生成的“始源”

1. 從“恒無”到“氣有”的宇宙生成論：以氣論爲中心

據竹簡，《恒先》的宇宙生成論首先可以分爲“恒無—氣有”（或“無—有”，或“恒—氣”）兩個階段。“恒無”階段由“恒先”和“或”組成，二者具有先後關係。而“氣有”階段則包括自然和人事世界的生成；從演化的邏輯來看，它們具有先後的生成關係：自然的生成在先，人事的生成在後，人類本身是自然演化的一個結果。通過梳理《恒先》文本，我們可以看到，竹簡叙述了三重宇宙生成論，它們分别是：

（1）恒先→或→氣→有→始→往；

（2）（恒先→或→氣→）清氣／濁氣→天地→性→萬物（有治而無亂）→人（亂出於人）；

（3）（恒先→）或→有→性→意→言→名→事。

毫無疑問，這三重生成論（三個系列的生成論）具有密切的聯繫，在宏觀上它們都具有從形上到形下的生成論結構。在這一基本結構之下，各自再演繹出不同的生成論系列，并展現出不同的特點。

先看《恒先》的第一重生成論。竹書第1號簡曰：

恒先無有，質、静、虛。質，大質；静，大静；虛，大虛。自厭不自忍，或作。有或，焉有氣；有氣，焉有有；有有，焉有始；有始，焉有往者。

這一重生成論的重點在於叙述從“恒無”到“氣有”這一生成論結構，這是竹書的大框架。其一，《恒先》開篇即説：“恒先無有，質、静、虛。質，大質；静，大静；虛，大虛。”“恒”包括“恒先”和“或”二者。竹簡下文曰：“或，恒焉。”可知“或”確實從屬於“恒”的範圍。而“恒先”則是“恒”之“端初”。竹簡極言“恒先”之無性（“無有”），先約言之曰“質、静、虛”，再申述之曰“質，大質；静，大静；虛，大虛”。在此，“恒先”之“無有”，是相對於“有”而言的。或者説，没有“有”，也就無所謂“無有”。從這一角度來看，雖然“恒先”是終極的始源，但是它在作者的思想世界中獲得定義乃是以“氣有”爲前提的。這即是説，如果没有建立“有”的概念，那麽也就無法建立“無”的概念。其二，在竹書中，“氣”與“有”實際上屬於等值關係：此“有”乃“有性”，是所有具“有”之事物的一般性（“有性”），而此“有”又是通過“氣”來規定的。竹書即曰：“有氣，焉有‘有’。”作爲旁證，“氣”“有”没有同時出現在《恒先》第二、三列生成論中，這似乎表明這兩個概念在竹書中具有等值的關係。而且，竹簡以“質”“静”“虛”三概念來規定“無”或“無有”，也是相對於“氣”而言的；而規定“無”的所謂“質、静、虛”（“大質、大静、大虛”），則是通過對於“氣有”的無化來進行的。由此，可以推知，竹書的宇宙生成論確實是以“氣”或者“氣論”爲基礎的，或者説，“氣”是建構這篇竹書之宇宙論的基礎概念。

曾振宇曾强調“氣”在《恒先》中的重要性[①]，這是頗爲恰當的。其三，竹書對於“有”的論述，有兩點值得注意。第一點，“氣”與“有”的關係。在《恒先》中，“有”以“氣”爲存在的前提，因此所謂“有”衹能是充滿“氣”的實有，無氣則虛，離氣不可謂之“有”。當然，這兩個概念各有側重，“氣”爲一質料性的概念（包含動力因，不是死的），而“有”爲“實有”，是肯定“流形成體”、肯定“現象”之存在的一個概念。第二點，凡“氣有”都以“始—往”爲展開形式，或者説“始—往”是“有”(“氣有”）的生成形式，是“氣”向着事物的落實和形式化。所謂“始”，乃發端之義，是“氣有”向着事物的發端，是最初的形現。所謂“往”，是“氣”由此（“始”）之彼（“終”）的運動。

2.“濁氣生地，清氣生天”：清濁二氣與天地萬物的生成

再看第二重生成論。《恒先》第4、8號簡曰：“濁氣生地，清氣生天。氣信神哉！芸芸相生，伸盈天地。同出而异性，因生其所欲。察察天地，紛紛而多采。物先者有善，有治無亂。有人，焉有不善：亂出於人。”這一重生成論有如下五點值得注意。

第一，本重生成論以“濁氣”“清氣”爲起點。竹書由“濁氣生地，清氣生天”一直講到萬物和人的生成，此重生成論屬於所謂“有界”。或者説，竹簡的“有界”由萬物和人兩大類組成，它們的直接始源是“氣”。

①曾振宇説：“《恒先》位格最高的是氣而非道。”見氏著：《竹書〈恒先〉的思想史意義》，第91頁。按，其意是也，但曾説在表述上不够嚴格。實際上，“氣”是《恒先》的核心概念，但不是位格最高的概念。《恒先》位格最高的概念是“恒先”。

第二，“有氣焉有有”“濁氣生地，清氣生天”和“氣信神哉”三句中的“氣”，處在不同的生成論位置上，具有不同的生化功能，需要加以區分。其中，“濁氣”“清氣”是接着“有氣焉有有”中的“氣”來講的，它們是由此“氣有”之“氣”分化出來的。按照漢人的觀念，“氣有”之“氣”即所謂“元氣”。而此“氣”在竹書中分裂爲“濁氣”“清氣”，其目的在於生地生天。從宇宙學（天文學）來看，“濁氣生地，清氣生天”是思想上的一種進步。進一步，根據“氣信神哉”的“氣”出現在“濁氣生地，清氣生天”之下，可以推斷此“氣”應當是指所謂“天地之氣”（或“陰陽之氣”）。此“氣”有對待、相合和貫通三義。

第三，在古典宇宙學（天文學）中，清濁先於天地，陰陽後於天地。《恒先》本身没有直接出現“天氣、地氣”或“陽氣、陰氣”的説法，但可以根據竹書的文本脉絡及同期的先秦文獻來作推定。竹書具有“濁氣”“清氣”爲先天，而“地氣”“天氣”爲後天的觀念，這種區分在戰國中期偏晚已經明確下來了。屈原《九歌·大司命》曰：“乘清氣兮御陰陽。”當時的楚人已具備以“清氣、濁氣”居前，而以“陰陽”居後的觀念，與竹書《恒先》頗爲一致。郭店楚簡《太一生水》第 10 號簡曰：“下，土也，而謂之地；上，氣也，而謂之天。”同篇第 1—2 號簡曰：“天地（復相輔）也，是以成神明。神明復相輔也，是以成陰陽。”在《太一生水》中，不僅“天地”居於“陰陽”之前，而且“地”“天”是由兩種質料構成的。《淮南子·天文訓》的説法則更加接近《恒先》的觀念。《天文訓》曰：“氣有涯垠，清陽者薄靡而爲天，重濁者凝滯而爲地。清妙之合專易，重濁之凝竭難，故天先成而地後定。天地之襲精爲陰陽，陰陽之專精爲四時，四時之散精爲萬物。”其宇宙生成論爲：元氣→清陽之氣、重濁之氣→天、地→陰陽→四時→萬物。在此，不僅“陰陽”居於“天地”之後，而且“氣（元氣）”内在地包含着分際（“涯垠”），進而在此基礎上將“氣（元氣）”分判爲“清陽之氣”和“重濁之氣”，形成所謂“天地”。

此外，還有一個問題，即“清濁之氣”的概念爲何在後世逐漸消失，而“陰陽之氣”的概念却能够獨擅文本的問題。曾振宇曾有一種説法，他説：“從範疇演變史角度分析，‘清氣’‘濁氣’概念的邏輯性演進應是‘陽氣’‘陰氣’。”[①]筆者認爲，不是因爲“邏輯性演進”導致“陰陽之氣”的概念代替了“清濁之氣”的概念，而是因爲中國古人在知識論和思維上的偏好導致“清濁之氣”概念的退出和“陰陽之氣”概念的升進，乃至後者最終獨擅文本的。從戰國中期至漢代，“清濁之氣”乃是爲了發展宇宙學（天文學）的需要而設立的概念，但在將宇宙論轉化爲一種哲學思維方式（例如《易傳·繫辭》“一陰一陽之謂道”）的文獻中，“陰陽之氣”的概念無疑占據了有利位置，而“清濁之氣”則被視爲多餘，乃至最終不得不退出中國古典哲學的文本場所。

第四，在本重生成論中，竹書設置了“性”的概念，這表明作者對於生成物或生命體之認識的加深。“性”就是萬物在己身建立一個潛在而能生的大本原，是溝通宇宙始源與萬物的一個中介概念，它對於具體生成物的本質及其差别具有預先的規範作用。

第五，本重生成論明確地提出了善出於自然（“物先”），而不

①曾振宇：《竹書〈恒先〉的思想史意義》，第 87 頁。

善、治亂皆出於人爲（“人”）的觀念。《恒先》曰：“物先者有善，有治無亂。有人，焉有不善，亂出於人。”這本是中國古人的一個普遍觀念，而《恒先》不過在此旗幟鮮明地表達出來。

3. 名事的來源及其生成系統

最後看《恒先》的第三重生成論。竹書第5—7號簡曰：

> 有出於或，性出於有，音（意）出於性[①]，言出於音（意），名出於言，事出於名。或非或，無謂或。有非有，無謂有。性非性，無謂性。音（意）非音（意），無謂音（意）。言非言，無謂言。名非名，無謂名。事非事，無謂事。恙（祥）宜（義）、利丂（巧）、采物出於作[②]，作焉有事，不作無事。

所謂“事”即政事，所謂“名”即“循名責實”之“名”，它包括名稱（名號）和名分（名義）兩種含義。此重生成論的順序爲：或→有→性→意→言→名→事。很顯然，它是以“名事”爲指嚮的。爲何它以“名事”爲指嚮呢？從下文來看，竹書的下半部分就是爲了闡明統治者（明王、明君和明士）的爲政原則（政治哲學），或者説本重生成論是在政治的話語系統中展開的。這個原則，從明王、明君、明士一端來看是“無爲”，而從名事一端來看就是“自作自爲”。這是第一點。

第二點，通過“名事”，《恒先》不斷追問政治主體的内在

---

①以下諸“音”字，爲“意”之訛，二字形近。參見季旭昇：《〈上博三·恒先〉“意出於生，言出於意”説》，簡帛研究網2004年6月22日。

②參見董珊：《楚簡〈恒先〉“詳宜利巧”解釋》，載氏著：《簡帛文獻考釋論叢》，上海古籍出版社2014年版，第28—29頁。董文原載簡帛研究網2004年11月9日。曹峰：《楚簡〈恒先〉“祥義利巧彩物出於作”解》，孔子2000網2004年12月22日。

構成及其生成論來源，這表明作者將政治的問題歸結爲政治主體在物我、天人中如何貫通的問題。這具體表現爲兩點，一者，從事、名、言、意、性到有、或的否定性反溯與貫通；二者，“性”成爲溝通“主體”與“本原”的關鍵概念。事、名、言、意都屬於統治主體（王、君、士）的構成因素，帶有很强的主觀性，而在這四者中無疑又以“意”最爲重要。“性”與意、言、名、事不同，雖然同爲政治主體的構成因素，但是它一方面稟含在主體之中，作爲主體性構成的先天基礎，另一方面又直接來自本原——“有”和“或”。進一步，“性”與“意”在主體性的構成中既是對立的，又是統一的。其統一性在於“性”既是“意”的先天基礎，同時也在較大程度上規範了“意之動”，是規定“意動”的應然法則。

第三點，與上述兩重，特别與第二重生成論比較，本重生成論的始源是不同的。而這種不同，體現在這三重生成論所表達的目的不同上。第一重，起自終極始源，從無到有，并對無界和有界作了一般性的叙述和規定。可以看出，《恒先》的宇宙生成論帶有强烈的氣論色彩。第二重起自“濁氣生地，清氣生天”，因爲它的目的是爲了叙述天地萬物的生成，所以它衹需要從分辟之“氣”——“濁氣”“清氣”説起。而本重之所以以“或”爲源頭，是因爲它需要闡明作爲主體性之構成因素的“意”和“性”的來源。

最後，筆者認爲，應當以先天、後天來劃分《恒先》宇宙生成論的上下界限。傳統生成論有三種劃界標準，分别是“有、無”“形上、形下”和“先天、後天”。哪種劃界標準最符合《恒先》的文本和思想？筆者認爲是“先天、後天”。竹書第4號簡曰：“濁氣生地，清氣生天。氣信神哉！芸芸相生，信（伸）盈天地。”第1—2號簡曰：“未有天地，未有作、行、出、生，虛静爲一，若寂寂夢夢，静同而未或明，未或滋生。”“未有天地”爲一截，既有“天地”爲另一截，兩相對待，界限分明。從“氣”之未生和已生來看，《恒先》的生成論當然也可以“有、無”來劃界。在傳統宇宙生成論中，“先天、後天”“有、無”和“形上、形下”三對概念不是對應的。

4. 三重始源與終極始源（“恒先”）的特性

《恒先》的三重生成論，都有自己的直接“始源”。第三重生成論的直接始源爲“或”，而問題在於爲何它的始源是“或”？此重生成論的關鍵在於“意”的生成。從竹書來看，“或”一方面與純質料性的“氣”有所不同，另一方面它是“恒先”“自厭不自忍”地生作的結果。很可能，竹書認爲在“自厭不自忍”的規定中包含了“意”的始源。第二重生成論的直接始源爲“濁氣”“清氣”，而爲何它以“濁氣”“清氣”爲始源？第二重生成論主要爲了叙述天地萬物（包括人在内）的生成。“濁氣”和“清氣”的設立，符合先秦宇宙生成論的二元對待原理。這一重生成論當然也可以上溯到“氣”，它屬於有界。第三重生成論不僅追溯到“有”，而且上溯到“或”。“或”在《恒先》的宇宙生成論系統中屬於無界。這種區分頗具意義，説明了人的主體性（“意”）本原不能完全歸結爲實有之“氣”。

《恒先》的第二、第三重生成論可以歸結到第一重生成論，二者的始源最終也可以歸結到第一重的始源。換一句話説，這三重生成論最終都以“恒先”爲終極始源的。“恒先”作爲終極始源的特性是“無有”。“無有”即“無”，因其相對於“有”而言，故謂之爲“無有”。“無有”是對“有”的否定。而如何對“有”作否定呢？竹書從“質、静、虚”三方面來説之，并極言之曰：“質，大質；静，大静；虚，大虚。”《恒先》以“氣”來定義“有”（“有氣，焉有有”），而所謂“無有”，即所謂“質、静、虚”，其實質是對於“氣”的虚無化。由此推斷，《恒先》是以“氣”之有無來定義終極始源“恒先”的内涵的。

總之，《恒先》包含三重生成論，它們涉及有無的生成、天地萬物的生成和名事的生成。其中第一重生成論對《恒先》的宇宙生成作出了最爲宏觀的概括，它是後二重生成論的基礎。而第二、第三重生成論從屬於第一重生成論，第二重以“濁氣、清氣”爲起點，叙述了天地萬物（客觀世界）的生成，第三重則以“或”爲起點，叙述了政治主體的生成，闡明了主體性之“意”的來源。這兩重生成論在《恒先》中呈現出主客相對待的關係。反過來看，“名事”的生成始源在於“或”，天地萬物的生成始源在於“濁氣、清氣”（“氣”），而“有”“無”二界的共同始源均爲“恒先”。“恒先”是竹書的終極始源，次級始源“或”與“氣”都源自“恒先”。“恒先”的基本特性是“無”或“無有”。從概念的構成和定義來看，“恒先”是以“氣有”爲前提，進而無化的結果，因此在本質上《恒先》的宇宙生成論屬於氣論。

三、《恒先》氣化的生成方式與特性：“自生自作”“伸”“復”

竹書《恒先》的宇宙生成論帶有明顯的氣論色彩，而“氣”又是如何生作及化生天地萬物的？這是一個比較重要的問題。

這個問題以氣化的生成方式爲中心。

1.“氣是自生”：“自生”概念的内涵

何謂“氣”，或者説《恒先》的“氣”有何特點，以及如何理解“氣是自生”這一命題？這是兩個頗爲重要的問題。

先看前一問題，即《恒先》的“氣”是什麽性質及具有何種特性？概括言之，“气”乃“汽”之本字，“雲气”之“气”乃汽（气）之借字；气、氣爲古今字，後“雲气”作“雲氣”。[①]竹書《恒先》的“氣”字，一律寫作（燹），從火既聲，是一個形聲字。形旁表意，而從火旁，是否即意味着“燹（氣）”字已内在地包含着生成天地萬物的動力呢？[②]答案是肯定的。竹書認爲“氣”是自身的動力因。《恒先》曰：“氣是自生自作。”這説明“氣”不需要藉助外力即可以“生”“作”，“燹”字從火旁似乎與此相應。這是第一點。第二點，“氣”在《恒先》中居於“無”“有”之間，是作爲“有”之“源”出現的，這一方面説明“氣”規定“有”，另一方面也説明“無”依賴於“有”和“氣”而得到規定。第三點，“氣”分化爲“濁氣”和“清氣”，進而生作天地、萬物。第四點，人道世界的“自爲”與自然世界的“自生”法則是相應的，或者説，“自生”是“自爲”的客觀依據。將這四點綜合起來，可知《恒先》的“氣”概念在内涵上

①于省吾：《甲骨文字釋林·釋氣》，中華書局1979年版，第80頁；徐中舒主編：《甲骨文字典》，四川辭書出版社1989年版，第38頁；段玉裁：《説文解字注》一篇上，上海古籍出版社1981年版，第20頁。

②除竹簡《恒先》外，“氣”還出現在上博楚竹書《性情論》《民之父母》《從政》《容成氏》和《凡物流形》五篇中。大多數“氣”字寫作燹，少數寫作既，或從既從心從火。有一例寫作上既下而，“而”旁乃“火”旁之訛。

即包含了動力因和質料因，是“有”和“有界”的直接源頭，因此該篇竹書實際上是以“氣”爲中心關聯起來的。

再看後一問題，即如何理解《恒先》“氣是自生自作”的含意？“生”和“作”是兩個意義相近的詞彙，前一詞與“成”“死”相對爲義，後一詞與“化”“因”相對爲義。道家對於“作”别有批判，可參看《老子》《莊子》的相關文本。“作”是《恒先》的一個重要概念，它的意義可在宇宙生成論和人事兩個層面來理解。前一種意義上的“作”，與“生”同爲萬物生成的方式，不存在褒貶的問題；而後一種意義上的“作”則具有價值含意，有褒貶，竹書認爲它應當得到規範。前一種意義的“作”應是後一種意義之“作”的價值來源和依據。在“氣是自生自作”的命題中，“生”“作”都屬於“氣”客觀流行和生成萬物的方式，而“自生自作”則不僅對於“氣”的生成方式作了進一步的規定，而且給人事（人爲活動）提供了價值來源。因此在《恒先》中，“自生自作”確實是一個非常重要的命題。

何謂“氣是自生”，或“氣是自生自作”？李鋭、曾振宇和曹峰等人曾有論述。李鋭認爲，鄭玄、王充和魏晋玄學的“自生”概念跟《恒先》的“氣是自生”命題有着顯著的聯繫。[①]曾振宇將“氣是自生”放在先秦至秦漢的氣論思想史上來考察，認爲這一命題是對宗教、神話傳説世界觀的否定。[②]曹峰特别利用王充的《論衡·自然》《物勢》等篇對“自生”概念的内涵作了闡明。其要點有二，其一，“自生”和“自爲”是相輔相成的，《恒先》提出宇宙生成論的“自生”原則是爲了給“自爲”的政治哲學提供合理性。其二，“自生”是無目的、無意識地生

①李鋭：《“氣是自生”：〈恒先〉獨特的宇宙論》，第98頁。
②曾振宇：《竹書〈恒先〉的思想史意義》，第83頁。

成的意思，跟“自化”“自然”等概念相關聯。[①]筆者認爲，曹峰的這兩點看法符合王充的意思。王充提出“天地合氣，物偶自生”的觀點，是爲了批判漢儒“天地故生人”的主張。漢儒所主張的“故生”，“故”是緣故，是有意圖、有目的之義。“故生”同時是一種“他生”。“天地故生人”是一種神學目的論。“自生”的概念，與“故生”“他生”相對，此外還包含了“偶生”之義。“非故生”“非他生”“偶生”，是“自生”的三個内涵。在宇宙生成論上，王充否定了漢儒所謂外因論、决定論和神學目的論。

不過，能否用這種“自生”的觀念貫通性地解釋整篇竹書，這是一個問題。《恒先》第1號簡曰：“自厭不自忍，或作。”第3號簡曰：“混混不寧，求其所生”“求欲自復”。而且，在第三重宇宙生成論中，“或”是“意”的直接始源。由此可知，“或”和“萬物”的生作都伴隨着意欲的作用，而不是純然自生的，跟莊子、王充所説的“自生”“自然”概念不盡相同。這樣，我們應對《恒先》的“自生”概念作一定的限制。

此外，需要指出，竹書《恒先》“氣是自生”的命題在觀念上與季真的“莫爲説”、接子的“或使説”是非常不同的。“莫爲説”和“或使説”出自《莊子·則陽》篇，二説都是對於“萬物之所生惡起”問題的回答。就萬物生作、變化的原因，接子主張有某物使爲之，而季真則主張無物使爲之。二説不符合莊子學派所主張的“自生”“自化”觀念。“或使”是“自生”的反命題，而“莫爲”則介於二者之間，它們仍都囿於“以物觀之”的視角之中。

---

①曹峰：《近年出土黄老思想文獻研究》，第168頁。

2.“氣信神哉”與“天道既載”：天地、萬物的生成及其方式

從總體上來説，雖然天地萬物都是氣生的結果，但是從方式上來説，氣如何生成天地、萬物？對於這個問題，《恒先》有自己的回答，這體現在“天地如何生成”和“萬物如何生成”兩節中。

先看天地是如何生成的。《恒先》先將“氣”分裂爲“濁氣—清氣”的對待結構。竹書第4號簡曰：“濁氣生地，清氣生天。”將“氣”分裂爲清濁二氣、繼而生成天地，這種構想符合古人宇宙論的邏輯。《淮南子·天文訓》曰：“氣有涯垠，清陽者薄靡而爲天，重濁者凝滯而爲地。”《大戴禮記·少閒》曰：“先清而後濁者，天地也。”嚴遵《老子指歸·上德不德篇》曰：“神有清濁，和有高下。清者爲天，濁者爲地。”很顯然，《淮南子》等傳世文獻繼承了《恒先》的思想，且指明了天先地後的生成順序，并交代其原因。

再看萬物是如何生成的。對於《恒先》來説，這一問題包括三個方面。一者，“氣”以“相生”和“伸盈”的方式生成萬物。《恒先》曰：“氣信神哉！芸芸相生，伸盈天地。”此“氣”應爲天氣和地氣（或陽氣和陰氣），在天地已生之後。“芸芸”，衆多貌。“芸芸相生”説明從“氣”到“萬物”以及“無物”自身的生成乃是一個連綿、有序的過程。“伸盈”與“凝縮”相對。《恒先》首先設想“氣”的存在狀態爲“凝縮”，然後由此逐步伸展，生成萬物，并充滿天地之間。這種生成方式，與莊子學派的思想有相似之處，可參看《莊子·知北游》篇。

二者，《恒先》引入了“性”和“欲”“求”的概念，闡明了

萬物生成的先天差异性和内在動力。竹書曰：“混混不寧，求其所生。”又曰：“同出而异性，因生其所欲。”在戰國中期，“性”已成爲一個流行概念，表示萬物生成的先天質體，它决定了萬物之所以如此生成及闡明了不同個體之所以産生差异的先天基礎。竹簡“欲”“求”二字的使用值得注意，它們肯定了萬物的生成是其自身有意欲、有追求（即有目的）的結果，帶有泛靈論（Animism）的色彩。這一點，似乎與“自生”的概念有所抵牾。主流的“自生”（“自然”）概念認爲萬物的生成全然是自然而然地流行的，完全無目的、無意識的。總之，如何理解竹書的萬物生成？我們對於這個問題的回答應當將從氣看和從物看綜合起來：從氣看，萬物的生成很容易被看成氣化流行的結果；從物看，萬物的生成又是其自身有欲有求的結果。换一句話説，《恒先》的宇宙生成論不是一種純粹的自然生成論，它帶有一定的泛靈論色彩。

三者，就萬物如何生成的問題，竹書以“天道”的概念作了回答。《恒先》第8—9號簡曰：“先有中，焉有外。先有小，焉有大。先有柔，焉有剛。先有圓，焉有方。先有晦，焉有明。先有短，焉有長。天道既載，唯一以猶一，唯復以猶復。”這裏的所謂“天道”，就上文而言，指事物生成的法則，具體指中外、小大、柔剛、圓方、晦明、短長這些現象生成的先後次序。從總體上來看，它們置身於宇宙生成論的理論系統之中。一旦中外、小大、柔剛、圓方、晦明、短長這些現象隨着萬物的生成而生成，竹書即謂之爲“天道既載”。

在此基礎上，《恒先》進而思考了天道何以能够持續不廢的問題。《恒先》曰：“天道既載，唯一以猶一，唯復以猶復。恒、氣之生，因復其所欲。明明天行，唯復以不廢。”（第5、9號簡）

又曰："求、欲自復，復，生之生行。"（第3—4號簡）"明明天行"與"生之生行"的兩"行"字，均訓爲"道"。"天行"即"天道"，"生行"即"生道"。在這兩段引文中，"復"無疑是一個關鍵概念。"復"是天道之所以持續不廢，萬物生成、變化而得其所求所欲的基本法則和依據。一之又一，復之又復，天道因此得以維繫和存在。何謂"復"?《説文·彳部》："復，往來也。"同書《辵部》："返，還也。"同部："還，復也。""復"與"返""還"同義，即迴還、往復之義。從竹書來看，"復"有多層含義，第一層是從氣到萬物、又從萬物到氣的返復，這既是萬物生成也是天道之所以持續不廢的基本原理和依據。第二層是從有到無，或從氣有到恒無的返復。[①]第二層含義隱括在竹書中。從思想史來看，《恒先》的"復"概念源自《老子》。通行本第十六章曰："萬物并作，吾以觀復。夫物芸芸，各復歸其根。""夫物"二字，帛書二本及漢簡本均作"天物"，而郭店簡本作"天道"。現在看來，作"夫"字是錯誤的。聯繫《恒先》來看，《老子》原文作"天道"最爲恰當，作"天物"則頗爲費解。而"天道芸芸"，應當根據竹書《恒先》來理解。自春秋末期以來，"復"成爲了一個重要的宇宙論法則和觀念。[②]反觀竹書《恒先》，它更加重視"復"的概念，特别是其宇宙生成論的

①孫功進將《恒先》的"復"分解爲三層含義，可以參看。見氏著：《上博楚簡〈恒先〉的"復"觀念探析》，載丁四新主編：《楚地簡帛思想研究》（第6輯），岳麓書社2015年版，第257—286頁。

②《復卦·彖傳》："復，其見天地之心乎!"《鶡冠子·環流》："美惡相飾，命曰復周，物極則反，命曰環流。"這種迴圈、往復之義的觀念，亦見於其他先秦文獻。《莊子·至樂》曰："萬物出於機，入於機。"《國語·越語下》曰："陽至而陰，陰至而陽；日困而還，月盈而匡。"黄老帛書《十六經》曰："天稽環周。"《吕氏春秋·圜道》有"圜道"説，在性質上亦屬於"復"的觀念。

意義。

總之，竹書《恒先》的宇宙生成論包括三個階段，一個是“氣”自身的生成，一個是“天地”的生成，再一個是“萬物”的生成。相應地，一者，《恒先》主張本根之“氣”是從無到有的生成，并持“氣是自生”的觀念。二者，《恒先》先將“氣”區分爲“濁氣”和“清氣”，然後説“濁氣生地，清氣生天”，解釋了“天地”的生成。三者，《恒先》多方構想了“萬物”如何生成的問題，并作了回答。這一共包括四點。第一點，“萬物”是由“氣”（陽氣、陰氣）生成的，方式爲“相生”和“伸展”。第二點，引入“性”的概念以闡明萬物生成的差异性和個别性。第三點，用“天道”概念來闡明事物（現象）生成的次序（法則）。最後，“復”是萬物生成和天道存在的基本原理和依據。

四、結論

綜上所述，本文的主要結論可以歸納如下：

（1）楚竹書《恒先》的宇宙生成論可以分爲三重，第一重爲恒先→或→氣→有→始→往，第二重爲清氣、濁氣→天、地→性→萬物（有治而無亂）→人（亂出於人），第三重爲或→有→性→意→言→名→事。第一重最爲宏觀，它將整個宇宙生成的脉絡劃分爲“恒無”和“氣有”兩大階段，它以“氣”規定“有”，而“無”即是對於“有”、對於“氣”的否定。後兩重生成論以第一重生成論爲基礎，其中第二重以“濁氣”“清氣”爲起點，而指嚮人物的生成及其如何生成；第三重以“或”爲起點，而指嚮名事世界的生成。其中，“濁氣生地，清氣生天”二句富有思想史的意義,《淮南子·天文訓》等傳世文獻的有關思想源頭可以追溯到這裹。而“性”作爲人物、名事生成的内在依據在《恒先》中具有非常重要的意義。

（2）楚竹書《恒先》存在三種“氣”的概念，分别爲作爲實有之本原的氣（相當於“元氣”概念）、清濁之氣和天地之氣（陰陽之氣）。這三種“氣”的性質不同，在宇宙生成論中的位置及其作用亦不同。前兩種氣都屬於先天地者，後一種氣屬於後天地者。清濁之氣生成天地，而天地之氣生成萬物。通過“濁氣”“清氣”的構造,《恒先》進一步强化了宇宙生成的“對待”原理，而頗富理論上的創造性。

（3）楚竹書《恒先》建構了一套新的始源（本根）概念。《恒先》的三重宇宙生成論各自有其始源。第一重的始源爲“恒先”，第二重的始源爲“清濁之氣”，第三重的始源爲“或”。始源不同，其各自的目的即不相同。其中，“恒先”爲終極始源，後二重生成論的始源衹具有相對意義，最終都應當歸結到“恒先”那裹。作爲終極始源，“恒先”的特點在於“無有”；而所謂“無有”,《恒先》以質、静、虚規定之。而所謂質（大質）、静（大静）、虚（大虚），很顯然都是就“氣”而言的，是指“氣”的缺失狀態。“恒無”是相對於“氣有”而言的。可見《恒先》的宇宙生成論是以氣論爲基礎的。進一步，在傳統宇宙論中，“天地”具有强烈的標識性，依此古人提出了所謂“先天地”（“先天”）和“後天地”（“後天”）的概念。在此基礎上,《恒先》對於“先天地”的生成結構作出了突出貢獻。

（4）《恒先》“氣是自生”（或“氣是自生自作”）這一命題，特别是“自生”的概念具有道家性質，但是這一概念難以全面地推廣於宇宙生成論的每一個環節。從《老子》《莊子》《淮南子》和《論衡》等來看，“自然”包含了自己如此和自然而然兩義，與“他爲（包括神爲）”“人爲”和“故爲”三個概念相對。有可能《恒先》的“自生”概念包含了這些意思。王充提出“天地合氣，物偶自生”的命題，批判了漢儒在宇宙生成論上的神學目的論。部分宇宙學家（天文學家）例如張衡跟王充是高度一致的。不過，竹書僅説“氣是自生”（或“氣是自生自作”），而與“恒莫生氣”相對，因此“自生”是否可以應用於氣化流行、生成萬物的階段，這是一個問題。實際上，竹書給“或”和天地萬物的生作預設了内在的意志和意欲，帶有一定的泛靈論色彩。

（5）天地、萬物如何生成？對於這一問題，《恒先》分爲兩步，第一步闡明天地的生成。它將形上之“氣”（“元氣”）一分爲二，用“濁氣生地，清氣生天”解釋了“天地”的生成。這一思想得到了許多漢代哲學文獻所繼承，而《恒先》發其端，這十分難得。第二步闡明萬物的生成。《恒先》設想天地之間是“虚”的存在，而氣是“實”的存在。氣之“實”通過“伸”（伸展）的方式伸展到虚空之中，直至充滿。這是第一點。第二點，萬物的生成遵循一定的法則，而這個法則稱之爲“天道”。第三點，竹書引入了“性”的概念來作爲萬物和名事生成的内在依據，這一做法在道家文獻中是很早的。而在傳世道家文獻中，《莊子》外雜家首先使用了“性”的概念。

原刊於《哲學動態》2017年第9期

《恒先》的文本研究與思想解釋

陳　靜[①]

摘要　《恒先》釋文公布以來，不斷出現新的簡序編連方案，不斷出現對於文義與思想的新解釋，英文翻譯也出現多個版本；各種見解雖然傾嚮於强調彼此差异，其實彼此砥礪和含攝，在一些問題上達成了一定程度的共識，如第7簡下接第10簡的編連方式、“强者果”的斷句等等。本文在考察和反思相關研究的同時，也對《恒先》的釋讀斷句和思想解釋進一步提出了自己的看法。

《恒先》是上海博物館藏戰國楚竹書的一篇，出土地不明，1994年入藏上海博物館，2003年正式公布了圖版和李零先生厘定的文本。自《恒先》公布以來，至今已經12年了。這12年來，研究《恒先》的熱情持續不斷：關於《恒先》13簡的重新編連，不斷有新的方案；關於《恒先》的文義及思想，不斷有新的解釋；對於《恒先》的英文翻譯，也出現了不同的版本。各種見解和争執傾嚮於强調彼此的差异，其實却你中有我，我中有你，彼此砥勵和含攝，共同推進了對《恒先》的釋讀和理解。本文在考察和反思相關研究的同時，也對《恒先》的釋讀

①陳静，中國社會科學院哲學研究所研究員。研究領域：漢代思想、老莊哲學。

斷句和思想解釋進一步提出了自己的看法。

一、《恒先》十三簡的編連及其合理性

《恒先》全篇共 13 簡,"是一篇首尾完具的道家著作"[①]。因爲編繩斷絶,原有簡序已經錯亂,現在的簡序是以李零先生厘定的文本排序爲準。後來不斷有人提出新的編連方案,這些努力對於我們深入理解這個文本,當然具有啓發作用,但是在我看來,意義是有限的,因爲没有哪一種編連方案能够因爲重排簡序而改變文本的思想邏輯。因此,調整簡序的意義主要在於重建文本表達的通暢性,并没有發揮扭轉《恒先》思想邏輯的作用。這樣説并不意味調整簡序没有意義,畢竟,即使從思想的表達來看,表達的清晰流暢,也是非常重要的。

就我的所見,在李零先生厘定的文本公布之後,還有以下幾種不同的編連方案:

(一)龐樸先生的編連

龐先生移動第 8、9 簡兩支簡,插入 4、5 簡之間。這樣形成的簡序是:1—2—3—4—8—9—5—6—7—10—11—12—13。

按照龐先生的編連,形成了第 4 簡下接 8 簡,第 9 簡下接第 5 簡,第 7 簡下接第 10 簡的新簡序。關於前兩個連接,龐先生没有提出理由。而對於第 7 簡下接 10 簡,他的理由是:"因

①李零釋文注釋:《亘先》,載馬承源主編:《上海博物館藏戰國楚竹書(三)》,上海古籍出版社 2003 年版,第 287 頁。

爲‘舉天下之 ×’各句，是一氣呵成的。”[①]龐先生第 7 簡下接 10 簡的編連，後來被廣泛接受了。

最傾心接受龐樸先生排序的，是邢文教授，他甚至以决絶的口吻説：“楚簡《恒先》的編連并没有太多的空間可供商榷。《恒先》内在已有的修辭結構，决定了《恒先》衹有一種編連和分章方案。”邢文認爲，《恒先》有“完整而巧密的修辭結構”，其特點是“聯句對偶式排偶修辭”。除了舉例説明，邢文還列出表格，予以展示。邢文認爲，“充分認識楚簡《恒先》的修辭特徵，按照簡文内在文獻結構去解讀《恒先》，使楚簡《恒先》的釋文分章最終有可能定稿”。他把《恒先》分成了六章。[②]

邢文的工作最引我注意的，并不是他對《恒先》修辭結構的分析和他的分章方案，而是他對第二章前半段的重新斷句。邢文的第二章從“往者未有天地”始，到“非生違，依生依”止。我關注的是他對“往者未有天地”到“氣是自生自作”一段的斷句。這一段，李零先生厘定本的斷句是：

> 有始焉有往者。未有天地，未$_1$有作行，出生虚静，爲一若寂，夢夢静同，而未或明，未或滋生。氣是自生，恒莫生氣。氣是自生自作。

這一段話，李學勤先生認爲，“往”字下漏一重文號，當補出“往”字，以“者”字下屬，構成“有始焉有往。往者未有天地……”的句子。李學勤先生的這個意見，被大多數人接受。邢文追隨李先生，也這樣讀，并對整段文字重新進行標點，形成了這樣的句讀：

---

①龐樸：《〈恒先〉試讀》，載姜廣輝主編：《中國思想史研究通訊》（第 2 輯），中國社會科學院歷史所思想史研究室，2004 年，第 23 頁。
②邢文：《楚簡〈恒先〉釋文分章》，《中國哲學史》2010 年第 2 期。

> 往者未有天地，未$_{1}$有作行出生。虛静爲一，若寂*寂*夢夢，静同而昧（未）或萌（明）。昧（未）或滋生，氣是自生。恒莫生氣，氣是自生自作。

從思想解讀的角度，我傾嚮於接受邢文的斷句。尤其是把“出生”上屬，構成“未有作行出生”的句子，比下屬構成“出生虛静”的句子，更合理一些。但是，邢文多出一個“寂”字（以斜體加下畫綫表示，下同），雖然這樣構成的“寂寂夢夢”，用以表示宇宙之初的情狀，在意思上是恰當的，但是邢文没有提出理由，説明加上這個字的根據何在。同樣的情况還見於邢文標點的《恒先》文本的後半部：

> 舉天下之作，强者果天下$_{10}$之大作。其冥蒙不自若作■，*若作*，庸有果與不果？

這裏又多出“若作”二字，邢文同樣没有提出補出的理由。不過，從邢文的兩處補字可以看出，他遵循的是重文補字的方法。李學勤先生補“往”字，是認爲此處漏失了一個重文號，可以猜想邢文的補字也是根據同樣的理由。衹是這種補字，其合理性的界限在哪裏呢？如果補出原本没有的文字，是否應該加以説明并提供理由呢？

邢文對這一段的斷句也不同於李零先生，把李零先生的“舉天下之作强者，果天下$_{10}$之大作”改變成“舉天下之作，强者果天下$_{10}$之大作”。這種斷句在我看來更合理一些。2004年我初讀《恒先》，對於這一段也有自己的斷句。我的斷句是：

> 舉天下之作，强者果。天下$_{10}$之大作，亓冥蒙不自若。作■，庸有果與不果。

我的斷句獲得了認同。相關内容下文再討論。

（二）顧史考教授的編連：

顧史考教授衹調整了一支簡的位置。他把第 4 簡與第 3 簡换位，使第 4 簡插入到 2、3 簡之間，形成了這樣的簡序：1—2—4—3—5—6—7—8—9—10—11—12—13。

按照顧教授的簡序編連，第 2 簡下接第 4 簡，成“恒氣之$_2$生之生行，濁氣生地，清氣生天”，有點不成句。而顧教授希望構成的句子是“恒氣之$_2$行，濁氣生地，清氣生天”，所以他設想這裏有衍文，“之生”二字是多餘的。但是實際上，若要構成顧教授希望的句子，需要删除“生之生”三個字，不知道何故顧教授看漏一字。

顧教授編連的好處是把“濁氣生地，清氣生天”與“氣是自生自作”直接關聯，形成這樣的句式：“氣是自生，恒莫生氣。氣是自生自作。恒氣之$_2$行，濁氣生地，清氣生天。”這樣的文句對氣化生成宇宙的描述比較流暢，缺點是要改變文本。如果改變文本是允許的，那麼改變的條件是什麼呢？如果是爲了文義，那麼誰都可以按照自己的理解來增删文本了。顧教授的編連因此受到了一些批評。

（三）曹峰教授的編連

曹峰教授贊同龐樸先生第 7 簡下接第 10 簡的編連，但是不同意龐先生挪動 8、9 簡插入 4、5 簡之間的編連，他認爲“第四號簡與第五號簡之間的文氣貫通，不容打斷”，并且“‘采物’是一個固有名稱”，不能破讀。[①]因此，曹峰的編連衹挪動了一

①曹峰：《近年出土黄老思想文獻研究》，中國社會科學出版社 2015 年版，第 66 頁。

支簡，即把第10簡挪出，插入第7、8簡之間，形成了這樣的簡序：1—2—3—4—5—6—7—10—8—9—11—12—13。

這樣的編連使第7簡下接第10簡，與龐樸先生相同。但是龐先生挪走了第8、9簡插入第4、5簡之間，使第7簡下接第10簡之後，就順序數下去了。而按照曹峰的編法，第10簡還需要下接第8簡，第9簡還需要下接第11簡。

第10簡下接第8簡，必須對相關句子重新斷句，纔是可能的。原來第10簡下接第11簡，按照李零厘定本的斷句，形成的句子是：

> 舉天下之作强者，果天下$_{10}$之大作，亓冥蒙不自若作■，庸有果與不果。

李零的斷句使第10簡最後三個字"果天下"與第11簡開頭的三個字"之大作"構成一個句子，這樣，這兩支簡就必須連接，不能拆開。所以，曹峰要讓第10簡下接第8簡，就必須采取不同於李零的斷句。曹峰的斷句是：

> 舉天下之作，强者果。天下$_{10}$多采物，先者有善，有治無亂。

上文提到，我讀這一段，是讀作："舉天下之作，强者果。天下$_{10}$之大作，亓冥蒙不自若。作■，庸有果與不果。"我的理解是，《恒先》在這裏説到了兩種不同的作，一種是"天下之作"，一種是"天下之大作"。"天下之作"是人爲之事，而衹有强者纔能成功地實現自己的意圖，"强者果"正是對這一點的肯定，所以"强者果"之後應該加句號。而"天下之大作"説的是與人爲不同的另一種作爲，"亓冥蒙不自若"就是對這種作爲的説明。此句有非人爲且無爲而無不爲的意思，與道家一貫强調的人爲與自然的對應是一致的。“作”應該單獨成句，呼應前文的“天下之作”。李零的厘定本把“作”字上屬，成“亓冥蒙不自若作”句。他之所以這樣斷句，是因爲原文的“作”字之後有表示句讀的墨點，必須在這裏點斷。而按照我的理解，“亓冥蒙不自若”是對“天下之大作”的說明，正如“强者果”是對“天下之作”的說明一樣，所以在“亓冥蒙不自若”句後，應該加句號結束。而“作”字單獨成句，呼應前文的“天下之作”，并引導出人爲之作必定有“果與不果”兩種可能。我認爲這樣的斷句文從理順，也符合“作”字之後有墨點而必須斷句的文本要求。

曹峰教授的編連方案讓第 10 簡下接第 8 簡，必須在“强者果”之後斷句，這樣第 10 簡剩餘的“天下”二字，纔能與第 8 簡的“多采物”連上，構成“天下多采物……”的句子。如果按照原來的讀法，無論是讀成“强者果天下$_{10}$之大作”，還是讀成“作强者，果天下$_{10}$之大作”，曹峰的編連都不可能進行。我采用“强者果”的斷句，是出於思想理解，曹峰則從文本編連的角度采取了同樣的讀法。這種不約而同的契合，支持了我的理解。曹峰的編連讓第 9 簡下接第 11 簡，成“恒氣之生，因$_{9}$之大。作■，亓𧥣蒙不自若■。作■，庸有果與不果”。這是比較通順的。曹峰把《恒先》分爲上下兩篇，上篇四章，下篇三章，一共七章。

仔細閱讀曹峰的編連和斷句，可以看到某些理解正在成爲共識。除了“强者果”和“作”字單獨成句，還有“往者未有天地……氣是自生自作”一段的標點。前文說到邢文教授重新標點了這一段。在這裏可以看到曹峰教授也有同樣的標點。我不知道他們中哪一位更早一些，彼此之間是否相互影響，或者早就有其他人這樣逗讀?或者在當時頗爲盛行的讀書班裏形成了共識?我不能斷言。就我的閱讀來説,我是先讀到邢文的文章,之後纔讀到曹峰的文章的。曹峰提到,北京師範大學的李鋭教授指出"寂"字下有重文號(是李零先生漏識了麼?),但是李鋭讀作"寂水",董珊改釋爲"寂寂",他從董珊説,所以寫爲"寂寂"。[①]提供了補"寂"字的理由。這是邢文的文章没有提及的。

曹峰的斷句還有許多精妙之處,例如把"作行出生"點斷,成"作、行、出、生",這樣"作行出生"就更加具體地表示着四個不同的動作。還有"求欲自復,復 $_3$ 生之生行,濁氣生地,清氣生天"一段,曹峰也進行了重新標點,成爲"求欲自復,復 $_3$ 生之。生行,濁氣生地,清氣生天"。這樣以"生行"來引導"濁氣生地,清氣生天",或者以"濁氣生地,清氣生天"使"生行"具體化,都使《恒先》思想的細節更加精準。

(四)夏德安教授的編連

夏德安教授的編連方案是挪動第10、11兩支簡,插入第7、8簡之間,形成第7簡下接第10簡,第11簡下接第8簡,第9簡下接第12簡的簡序:1—2—3—4—5—6—7—10—11—8—9—12—13。

讓第7簡下接第10簡,這是龐樸先生最先提出來的,這個意見也爲夏德安教授所采納。往下,夏教授讓第11簡下接第8簡,第9簡下接第12簡。第11簡是一支恰好的簡,正好結束在一個完整的句子上。這就要求與它相連的那支簡,也要有一

①曹峰:《近年出土黄老思想文獻研究》,第87頁。

個相對完整的開頭，第 8 簡大致能够滿足這個要求。所以夏教授讓第 11 簡下接第 8 簡，算是比較方便地接上了。但是，他讓第 9 簡下接第 12 簡，成“恒氣之生，因 ₉ 舉天下之性同也，其事無不復”的連接，就有點怪异，有點不成句。

從以上幾種新的編連和斷句來看，可以看到一些理解逐漸成爲共識，比如第 7 簡下接第 10 簡的編連方式、“强者果”的斷句、“作”字單獨成句、“往者未有天地”一段的重新標點等等，就越來越成爲被廣泛認同的理解。

二、斷句與理解

出土文獻的研究可以大致分爲兩序，一是厘定文本，一是解釋文本。厘定文本包括文字厘定（俗稱認字）、簡序編連、逗讀斷句等等。而解釋文本又有學術解釋和思想解釋的不同：學術解釋是考察出土文獻與傳世文獻的文本關係和内容相應等等，而思想解釋是考察出土文獻的思想内容、思想的特點和邏輯以及思想的意義等等。當然，厘定文本和解釋文本并不能截然分開，認字就與文本内容的確認相關，而編連和斷句與如何理解文義也分不開。但是總的説來，厘定文本是第一序的工作，解釋文本是第二序的工作。

在出土文獻的研究次第中，思想解釋是比較靠後的，却是我最有興趣的方面。《恒先》是一個思想性很强的文本，是中國思想史上探討宇宙理論的最早一個較爲成熟的文本。《恒先》論述了宇宙如何從樸、静、虚的狀態變化爲具象的、動態的和實在的世界，這個化生歷程所顯現的原則，如何體現在名言世界的構建上;《恒先》指點人們理解這種建構,以“復”去領會和獲得宇宙之初的虛静和整全。這個主題與《淮南子》的宇宙論頗爲一致。《淮南子》的宇宙生成論,也是論説宇宙從静謐到活動、從虛無到萬有、從混冥到剖判、從幽暗到光耀的演變,并且以一個“一”“二”“四”的分化歷程來具體呈現宇宙的生成過程;也是在論説宇宙生成的同時,一再提示復、反的必要;也是以宇宙生成的理論模式爲基礎,來解釋人類社會的歷史演進和確立人類社會的當然之則。因此,儘管《淮南子》和《恒先》的具體論説是各有特點的,但是它們在想象和論説宇宙生成的模式上却是一致的。正是這種結構的相似,提示我關注中國古代宇宙理論之間的繼承關係。在反復的閲讀和比較之後,我認爲《恒先》的宇宙論是《淮南子》的理論先導,因此以“《淮南子》宇宙生成論的理論前史——《恒先》解讀”爲標題,撰寫了我的《〈淮南子〉研究》第七章,從宇宙生成的角度對《恒先》文本進行思想解釋。我把《恒先》分爲9章,認爲前5章論説自然宇宙的生成,後4章討論人文世界的建構。這是《恒先》的兩條綫索,這兩條綫索之間存在着本末關係:自然宇宙的生成爲人文世界的建構提供了模式。①

我關心的是《恒先》的思想解釋。因爲自己不做第一序的工作,我的思想解釋多以李零、龐樸、廖名春等先生對文本的厘定爲基礎。但是也有幾處我根據自己對思想的理解,重新進行了斷句。我的新斷句主要有這樣二處:

一是第3簡的“生或者同焉”,我認爲應該在“生”字後面加逗號,使“生”獨立成句。按照李零先生的厘定,這一段的

①見拙著:《自由與秩序的困惑——〈淮南子〉研究》,雲南大學出版社2004年版,第232—249頁。

全文是：

> 氣是自生，恒莫生氣。氣是自生自作。恒氣之生，不獨有與也。或，恒焉。生或者同焉。

我的斷句是：

> 氣是自生，恒莫生氣，氣是自生自作。恒、氣之生，不獨，有與也。或，恒焉。生，或者同焉。

在恒氣之間用頓號點開，對“恒”與“氣”進行區分，是接受廖名春先生的斷句。“不獨”之後加逗號，是接受龐樸先生的斷句。我增加的是“生”字後加逗號，與“或者同焉”斷開。按照我的理解，這一段的論述，已經進入到宇宙生成的“有氣”階段，而“恒莫生氣，氣是自生自作”是這一段的主要思想。這一段先説“氣是自生”，再説“氣是自生自作”，表現出中國思想不外求動因的基本特點。這個特點在第1簡的“自厭不自忍”中已經有所表達，這裏則在“氣”的生成層面再次予以確認。按照《恒先》這一段的論説，“恒”并不産生“氣”。那麽，“恒”與“氣”是什麽關係？我認爲是參與的關係。這種關係在“恒、氣之生，不獨，有與也”這一句裏，已經説得很清楚了。而“生，或者同焉”這一句，則是對這種參與關係的再次確認和進一步説明。《恒先》有“或，恒焉”之説，故“或”可以視爲“恒”的别名。“生，或者同焉”這句話裏的“生”，是指“氣之生”，而“或者同焉”，則是强調“或”在“氣之生”中的參與作用。因此，如果“生”後不加逗號斷開，則這一層參與的作用就没有强調出來，反而容易導致“生或者”的誤讀。邢文就是讀成“生或者，同焉”。在我看來，這種讀法會造成思想解釋上的混亂，因爲“生或者”提示了“或”的生成者，那會是什麼呢?

Erica F. Brindly 等三位美國教授翻譯了《恒先》。[1]他們對這句的翻譯是:“The same can be said of the process during which space is engendered.”他們的翻譯,就是以“生或者”爲句讀而進行的。衹不過按照他們的翻譯,“生或者”成了“或”的生成,成了“或生”,而“者”表示停頓,“同焉”則有點虚化。我不贊同他們的翻譯,認爲這一句翻譯成“Space took a part in the occurrence of qi”更好一些。

我的第二處重新斷句是在原第10號簡到第11號簡處:“舉天下之作强者,果天下 10 之大作,亓冥蒙不自若作■,庸有果與不果。”我按照自己的理解,讀成:“舉天下之作,强者果。天下 10 之大作,亓冥蒙不自若。作■,庸有果與不果。”如此解讀的理由,上文已經説過,此處不贅。就其特點而言,這樣斷句首先强調了“强者果”,即强調强者纔能實現自己的意圖。因爲這一段的上文是論説名言世界的建構,所以“强者果”的具體内容,就是强者纔能够成功地爲這個世界建立規矩和範式。我讓“作”字單獨成句,是把“果與不果”理解爲“作”的兩種可能。邏輯地看,“作”可能成功,也可能不成功,兩種可能都是可能的,都不能排除。

我以“强者果”結句和以“作”字單獨成句,得到了相當程度的認可。我所謂的認可,是説别的專家也有這樣的讀法,而不是强調他們一定是受我的影響纔這樣讀的。大家面對同一個文本,英雄所見略同,是完全可能的。

曹峰與我的斷句相同,他的新編連甚至要求他必須在“强

① Erica F. Brindly, Paul R.Goldin, Esther S.Klein:A philosophical Translation of the Heng Xian. 見 Dao, 2013, 12:145—151。

者果”之後結句，這一點前文已有論説。而按照他第 9 號簡接第 11 號簡的編連，成“恒氣之生，因$_{9}$之大。作■，亓冥蒙不自若。作■，庸有果與不果”的句子。舊編連所構成的“天下之大作”句子没有了。曹峰把第 11 號簡開頭的“之大作”斷開，“之大”與第 9 號簡的“因”連接，成“恒氣之生，因$_{9}$之大”，句號斷開自成一句。“作”字單獨成句，下文的“作■，庸有果與不果”，“作”也單獨成句。曹峰的讀法也支持了我的“作”字單獨成句的理解。

Erica F. Brindly 等三位教授對這一句的翻譯，也認同了我的讀法。他們的翻譯是“Regarding the arising in the world: it is the forceful who get results”，顯然是以“强者果”斷句而成意。[①]他們對“作”的理解，也是讓它單獨成句，與我的理解相同。他們的翻譯在英文世界對《恒先》的研究中得到了認可。大約在 2011 年，在美國任教的黄勇教授委托我審讀一篇關於《恒先》研究的英文論文，作者在論及“强者果”這一段時，用的就是 Erica F. Brindly 等三位教授的翻譯。我很高興有英語世界的同道，但是對於他們的翻譯，我也不完全贊同。我的《恒先釋讀》原本是《〈淮南子〉研究》的一個章節，於 2004 年出版。後來單獨成文，修訂後以《恒先義釋》發表於《西安建築科技大學學報》2007 年第 1 期，隨後又譯成英文發表於 *Frontiers of Philosophy in China* 2008 年第 3 期。關於“强者果”這一句，英譯是這樣的：“For all the events in the world,only those who are powerful can succeed.”我認爲，這個翻譯强調强者之所爲，是人間的事務，與《恒先》此處對名言世界的討論，更加匹配。

①三位美國教授的翻譯文本末尾列有參考文獻，没有提到我的英譯文本。

顯然，儘管學者們對《恒先》的理解仍然多有不同，但還是有一些共識在彼此的討論和借鑒中逐漸達成了。

三、“恒先無有”的重新解釋

在理解《恒先》文本的諸多差异中，如何解讀首句“恒先無有”，值得進一步探討。

理解這句話的首要分歧，是“恒先”是否一獨立概念。李零先生的《説明》指出，“‘恒先’是‘道’的別名”。“‘恒先’就是指先天地而生，獨立不改，周行不殆，作爲永恒創造力的‘道’。”[①]把“恒先”等同於“道”，肯定“恒先”是一個獨立的概念。李學勤先生持同樣意見，甚至明確斷言：“‘恒先’在此應當連讀，作爲一個詞。……‘恒先’即大全、太清、太虛，也就是道家的道。”[②]按照“恒先”爲一獨立概念的讀法，“恒先無有”的含義是：“恒先”是“無有”的。

與李零和李學勤不同，龐樸先生的讀法潛在地把“恒”與“先”分開了。龐先生認爲：“恒先：極先，絶對的先，最初的最初，屈原《天問》所謂的‘遂古之初’。”[③]按照龐先生的解釋，“恒”成爲對“先”的修飾。因此，儘管龐先生没有明説要分開“恒”與“先”，但是他的讀法隱含着分開的意思。後來就有人朝着分讀的方嚮來理解《恒先》首句。例如王葆玹先生，

①李零釋文注釋：《亘先·説明》，載馬承源主編：《上海博物館藏戰國楚竹書（三）》，第 287 頁。
②李學勤：《楚簡〈恒先〉首章釋義》，載姜廣輝主編：《中國思想史研究通訊》（第 2 輯），中國社會科學院歷史所思想史研究室，2004 年。
③龐樸：《〈恒先〉試讀》，見姜廣輝主編：《中國思想史研究通訊》（第 2 輯），中國社會科學院歷史所思想史研究室，2004 年。

就認爲《恒先》首句當讀爲“恒，先無有”。[①]意思是“恒”“先於”“無”和“有”。還有人把“先”理解爲在“恒”之“先”，於是“恒先無有”的意思，就是“恒”之“先”是“無有”的，或者説“恒”之前没有任何東西存在，“恒”是宇宙生成的起點。

以上幾種讀法對《恒先》首句的理解，或以爲“恒先是無有的”，或以爲“極先是無有的”，或以爲“恒是先於無和有的”，或以爲“恒之先是無有的”，看似頗不相同，但是，這些各各不同的解讀其實也有共同之處，這就是它們都肯定宇宙生成有一個“實在的”起點，“恒先”或者“恒”或者“極先”，就是這個起點的標志。因此以上讀法，都是把“恒先”或者“恒”理解爲名詞的。

我希望探討一種新的理解，這就是把“恒先無有”的“恒”讀作動詞，把“恒先”理解爲從當下回身向“先”追溯，而“無有”則是回溯的結果。我想强調的是，在追溯宇宙本原時，中國思想不會“落實”，無論是落實在一個起點上，還是落實在某個質點上，中國思想并不走這樣的路。中國思想追溯起源，通常會强調起源的“無有”，或者起源的樸、静、虚，然後講“有”如何從“無有”的樸、静、虚中漸漸“生長”出來。因此，把“恒先”或者“恒”作名詞理解，會有固化起源的偏頗，并且使宇宙生成成爲綫性的。

我傾嚮把“恒先無有”的“恒”讀作動詞，固然有我對中國思想基本氣質的理解爲基礎，但是在文字上，也有魏啓鵬教授的考辯爲根據。長沙馬王堆出土的《道原》，首句是“恒先之初”，與《恒先》首句的“恒先無有”類似。魏啓鵬先生案：

①王葆玹：《黄老與老莊》，中國人民大學出版社2012年版，第86頁。

> 恒，讀爲絙，窮究、追究。《文選》班固《答賓戲》："潛神默記，絙以年歲。"李善注引《方言》："絙，竟也。"《廣雅·釋詁四》："竟，窮也。"①

魏先生把"恒"讀作動詞，意思是窮究、追究。我把他對《道原》"恒先之初"之"恒"的動詞讀法以及詞義挪移過來解讀《恒先》首句的"恒先無有"，認爲這種讀法更能够表現中國古代宇宙論思想的特質。以動詞的讀法，"恒先無有"的意思就是：當我們從當下回身去追究"先"，終究會遭遇"無有"。

把首句的"恒"讀爲動詞，《恒先》中的其他"恒"字如何理解？"恒"在《恒先》中出現了6次，除了首句的"恒先無有"，還有"恒氣之生"(兩見)、"恒莫生氣"、"或，恒焉"、"得其恒而果遂"②，這後幾處"恒"字，都具有比較抽象的哲學含義，描述了"恒"在宇宙中的作用，顯然不能讀爲動詞。如果把首句的"恒"讀爲動詞，理解爲對宇宙本原的追溯，如何理解後面這幾處"恒"的詞性和含義呢？

我認爲，首句的"恒"意味着對宇宙本原的回溯，回溯而遭遇"無有"到樸、静、虛時，就衹能停下來，因爲再往前，則言無所稱。《淮南子·俶真訓》對於"有""無"有一個著名的定義，曰"有""可切循把握而有數量"，"無"則"不可隱儀揆度而通光耀"。所以，中國傳統的宇宙生成論最終都會以"無中生有"爲起點。必須説明的是，這個起點，不是實在的起點，而是論説的起點，《老子》就説："無，名天地之始。有，名萬

①魏啓鵬：《馬王堆漢墓帛書〈黄帝書〉箋證》，中華書局2004年版，第238頁。

②還有一處"無許恒"，廖名春重新厘定爲"無忤極"，從廖讀，故不納入統計。見廖名春：《上海藏楚竹書〈恒先〉新釋》，《中國哲學史》2004年第3期。

物之母。”所謂“名”，稱名而已，并非在物理上予以確定。“恒先無有”的“恒”是往前回溯，之所以回溯到“無有”處停下來，是因爲再往前没有論説的可能，如果一定要説，則衹能如莊子指點的那樣，陷入惡性追溯。大家都知道《莊子・齊物論》那一段拗口的話：“有始也者，有未始有始也者，有未始有夫未始有始也者。有有也者，有無也者，有未始有無也者，有未始有夫未始有無也者。”這段話清楚揭示，如果一味往後做綫性追溯，必定邏輯地陷入惡性追溯。因爲如果願意，就可以無限添加“未始有夫”，來無限地追溯。莊子用了這樣一段拗口的話來呈明追溯的無限可能，同時也用這句話質疑和否定了確然的起點。

按照我的理解，《恒先》首句是從當下轉身往後，追溯從前（先），這種追溯到“無有”而止，這個“無有”以及説明“無有”的樸、静、虚，是“恒”（窮究、追溯）的結果。而《恒先》後文的幾個“恒”字，就内含着這個追溯的結果且表徵着這個結果。所以，後面幾個“恒”字，就詞性而言是名詞，就内涵而言則藴含着“無有”和説明“無有”的樸、静、虚。也就是説，《恒先》所有的“恒”都有相同的内涵，不同之處衹在於，第一個“恒”指點由追溯而獲得内涵的過程，後面的“恒”則内藴追溯的結果，并以此作爲自己的内涵。

把“恒先無有”的“恒”讀爲動詞，句中的“先”字也能够因此與文中其他“先”字的含義更加一致。中國古代的宇宙論，最初都是探源式的生成論形態，這種形態的宇宙論藴含着濃厚的歷史感或者歷時感，而“先”就提示着這種歷時性，藴含着“先”（當初）與“後”（當下）的對照。“先”字在《恒先》中出現了9次，都明確表達先後的意思，“先者有善”“先有中，焉有外”之類固然如此，“恒先”之“先”作爲“先”，也是因爲有“後”的參照，是在“後”的當下轉身回溯，一直追到言無所稱的極致而獲得的“先”。這個“先”不是一個固着的點，衹表示回溯的盡頭，仍然有先後的關係存在。有先後對應這一點非常重要，因爲《恒先》還不斷論及“復”，而“復”，恰好就是從“後”而“復”“先”。總之，“恒先”之“先”，不是無“後”的孤立之“先”，而是從“後”回溯（恒）得來的“先”。如果以爲“先”是一個確然的起點，就使主張迴圈的中國思想變成綫性的了，這就大大違逆了中國思想的特質。老子論“道”，一定要説“周行而不殆”，這是排斥確然起點的。莊子拗口的話，也是以荒謬的追溯來質疑起點。所以，起源論的宇宙生成論儘管要溯源，但也努力地避免確定一個起點。老子説“道生一,一生二,二生三,三生萬物”，就整全性而言，“道”和“一”是一樣的,《老子》的後世注本，也多有“道，一也”的解釋，那麽，爲什麽老子一定還要説一個“道生一”，然後纔由一來生二生三？就是因爲“一”標志着開端，可以生二生三，而“道”是無始無終的，是“周行而不殆”的，不能被離析爲二，不能被多元化爲三。所以，解讀《恒先》首句，也要避免確認起點，否則，恒就變成一了，而不能發揮與道相同的作用。而衆多的解讀似乎對此并不自覺，這是我提出讀“恒”爲動詞表示“窮究”“回溯”的原因。我認爲，衹有這種讀法，纔能克服上述誤解。

《恒先》是一個複雜的文本，我們期待更多的討論來廓清它的義涵。

原刊於《中國哲學史》2016年第2期

從“或作”“氣作”到“自作爲事”
——楚簡《恒先》中“作”的意蘊探析

葉樹勛[1]

摘要 上博楚簡《恒先》是近年出土的一篇道家佚文，整體上闡述了一種關於宇宙演化與人事開展的哲學思想。在它的理論中，世界是一個自我開展的過程，其間基本的活動便是“作”。這一活動在不同的階段裹具有不同的表現形式：在宇宙原初階段，“或作”意味着宇宙内部動勢的發作，提供了無中顯有的動力；“氣作”是“或作”的具體化，在此過程中“作”是天地萬物生成的基本方式；當世界演化到人類，“作”也是人事發生的原因，基於“自作”的整體性訴求，《恒先》爲人事活動劃定了一個價值尺度。通過“作”的綫索，《恒先》逐步解説了世界從無到有、從簡單到複雜、從自然到文明這一系列演化如何發生的問題，在形上與形下相貫通的思維中，將“作”的觀念推到了一個新的義理高度。

《恒先》是近年出土文獻中思想性很强的一篇簡文，自公布以來，以其富有特色的理論内容引起了學界的很大關注。整體上來看，《恒先》表達了一種道家性的宇宙觀和人事哲學，該篇

①葉樹勛，南開大學哲學院副教授。研究領域：先秦哲學、道家哲學、簡帛思想。

的一些重要觀念都和早期道家思想具有一定關聯，不過作者又賦予其獨特的意義，在理論上對道家哲學作出了新的發展。這些被重塑的概念包括了目前已受關注的“恒”“或”“氣”等，但除此之外還有一個很特别的思想符號，需要引起充分重視，這就是文中頻頻出現的“作”[①]。在已知的先秦文獻裏，没有哪部文獻像《恒先》這樣關注“作”，也没有哪部文獻像它這樣通過“作”的話題來集中討論宇宙和人類的活動方式。那麽，“作”在《恒先》當中具體意味着什麽？表達了作者怎樣的哲學思想？這和早期道家學説具有何等聯繫與區别？討論“作”的思想内涵，對於理解《恒先》的哲學意藴有没有新的啓發？凡此等等，都需要展開深入的探討。[②]

一、“或作”：宇宙動勢的發作與無中顯有

比起先秦時期其他學派，道家對世界的起源問題顯得更感興趣。一般來説，道家傾嚮於認爲世界起源於“虚無”，這是一種有别於現象界的“非物”，而形下世界的各種事物都是從這“虚無”的“非物”中演化而來。基於推本溯源的思維，若不斷地追索世間萬物從何而來，必然有一個最初的起源，而這一起

①“作”字在《恒先》中共出現 12 次（含簡 7 的 1 處重文），有兩種寫法。參見李零釋文注釋：《亙先》，載馬承源主編：《上海博物館藏戰國楚竹書（三）》，上海古籍出版社 2003 年版，第 285—300 頁。

②《恒先》釋文公布以後，研究者對竹簡編連陸續提出了幾種不同意見。筆者基本上贊成曹峰教授的編連方案（參見《近年出土黄老思想文獻研究》，中國社會科學出版社 2015 年版，第 63—74 頁），不過在篇章劃分以及某些文句的釋讀上，筆者的看法有所不同，這方面的討論可參見拙文《楚簡〈恒先〉的編聯再驗與思想新解》，《管子研究》2017 年第 1 期。

源又衹能是“非物”的存在。如同《莊子》所說的“物出，不得先物也，猶其有物也。猶其有物也，無已”(《知北游》)，任一物的前面必然還有物，如此追溯，無窮無盡，因而“物物者”必然是“非物”。當逆推世界從哪裏來，則會得出本根爲虛無的理論結果；但是如果反過來，順推地思考這個世界的演化過程，那麽，虛無的非物何以突然轉變爲實有的物，也就是説，無中生有如何可能，就成了一個問題。

這是關於世界起源的一個首要問題，早期道家對此曾有過一些相關論述。如《老子》説“天下萬物生於有，有生於無”(第40章)，强調本根的“無狀之狀，無物之象”(第14章)，但在另一方面又認爲本根“湛兮似或存”(第4章)，“其中有象”，“其中有物”(第21章)。對這些説法，還不能簡單地認爲是前後矛盾，《老子》一方面要把住本根的虛無，另一方面可能是爲無中生有的問題做些鋪墊，“或存”“有象”也許就是指“有”的原始呈現。對此，《莊子》則采用了一種綫性的理論模式：“無——一—德—命—形—性”(《天地》)，以此進行階段化的説明，這和《老子》的“道——一—二—三—萬物”(第42章)有相似之處，“一”作爲一種統一性的存在，可理解爲“有”的整體顯現，但對於“無”怎麽轉變成“一”，《莊子》也是語焉不詳。總之，對於宇宙的生成演化來説，從“無”到“有”是一個絶大的轉變，在老莊思想中“存”和“一”也許意味着世界最初出現的“有”，但這一轉變如何發生，老莊并没有給出明確的説法。

關於這一問題，《恒先》則提供了比較獨特的闡述。比起老莊思想中的相關説法，它的一個獨到之處就在於，通過描述宇宙動勢的突然性發作，來説明從“無”到“有”的轉變過程。

首先,《恒先》也認爲世界原本處於虚無狀態:

> 恒先無有,樸、静、虚。樸,大樸;静,大静;虚,大虚。

“有”是指有形者,亦即具有現象界屬性的存在者;“無有”是説還没有出現有形者,也就是尚未出現形下事物的一般屬性。這一説法類似於《莊子·天地》的“泰初有無,無有無名”,二者都在描述世界原初的虚無之態。那麽,這一狀態如何演化成形形色色的現實事物呢?作者接下來説道:

> 自厭不自忍,或作。有或焉有氣,有氣焉有有,有有焉有始,有始焉有往者。

“有有”是指出現了有形者,和前面的“無有”相對,説明世界已走嚮有形有物的階段。在這一過程中“氣”作爲生成萬物的元質,是最早出現的實存狀態,有了“氣”,接下來纔會出現有形者,而現實世界的各種運動也就由此開始了(“始”謂開始,“往”是指運動)。這一系列的生成演化雖然都是以“氣”爲元質,但其間還有一個至關重要的轉捩點,也就是世界從無到有的關鍵性轉變——“或作”。有了“或作”,纔有可能出現接下來的一系列生成運動。

“或”在這裏用爲不定代詞,指代某種態勢,具體含義留待後文解釋,我們先來看“作”的含義。“作”的本義是指“起”(《説文·人部》:“作,起也。”),引申爲發作、興作等義(如《詩·魯頌·駉》:“思馬斯作”;《孟子·滕文公下》:“聖王不作。”)。《恒先》這裏用的是引申義,是説這個世界開始發作、開始發動。龐樸先生將“作”理解爲忽然的躁動[1]，這是很形象的解釋，某種意義上“作”指的就是這樣一種情況。當然，這裏的“躁”字并無貶義，是爲了説明世界由静轉動的突然性。就此而言，《恒先》的“作”還體現了該字義符“乍”的意思，其義具體是指乍然而動。這也就意味着《恒先》所言的“作”和《易傳·繫辭下》所説的“幾者動之微”不同，雖然此二者都是指原初之動，但不同於後者强調“動”的隱深和微細，前者則是意在説明“動”的突然和劇烈。也許這就是作者采用“作”而不采用其他動詞的原因所在，“作”字所含的“乍然”之義，可以很好地反映世界由静轉動的突然性。

世界之所以會乍然而動，那是因爲它在根本上是“自厭不自忍”的：一方面它是自足的，它的乍然而動是源於内在力量，并非依賴外力；其次它又不會壓抑自己，忍不住要發作，要開啓宇宙的生成運動。“作”是這兩個方面的集中表現，是宇宙自我開展和生成演化的開端，整個世界的運動變化由此拉開帷幕。《恒先》後文所説的一切情況，包括宇宙萬物的運動，人事生活的開展，都是建立在這一“作”的基礎上。這一“作”意味着這個世界整體上開始“動”了，祇有“動”了，纔會出現“有”，一個有形有色的世界也就頓而開顯了。

需要指出的是，《恒先》首句所説的“静”不祇是無聲，而是既不動也無聲，惟其如此，纔會有接下來的乍然之“作”。如其後文回述原初狀態時説道：

> 未有天地，未有作、行、出、生，虚静爲一，若寂寂

①龐樸：《〈恒先〉試讀》，簡帛研究網（http://www.jianbo.org），2004年4月26日。

夢夢，静同而未或明（萌）[1]，未或滋生。

這一段話可以看作是對開篇首句的注釋。“未有天地”，是説尚未出現有形者，也就是“無有”，此句告示讀者，這裏要回述“恒先無有”的原初狀態。“未有作、行、出、生”是説這時候還没有出現“作”，當然也不會有“行”“出”“生”等運動形式。“寂寂”是指悄無聲響，“夢夢”是指窅無形狀。末尾兩“或”字，研究者一般視爲副詞，“未或萌，未或滋生”是説還没有顯現什麼、滋生什麼。筆者推測，這裏的“或”與“或作”的“或”可能是同指，“未或萌，未或滋生”是説在那個階段還没有出現“或”（“或”是否定前置）。此句與前面的“未有作”相呼應，未出現“或”，亦即没有“作”起來。

既然“作”是從虚無顯現爲實有的原始躁動，那麼“或”作爲“作”的主詞，則是指代這一運動的發出者。不乏觀點讀“或”爲“域”，解爲空間[2]；但也有觀點指出，先秦宇宙論一般都是時空對舉，不見單獨討論空間的情況，“或”應如字讀。[3]筆者贊成後一種看法，“或”在含義上與《老子》第4章“湛兮似或存”的“或”有一定關聯，都是在陳述一種不確定的情況；但在用法上有所不同，《老子》的“或”是一個副詞，而《恒先》的“或”是一個不定代詞，類似於《莊子・則陽》“季真之

①原釋文作“未或明”，董珊讀“明”爲“萌”，其説可從。參見董珊：《楚簡〈恒先〉初探》，簡帛研究網（http://www.jianbo.org）2004年5月12日。

②李學勤：《楚簡〈恒先〉首章釋義》，《中國哲學史》2004年第3期，第81頁。

③白奚：《宇宙萬物生成的起點：“或”還是“域”》，夏威夷大學“International Chinese Philosophy Symposium：Inquiring into the Central Idea of *Hengxian* in the Excavated Bamboo Texts”參會論文，2015年8月29—30日。

莫爲，接子之或使”的“或”。具體來説，“或”作爲一個代詞指代“作”的主體，意謂某種不定的態勢。“作”的力量是自厭自足的，因而“或”也不是指這個世界之外的另一種存在，而是指内部潛在的一股動勢。這股動勢是世界自身所固有的，在最初階段它隱而未發，因而宇宙處於“無有”之狀；它一旦發作，便推動了“有”的整體顯現，可謂是宇宙生成大業的“動力因”。

“或作”與“恒先”的區别是很明顯的：一個是“作”而“有”，一個是“静”而“無”。并且，“或”與“恒”在詞義上的對照也很明顯：“或”表示或然、不定，而“恒”表示確然、固定。“恒”是老子慣用的一個術語，主要用來修飾“道”或與“道”相關的情況，如第1章的“恒道”“恒名”、第28章的“恒德”等。[①]但《恒先》的情況有所不同，如王中江教授所指出的，“恒”在這裏是一個終極根源概念，指稱它在《老子》那裏所修飾的物件。[②]亦即，“恒”與“或”分别指世界原初態勢的兩個方面，前者是指確定的静態，而後者則是指不定的動勢，此二者均爲世界原初所固有。在作者看來，世界最初處於“樸静虚”的“恒”之態，同時它也潛藴了“自厭不自忍”的“或”之勢。

綜合來看，作者先描述了“樸静虚”的“恒”之態，繼而以“或”之勢突然間的“作”來説明無中生有的轉變問題。作爲起始階段的“無有”不是指徹底的空無，而是説不具有現象

①通行本《老子》不見“恒”字，其中的“常”字在帛書甲、乙本中大多數寫爲“恒”，可知古本《老子》應多數寫爲“恒”，後來可能是出於避諱或其他原因，其中的“恒”都被寫成“常”。

②王中江：《終極根源概念及其譜系：上博簡〈恒先〉的“恒”探微》，《哲學研究》2016年第1期，第35頁。

界的一般屬性，因此無中生有也不是指空無中頓生實有，而是説原初的無限性存在突然顯現爲現象界的有限性存在。在宇宙演化過程中，這是一個絶大的轉變，對此老莊道家并没有給出很明確的説法，《恒先》則是用“作”的觀念進行描述，體現了變化源於運動的樸素思想。在作者看來，世界原本是隱静的，突然間内部的某股動勢發作了，原初的“虛無”之狀也就頓而顯爲“實有”之態，而世間萬有皆是由此轉出。

在先秦時期的其他文獻裏，我們看不到哪部文獻會像《恒先》這樣，將“作”的問題追溯到宇宙發生的本原之處。在《老子》《文子》《黄帝四經》等文獻裏，我們也可看到早期道家關於此話題的一些闡述，但相較而言，這些文獻對“作”的闡發都不及《恒先》那麼深入。老子多次講到“作”的話題，用其描述萬物的運作和人事的作爲，而對於“作”的價值，老子在某些地方流露出否定的態度。[①]《文子》則主要是在人事作爲的語境裏，將“作”視爲“因”的對立面加以批評，如説“因則大，作即細，能守則固，爲即敗”(《道原》)。不同於前二者的批評態度，《黄帝四經》則是肯定“作”的正面價值，它基於“作”與“静”相輔相成的原則，强調人事之“作”的積極意義，提出了“静作相養”(《十六經·果童》)、“静作得時”

①如《老子》書中有“萬物作焉而不辭”(第2章)、“萬物并作，吾以觀復……不知常，妄作凶”(第16章)、“萬物將自化，化而欲作”(第37章)、“未知牝牡之合而全作”(第55章)、“天下難事必作於易，天下大事必作於細”(第63章)。整體而論，“作”在老子哲學中并不是一個完全負面的概念，但在某些地方老子却也流露出批判的態度。

(《十六經·姓争》)等一些主張。[1]從價值立場來看,《恒先》對“作”的態度與《黄帝四經》更相似,但前者并没有將“作”的意義局限在人事領域,而是延展到了宇宙論的場合,并且追溯到宇宙演化的本原之處,用它來説明這個世界由静轉動、從無到有的頓變。這是《恒先》言“作”甚爲奇特的一個地方,不僅豐富了“作”的内涵,同時也是對其價值的最大肯定。這個世界如果不“作”,那麽它就一直處於原初的無有狀態,也就不會出現形形色色的各種事物,當然也不會出現林林總總的人間事務。可以説,世界演化過程中的一切表現,包括人類文明在内,都是以這一原初的“作”爲基礎。

世界到底從何而來,這是人類自古以來就關心的根本問題,歷史上也出現了很多的解釋。一般來説,創世神話會設想某些英雄創造了宇宙萬物,宗教裏面相信有一至高神創生了這個世界,而古代哲學的宇宙論則往往主張世界是從某一本原逐漸演化而來,至於現代宇宙學中如宇宙大爆炸理論,則認爲世界是從“奇點”暴脹而來。《恒先》對世界起源的解釋屬於第三種,它跟前兩種的根本區别在於,世界的生成演化不需要他者來推動,它的動力來自它本身,對此《恒先》通過“自厭不自忍”給予了明確的説法。“或作”是最早出現的運動,爲“有”的整體顯現提供了推動力,邏輯上來説,這一最初的“作”也需要一個推動力。對此作者没有訴諸這一世界之外,而是認爲這股動勢是“自厭”(自足)的,一直潛藴在宇宙的内部。但這股内

①這種静作相養的思想也可見於《管子·勢》篇:“夫静與作,時以爲主人,時以爲客,貴得度。知静之修,居而自利;知作之從,每動有功。”作者主張在遵從天道的基礎上有所作爲,做到静作有度。《黄帝四經》和《管子·勢》篇等文獻對“作”的價值給予肯定,和《老子》的態度大不相同,這一點可能和黄老學對人事作爲的態度不同於老子思想有關。

部的動勢何以會突然發作呢，作者的解釋便是“不自忍”，亦即它不會壓抑自己，它要發動、要顯現，於是也就有了世界最初的“作”[①]。

由此來看，作者似乎認爲世界的内部具有某種意志（不同於宗教性的神意），要通過萬物的複雜形式來自我顯現、自我豐富，而萬物的形成則需要它首先活動起來，這也就是宇宙乍然而“作”的根本原因。《恒先》當中還説到了許多形上與形下相對應的概念，如：

無；樸；静；虚；一；同；寂寂、夢夢

有；彩；作；盈；多；异；紛紛、察察

作者用這些術語分别説明本根和現象的不同：上一組重在描述虚無隱静，下一組則主要表達顯化和多樣性。後者意味着一個豐富多彩的現象世界，本根即此顯現，由此證成。簡文當中還多次出現了“求其所生”“求欲自復”“生其所欲”“復其所欲”等一些説法，雖然所描述者是“氣”或各種具體事物，但一定程度上也是本原意志在這些物件上的具體表現。

①現代宇宙學中的大爆炸理論認爲世界是從“奇點”暴脹而來，這和《恒先》的“或作”理論也許有一定的相通之處。作爲大爆炸的起點，“奇點”没有時間，没有空間，没有出現物理屬性，相對於物質世界的“實有”而言，“奇點”也可説是一種“虚無”的存在（參閱［英］霍金：《時間簡史》，許明賢、吴忠超譯，湖南科學技術出版社2015年版，144—149頁）。這一“奇點”爲何會突然爆炸，最初的動力究竟何在，這是現代宇宙學目前仍在探索的問題。相類似的，《恒先》的作者也在關心宇宙最初爲何會“作”。在他看來，世界最初處於“恒”之静態，同時又潛藴了“或”之動勢，這一態勢“不自忍”，不會壓抑自己的運動趨嚮，於是内部固有的這股動勢也就突然發作了。如此説來，作者的解釋在一定程度上走嚮了意志論，當然這種意志并不同於宗教性的神意，而是指宇宙内部潛在的將要運動和顯現的一種趨嚮。

二、“氣作”：氣的運作與天地萬物的生成

對於宇宙的生成演化而言，從“無有”到“有有”意味着從無到有的整體性顯現，在這一突變中“或作”提供了世界自我顯現的原動力。但這裏的“有有”衹是一種很抽象的描述，現象界的“有”却是林林總總，紛紜多樣，那麽具體地來説世間萬有究竟是如何形成的呢，這些情況在前引文段裏并無直接説明。《恒先》首章提出了“或—氣—有—始—往”的生成總綱，“氣”作爲化生元質出現在“或”的後面，“或作”解釋的是無中顯有的動力問題，而“氣”指涉的是無中顯有的材料，對於萬有的具體形成來説，這兩個方面都是需要的。在説明“或作”之後，《恒先》描述了“氣”化生萬物的相關情況：

> 氣是自生，恒莫生氣，氣是自生、自作。恒氣之生，不獨有與也。或，恒焉，生或者同焉。昏昏不寧，求其所生：异生异，鬼（歸）生鬼（歸），韋（違）生非，非生韋（違），依生依。求欲自復，復生之生行。濁氣生地，清氣生天。氣信神哉，云云相生，信（伸）盈天地。同出而异生（性），因生其所欲。察察天地，紛紛而復其所欲。明明天行，唯復以不廢。知幾而亡思不天。

這一段話主要講述“氣”的運作方式以及天地萬物的生成過程，可以看作是對前述生成總綱的具體解釋。大凡此間所説的運動，如“作”“行”“出”“生”，都是宇宙生化大業在形下層面的具體表現。前文説到“恒先”之初“未有作、行、出、生”，在這裏“作”“行”“出”“生”等一系列運動形式都已然開啓了，這些都是“或作”在形下世界的延續。

“作”不僅是“或”的表現形式，同時也是“氣”的運動方式。作爲“或作”的延續和具體化，“氣”的“作”主要表現爲化生天地萬物。按《恒先》的説法，天地生成的基本方式是“濁氣生地，清氣生天”，這并非説氣是一個東西，另外生出了兩個東西，而是説濁氣往下沉也就成了地，清氣往上升也就成了天，天、地的元質仍然是氣。非惟如此，天地之間也充滿了“氣”(“伸盈天地”)，這些“氣”“云云相生”的結果便是“紛紛”的萬物。關於“生”的問題，龐樸先生在論述《太一生水》時曾有指出，“生”不是指鷄生蛋的“派生”，而是指蛋生鷄的“化生”，鷄生蛋之後鷄還是鷄，蛋生鷄之後蛋就不復存在了，乃化成了鷄。[1]這是很精妙的一個比喻，雖然《恒先》中没有出現類似於《太一生水》的“反輔”説，但從其所講的“氣”“作”而“生”的情况來看，這裏的“生”也是一種“化生”。“生”是世界内部的事情，并不是某個主宰者創生出一個世界，這是古代道家宇宙論和宗教創世説的根本區别。

簡文中“异生异，鬼（歸）生鬼（歸），韋（違）生非，非生韋（違），依生依”也是生成運動的一種表現。這句話的含義頗難解，這五個物件究竟是什麽，學者們看法不一。筆者認爲，雖然五個物件難有確解，但從語境來判斷，有些情况還是可以確定的。首先，這裏説的不僅是五種事物如何化生，同時也是在陳述一種抽象的生成規律。如劉信芳教授所言，“韋（違）生非，非生韋（違）”是在説事物發展過程中的自我否定和否定之否定，其餘三組則分别在説异生异、同生同、依順産生依順的

①龐樸：《“太一生水”説》，載《郭店簡與儒學研究》，遼寧教育出版社 2000 年版，第 196 頁。

自然規律。[①]其次，作者之所以不厭其煩，連説五樣不同的東西，應該和陳述現象界的多樣性有關，"氣"的"作"是一個不斷自我豐富的化生過程，形下事物的多樣性由此也逐漸顯現出來。

世界一旦運作起來，也就不會停止，從"或作"到"氣作"，我們看到了"作"的一種連續性。前者主要説明無中顯有的整體性突變，後者反映的則是天地萬物在何等情況下具體顯現——作爲化生元質的"氣"紛紜激蕩，運作不息，在此過程中天地萬物也就逐漸生成了。這裏需要注意的是，作者不僅用"作"來描述"氣"的運行，而且還强調它的"自生自作"：

> 氣是自生，恒莫生氣，氣是自生、自作。

這句話主要强調"氣"是自始存在、自主運作。如前所述，"恒"與"或"分别指涉世界的不同態勢（静態和動勢），"氣"作爲世界的基本元質，自始就存在於兩種態勢之中，并非由他者所生，包括最原初的"恒"，也不是"生""氣"者，所以説"氣是自生，恒莫生氣"[②]。在"恒先"狀態中"氣"静而不動、隱而未顯，一旦"或作"，"氣"也就隨之開始運動、開始顯現（"有或焉有氣"）。换言之，"或"的"作"并不空虚，自有其内容在"作"，這一内容便是"氣"。"或作"是自厭自足的，那麽其間的"氣作"當然也是自厭自足的，故説"氣"是"自作"。

這裏涉及了"恒""或""氣"三者之間的關係，對此郭梨華

---

①劉信芳：《上博藏竹書〈恒先〉試解》，簡帛研究網（http://www.jianbo.org）2004年5月16日。

②這裏不排除另一種解讀的可能性，亦即，"恒"在這裏用爲副詞，"莫"是否定代詞，這句話是説從來就没有什麽産生"氣"，"氣"是自生的。參閲龐樸：《〈恒先〉試讀》，簡帛研究網（http://www.jianbo.org）2004年4月26日。

教授曾有指出，“恒”“或”“氣”是三者爲一，但其出現仍有先後，“恒”説明發生之始源，“或”説明場域之出現，“氣”説明發生之質素。[①]雖然筆者認爲“或”不宜讀爲“域”，但這種觀點所關注的三者統一，筆者亦以爲然。“恒”與“或”分别指涉宇宙演化中的不同態勢，“作”意味着態勢的轉變，推動原本隱静的“氣”開始運行。在全篇簡文中，集中表述三者關係的莫過於下面一段話：

恒氣之生，不獨有與也。或，恒焉，生或者同焉。

“恒氣之生”還見於第9簡，在詞義上來説，“恒氣”是指體現“恒”性的“氣”。“恒”與“氣”不存在“生”的關係，但這并不代表它們不存在其他關係，“氣”在“作”的過程中體現“恒”的性質，受到“恒”的規範。需要注意的是，“恒”在簡文中的意義并非固定不變，如丁四新教授所言，“恒”的意藴不能往死處論，它不是一個死的物事，而是一個活的原理[②]。這裏的“恒”當然不是指原初的樸静虚無，世界已然顯化，“氣”的運動意味着宇宙已走嚮有形階段。在此過程中“恒”是指世界内部所固有的自性，當其開顯爲“氣”，則是“氣”的自性。作者進而指出，“恒氣”在化生過程中并不孤獨，而是有陪伴，那就是同樣體現“恒”性的“或”。“生或者同焉”，意思是説“生或”的情況與“生氣”的情況相同，“氣”是自始存在、非由他生，“或”也一樣，這是對前文“自厭”的一個回應。“或”的動勢是固有的，衹在於發與不發，就好像“氣”這一元質也是

①郭梨華：《〈亘先〉及戰國道家哲學論題探究》，《中國哲學史》2008年第2期，第35頁。
②丁四新：《楚簡〈恒先〉章句釋義》，載《楚地簡帛思想研究》(二)，湖北教育出版社2005年版，第86頁。

固有的，祇在於顯與不顯。

由此看來，在“氣作”的歷程中，“恒”與“或”的因素一直都在。此二者并非僅僅作爲最初的起點而不參與生成大業，恰恰相反，世界的内在原理及其動勢一直在規範着、推動着生成事業的開展。也正是在此意義上，我們將“恒”與“或”分别理解爲宇宙演化的“形式因”與“動力因”[①]，而“氣”作爲化生萬物的基本元質，也就是這一運動的“質料因”。此間借用了亞里士多德的四因説來解釋《恒先》的幾個概念，以便探討它們的内涵。這種做法祇是某種程度的類比，并不意味着這些概念完全等同於亞氏所説的四因。其間很大的一個區别是，亞氏所説的四因是相互分離的，雖然質料以外的三因也曾被他歸結爲形式方面，但是在分析一項運動時仍可作出四個不同物件的解釋[②]；而《恒先》當中的“恒”“或”“氣”在根本上是交融爲一的，統一於這個世界的内部當中。原理、動勢和元質，都是這個世界本身所固有的，非由外界所賦予，它們是宇宙運動過程的不同方面，對於世界的開展和演化具有不同的意義。

總而言之，如果説“恒”“或”“氣”三者是理解《恒先》哲學的重點，那麽“作”就是對它們進行通貫理解的一條綫索，基於“作”的連續性，我們可以對這些概念作出重新考察。劉信芳教授曾指出，《恒先》以“恒先”爲宇宙的終極，以天地生成爲現實的起點，以“作”爲討論的核心，“作”是“或”和

①“恒”也是世界運動的“目的因”，這一點詳見下文討論。另外，李鋭教授也曾從這一種角度作出解釋，認爲“恒”與“或”都是動力因。見李鋭：《讀〈恒先〉札記》，簡帛網（http://www.bsm.org.cn/）2006 年 8 月 16 日。筆者贊成“或”的理解，但關於“恒”的意義，看法有所不同。
②［古希臘］亞里士多德：《物理學》，張竹明譯，商務印書館 1982 年版，第 60—61 頁。

“氣”的基本精神。[①]這一見解把握到了“作”的特殊意義，不過“作”與“恒”的關係還需要繼續指出來。就“恒先”的狀態而言，“恒”是指原初的樸静虚無，“未有作”；但從“恒氣”的相關説法來看，“恒”的意義不限於前者，在“氣作”的歷程中它一直都在，簡文中兩次出現的“恒氣之生”説明了世界的演化過程其實離不開“恒”的規範，正如離不開“或”的推動一樣。因此，“恒”在這篇簡文中隨着語境的改變而具有不同的意義，不宜將它完全視作一個静止的起點，實際上它隨着現實世界的逐漸開展，參與到宇宙演化的進程當中。

三、“自作爲事”：人爲創作及其價值準則

從“或作”到“氣作”，現象界的豐富性、複雜性在逐漸開展，天地萬物的生成演化都是原初之“作”在形下世界不斷推展的具體表現，這是《恒先》“作”的宇宙哲學。在作者看來，“作”不僅是“或”“氣”以及天地萬物的運動形式，同時也是人類的存在方式，人類事業的各種開展在根本上也都是根源於“作”。但是人類的存在又不同於其他事物，因而當“作”的情况延續到人事場合，也就出現了一些和自然界不同的地方。

在陳述了宇宙演化之後，《恒先》開始進入人事哲學的討論，作者先解釋了人事的幾個層次：

> 有出於或，生出於有，音（意）出於生，言出於音（意），名出於言，事出於名。或非或，無謂或；有非有，

①劉信芳：《上博藏竹書〈恒先〉試解》，簡帛研究網（http://www.jianbo.org），2004年5月16日。

> 無謂有；生非生，無謂生；音（意）非音（意），無謂音（意）；言非言，無謂言；名非名，無謂名；事非事，無謂事。

這一段話是《恒先》從宇宙論到人事哲學的過渡，體現了自然和人事的連續性。前文給出了“或—氣—有—始—往”的生成總綱，此間則描述人事開展的次序：或—有—生（生命）—意（意識）—言（語言）—名（名謂）—事（事務）。“或”和“有”屬於宇宙論範疇，之後的幾個層次可説是“始”“往”在人類生活中的具體表現。但作者在此省略了“氣”，也許是前面一直在講“氣”，此間有意突顯“或”，以説明宇宙内部的動勢一直都在。“生”是聯繫宇宙和人事的關鍵，對此陳静教授曾指出，《恒先》把人事的幾個方面，通過人的生命存在而聯繫於更廣闊的世界，人的生活由此具有了層次豐富的厚度[1]。這是很確當的見解，進而言之，人類生命作爲世間萬有之一，其間的活動其實也是宇宙演化的一個組成部分，也正是在此意義上，宇宙間的“作”纔會延續到人類生活。

在接下來的一段話，作者明確指出了“作”對於人類生活的根本意義，并且提出了人事之作應遵守的法則：

> 詳宜（義）利，主采物，出於作，作焉有事，不作無事。舉天〔下〕之事，自作爲事，用以不可更也。

“采物”一詞又見於《左傳》和馬王堆帛書《二三子問》等文獻，意指具有紋彩的旌旗、衣服等物。[2]“詳義利”是指詳察義

---

①陳静：《〈恒先〉義釋——思想史視野下的一種解讀》，《西安建築科技大學學報》（社會科學版）2007年第1期，第6頁。

②廖名春：《上博藏楚竹書〈恒先〉新釋》，《中國哲學史》2004年3期，第88頁。

利，“主采物”是說創製器物，此二者都是人類特有的文明現象。而這些活動之所以發生，都是“出於作”：衹有作了，纔會出現這些事；如果不作，自然也就没有這些事了。如前所述，“或作”“氣作”的根本精神即在於“自作”，那麼根源於此的人事之作當然也是一樣，所以説天下之事都要“自作爲事”，這是不可變更的基本法則。

人事場合的“作”和宇宙間的“作”既有連續性的一面，同時又有特殊性的一面。首先，它是“或作”“氣作”在人類當中的一種具體表現，宇宙間的動勢和元質一直存在於生成演化的過程中，包括人類活動也不例外，這一點在前一段引文中已有說明，在此意義上人類身上的“作”仍然是“或”在“作”，“氣”在“作”；而在另一方面，人類活動的特殊性也得到了體現，“或作”推動了“有”的整體顯現，“氣作”促成了萬物的具體呈現，而人的“作”則造就了人類特有的文明事業，就此而言，人事活動的“作”不僅僅是動勢的發作或元質的運作，與此同時它還是一種具有主觀能動性和創造性的創作。

人類的創造性活動并不限於“詳義利”“主采物”，之所以選擇了此二項來說明“作”的意義，可能和前段所述的“言”“名”有關。義利之辨主要和“言”相關，而器物製作則離不開“名”的規範。對於“言”和“名”，作者還進一步談到了它們的創製過程：

> 凡言、名，先者有疑，妄言之，後者校比焉。舉天下之名，虛樹，習以不可改也。

語言、名謂都是人爲製作的結果，起初還没有得到公認，使用得比較混亂，後來經過整理規範，也就有了統一的使用。因此作者認爲全天下的名都是人爲設立的，當人們習以爲常也就不可更改了。這段話雖没有直接談到“作”的話題，但其間所言都是關於人事創作的情況。

從“或作”開始，世界就一直處於運動變化的過程中，“作”這一活動没有片刻休止。當其演化到人類，在人事範圍内這個世界仍然在“作”，但人類又有自身的特殊性，因而人事的“作”會出現一些不同於自然界的情況，主要表現爲人類擁有智慧，會主動創造，諸如義利、采物、言名等事，皆非自然界的“作”所能創製。不過，這衹是情況的一個方面，人類的智慧雖然創造出了獨有的文明現象，增加了這個世界的豐富性，但在另一方面也可能會給他者帶來不利影響，尤其是當人的主觀能動性過於激烈的時候，往往會出現一些不良情況：

> 舉天下之作，强者果。天下多采物，先者有善，有治無亂。有人焉有不善，亂出於人。

天下間充滿了各種采物，起初都很有秩序，但某些能動性過强的人破壞了原來的善治狀態。“强者果”的説法也許和《老子》第30章“善者果”有關[①]，“果”都是名詞用作動詞，意爲達成某種效果。但在句意上二者有所不同，按老子的意思，善者衹是順其自然而有果，不會强求（“果而不强”）；而《恒先》則是指强者求果，帶有强求的意味。强者爲了使事情的發展與目標相合，出於私意進行干涉，這樣一來，他者的活動也就偏離了應有的“自作”方嚮，從而導致混亂。作者進一步指出，治亂之間可以相互轉化，這就好比大小剛柔等相互轉化的情形一

①此句在王弼本作“善有果而已”，楚簡本、漢簡本、河上公本、傅奕本均作“善者果而已”，馬王堆帛書甲、乙本作“善者果而已矣”。這裏依據楚簡本展開討論。

樣：

> 先有中焉有外，先有小焉有大，先有柔焉有剛，先有圓焉有方，先有晦焉有明，先有短焉有長。天道既載，唯一以猶一，唯復以猶復。恒氣之生，因之大作，其𤔲尨不自若。作，甬（庸）有果與不果，兩者不法（廢）。

事物的變化總是朝着相反的方嚮，因此治亂也是可以轉化的。若能遵循這一天道，讓他者回復善治，則世間一切存在，包括人事活動，也就能够各得其序，達到高度自作了。“作”是自發活動的表現，“果”與“不果”是出於强者的預設，活動本身哪有這些區别。是以應放弃那些不良行動，讓他者自作自爲，如其後文所言：

> 舉天下之爲也，無夜（捨）也，無與也，而能自爲也。舉天下之生（性），同也，其事無不復。〔舉〕天下之作也，無迕恒，無非其所。舉天下之作也，無不得其恒而果遂。庸或得之，庸或失之。舉天下之名，無有廢者。與（舉）天下之明王、明君、明士，庸有求而不慮？

“無捨”“無與”是指不去指定、不去干預，因而他者就能够“自作”“自爲”，這裏體現了早期道家思想中“無爲而自然”的一種理路。“無不復”則是説無不回歸其本性，這裏的“復”并非指回到“恒先”的樸静虚無，而是指復歸至各得其性的善治狀態。如同王中江教授所言，《恒先》的“復”是指趨嚮事物本性的變化，并最終是向着終極本性的變化。[①]這一終極本性在《恒先》中也就是指“恒”性，世間一切事物的自性都是“恒”性在各

①王中江：《簡帛文明與古代思想世界》，北京大學出版社 2011 年版，第 73 頁。

物當中的具體表現，各得其性也就意味着回歸到“恒”性，因此“無迕恒”的“天下之作”即能達至真正的“果遂”。

在此，“恒”的意義再次表現出來，但不同於指示原初狀態的“恒先”之“恒”，也不同於生成過程中的“恒氣”之“恒”，這裏“無迕恒”的“恒”主要是指人事作爲的正當方嚮，更普遍來説，是指世界演化歷程的“目的因”。它所指嚮的并不是原初的樸静虚無，否則，從“或作”起所開展的一切運動都没有意義了。準確來説，它指嚮的是動而合法、行而有序的狀態。換言之，“恒”歷經顯化而又保持自性，由此呈現一個既豐富多彩又各得其序的世界，這纔是作者所期待的終極歸向。行文至此，我們可將《恒先》的相關概念用下圖表示：

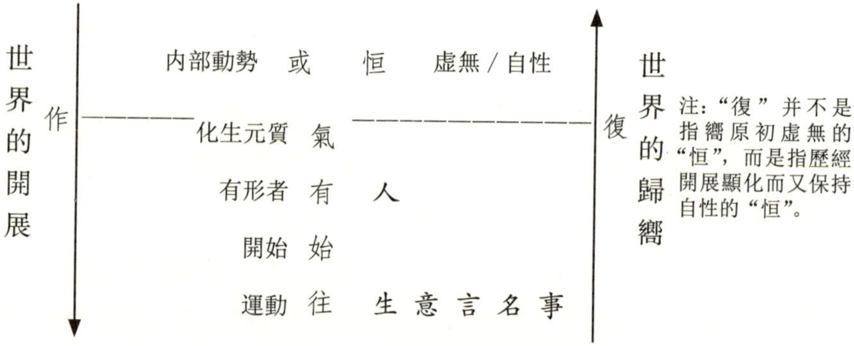

《恒先》概念圖示

需要進一步討論的是，作者對人事之“作”的看法還涉及了價值方面的問題。對於人類的創造性活動，作者并無否定之意，在他看來，人類的創造并非先天不良（“先者有善，有治無亂”），衹是現實生活中某些“强者”擾亂了原有的秩序（“有人焉有不善，亂出於人”）。根本上來説，“强者”的行動也是

“作”的一種表現，雖然他們的“作”所體現的能動性比較激烈，但這也是他們的自發而作。因此單就“强者”來説，他們的行動是符合“自作”精神的。但這些人“作”的程度過於强烈，以至於干擾了他者的“作”，違背了人人“自作”的整體性訴求，在這一層面上“强者”的“作”又是不正當的。“自作”的整體性訴求意味着任何人的“自作”都不能妨礙他者的“自作”，否則他就破壞了人人“自作”的整體秩序，這也就是《恒先》要劃定人事尺度的原因所在。[①]當然了，這一訴求在最後被集中運用到政治領域，於是不干涉他者的責任也就主要落在“明王、明君、明士”身上，要求君王的“自作”不能干涉民衆的“自作”。

從根源上來看,《恒先》所倡導的“自作爲事”的人間秩序是基於“或作”和“氣作”的自發性。宇宙最初的發動及其接下來的一切演化都是一種自發的“作”，而人事生活作爲這一普遍的“作”在人類當中的具體表現，則應該與宇宙活動的自發性保持一致，也要做到“自作”“自爲”。如同王中江教授曾指出的，道家思想往往是從宇宙的自然根源中尋求人事的最高根據，在一種從宇宙到人間的理路中强調“自然”的連續性。[②]這裏講的“自然”并非指我們今天所説的實體性的“自然”，而是指道家思想中原有的性狀意義的“自然”。具體到《恒先》當中，

①在此意義上，《恒先》主張的“自作”和約翰·密爾（J. S. Mill）倡導的“自由”有些接近。二者的具體内涵并不相同，這裏主要是就某些相近的價值取嚮而言。密爾認爲，人人都有按自己意願行事的自由，衹要他不妨礙别人取得這種自由的努力（密爾：《論自由》，許寶騤譯，商務印書館 1959 年版，第 14 頁）。在互不妨礙而各得其所的訴求上，《恒先》也表現出相似的傾嚮。

②王中江：《出土文獻與先秦自然宇宙觀重審》，《中國社會科學》2013 年第 5 期，第 81 頁。

“作”的自發性及其連續性，可説是集中體現了這樣的一種精神。從“或作”的“自厭不自忍”到“氣”的“自生自作”，再到人類的“自作爲事”“而能自爲”，“作”的自發性一直貫穿其中，這是《恒先》全文所强調的一個核心價值。

但耐人尋味的是，《恒先》一再强調“作”的自發性，也説到了“自作”“自爲”“自厭”“自生”“自復”等諸多“自×”的術語，却偏偏不提具有標志性的道家話語——“自然”。個中緣由，有待推敲。也許是作者考慮到“然”字更强調自發性的狀態和結果，而“作”字更强調自發性的活動和過程，更具有動態的意義，似乎更適合用來描述宇宙到人間的自發性歷程。當然了，不管是什麽原因，這種“自作”的精神和老莊所宣導的“自然”理念在根本上是相通的，都是强調存在的自發性，宣導一種“無爲而自然”的不干涉主義。就此來看，《恒先》所强調的“自作”其實是對道家“自然”精神的一種闡揚，通過“作”這一個更體現活動色彩的術語，爲道家的“自然”理念注入了新的内涵。

四、結語

《恒先》哲學以“作”爲綫索，逐步展現了這個世界自我開展的基本歷程。從“或”的發動，到“氣”的運行，再到人的創造，通過不同層域的“作”，《恒先》闡釋了宇宙演化和人類文明如何發生的問題。“或作”是最初的活動，提供了無中顯有的動力；而世間萬物之所以具體形成，還有賴於“氣作”；至於人事之“作”，則造就了人類獨有的文明事業。從“或作”開始，這個世界就一直在活動，没有片刻休止，不同階段的“作”

是活動的不同方式，相繼組成了世界從虛無到實有、從單一到複雜、從自然到文明的開展歷程。

當這一普遍性的活動延續到人類，由於人的特殊性，“作”在此間又具有了獨特表現。人立足於自身的能動性，既能夠創造出文明，也可能導致不良現象。基於人人“自作”的整體性訴求，《恒先》爲人事活動劃定了“自作爲事”的價值尺度，追求一種互不干涉而人人皆得自然的人間秩序。從“或作”的“自厭不自忍”到“氣”的“自生自作”，再到人類的“自作爲事”“而能自爲”，“作”的自發性一直貫穿其中，這是《恒先》全文所强調的一個核心價值。

《恒先》當中“作”的義理和早期道家有一定關聯，但又有很獨到的發揮。這一話題在其他道家文獻裏也被提到，主要是用以描述萬物的運作或人事的作爲，而對於“作”的價值，這些文獻則表現出或肯定、或否定的不同態度。相較而言，《恒先》對“作”的闡發具有很鮮明的特點，體現了作者對世界開展歷程的獨特理解。首先是“作”的意域更加廣泛，不僅可以表示“氣”的運作和人事的創作，并且被推溯到宇宙演化的本原處，用以説明世界開展的原動力問題。從“或作”“氣作”到人事之“作”，通過三個層域的依次展開，《恒先》逐步解説宇宙演化到人事開展的自發性歷程，如此系統的“作”的哲學在先秦時期是絶無僅有的。其次，《恒先》在價值立場上也對“作”的情况給出了最大的肯定，雖然作者也反對那些破壞自然秩序的過度行爲，但對於“作”本身的意義，則表現出整體上的推崇，這對早期道家否定“作”的態度是一種很大的調整。再者，《恒先》通過“作”的話題進一步闡發了道家的“自然”精神，它的價值觀和老莊所宣導的“自然”理念在根本上是相通的，但它又通過“作”這一個更體現活動色彩的術語，對“自然”理念作出了新的發揮。總之,《恒先》全文通過“作”的綫索，逐步解説世界開展過程中不同階段的關鍵問題，强調宇宙演化到人事開展的内部自發性，在形上與形下相貫通的思維中，將“作”的觀念推到一個新的義理高度。

原刊於《中山大學學報》(社會科學版)2017年第2期

上博楚簡所見陰陽家思想的影響

——以《三德》《天子建州》爲中心

曹　峰[1]

摘要　在上博簡中没有直接代表陰陽家的文獻，但未必没有陰陽家的影子，尤其是在《三德》《天子建州》等文獻中，有一些比較特殊的文字，側重從天地人的整體框架中討論人的行爲方式，即人事必須遵循天地、四時的天道運行模式，依據陰陽、文武、生殺、刑德的原理指導政治實踐，并將這種帶有禁忌色彩的行爲準則稱之爲不可抗拒的“天禮”。陰陽家的思維作爲一種可以提供政治合理性的思想資源，被戰國中期的儒家、道家所共同接受，成爲其思想的有機組成部分。這些出土文獻的發現，爲我們瞭解先秦時期儒道兩家思想的多元構成，重新審視《禮記》及《大戴禮記》中一些過去不受重視篇章的價值，提供了幫助。不過，在這些上博簡資料中，并没有找到與五行生克相關的内容。

前言

由於資料的散失，我們今天已經很難還原出司馬遷《史記·太史公自序》或《漢書·藝文志》所見陰陽家準確而完

①曹峰，中國人民大學哲學院教授，東京大學文學博士。研究領域：先秦兩漢哲學、出土簡帛文獻。

整的面貌，但是大體的脉絡還是能够勾勒出來。一條綫索是將生克理論和五行學説結合起來的那种陰陽家，其重點與其説在陰陽，不如説在五行，典型材料是《史記·孟子荀卿列傳》提到的鄒衍“深觀陰陽消息，而作迂怪之變”，“稱引天地剖判以來，五德轉移，治各有宜，而符應若茲”。當然，這裏主要運用的是五行相克理論，以相克的循環變化來解釋朝代的更替，如夏、商、周三代之變，就是金（商）克木（夏）、火（周）克金，後世统治者可以以此爲朝代更替的合理性尋找根據。就這條綫索而言，從傳世文獻來看，陰陽理論和五行轉移學説的結合究竟始於何時，鄒衍的“五德終始説”是否僅僅爲五行相克説，而和相生理論無關，相生和相克究竟同時產生，還是有先後，這些問題都還没有確定的答案。從出土文獻來看，睡虎地秦簡《日書》、放馬灘秦簡《日書》中顯然已經運用五行相生相克説。[①]雖然睡虎地秦簡《日書》、放馬灘秦簡《日書》的時代屬於戰國末期到秦代，而鄒衍的學説產生於稷下學宫，時代大

①例如饒宗頤指出，《日書·禹須臾》的占法即納音五行説，其中使用到五行相生原理。參見饒宗頤：《秦簡中的五行説與納音説》，載《古文字研究》(第14輯)，中華書局1986年版；又收入《饒宗頤史學論著選》，上海古籍出版社1993年版。工藤元男對此也作過詳細論述，他認爲睡虎地秦簡《日書》中既有相生説，也有相勝説，參見工藤元男：《睡虎地秦簡所見秦代的國家與社會》，廣瀨薰雄、曹峰譯，上海古籍出版社2010年版，第六、第七章。程少軒《放馬灘所見式占古佚書的初步研究》(載《中央研究院歷史語言研究所集刊》第八十三本第二分，2012年）指出放馬灘秦簡中有一批式占類古佚書，可以命名爲《鐘律式占》，《鐘律式占》和放馬灘《日書》一樣，存在納音五行、五行三合、五方配五色等屬於陰陽五行的基本原理，《鐘律式占》有可能和《漢書·藝文志》所載陰陽五行家文獻《黄鐘》有關。其中“納音五行”部分可以看出五行按相克順序排列。晏昌貴《孔家坡漢簡〈日書·歲〉篇五行配音及相關問題》(《簡帛》第二輯，上海古籍出版社2007年版）指出孔家坡漢簡《日書·歲》篇也有納音五行説，其五音五行搭配與《鶡冠子·泰鴻》類似。

致相當於戰國中期，但考慮到《日書》幾乎是出土文獻中最爲常見的文獻，作爲一種選擇時日的方術應該已經有相當悠久的傳統，因此，應該不是鄒衍的陰陽五行説影響到《日書》，而是《日書》這類在社會上非常流行的選擇術中的五行説影響到了鄒衍，然後鄒衍利用這些數術理論，建立起自己的政治理論，這種可能性更大一些。但這種選擇術中的五行説究竟何時何地產生，如何產生，還没有充足證據可以説清楚。①

再來看另一條綫索，《史記·太史公自序》所見司馬談《論六家要旨》這樣描述陰陽家："嘗竊觀陰陽之術，大祥而衆忌諱，使人拘而多所畏；然其序四時之大順，不可失也。""夫陰陽四時、八位、十二度、二十四節各有教令，順之者昌，逆之者不死則亡，未必然也，故曰'使人拘而多畏'。夫春生夏長，秋收冬藏，此天道之大經也，弗順則無以爲天下綱紀，故曰'四時之大順，不可失也'。"從中可以看出，司馬談心目中的陰陽家，幾乎完全等同於那些掌握天文曆算、從事"天官"之職，懂得陰陽消長之節律的人，其理論的基本模式是，從天、地、人互動的、整體的角度思考問題，天地之道是可以認識和推算的，人道必須遵循天地之道。然而走嚮極端，强調"順之者昌，逆之者不死則亡"，則有"大祥而衆忌諱，使人拘而多所畏"之嫌，即過分强調天道的數度和禁忌，使人變得拘束，難以發揮主動性和創造性。《荀子》在《非十二子》中稱道家"蔽於天而

①值得一提的是，書寫時代大約在戰國中期以前的清華簡《湯在啻門》（李學勤主編：《清華大學藏戰國竹簡（伍）》，中西書局2015年版）中多次出現"五"這個數字，明顯具有"五行"的意識，出現了"五以成人""五以相之""五以將之""五味之氣""五曲""五穀"等説法，明確出現了"水、火、金、木、土"的排列，而且其排列符合相克原理。但《湯在啻門》是否有意識使用了相克原理，或僅僅屬於偶然排列，還有待考證。

不知人”，在《天論》中突出强調人自身的作用與力量，正是想把人從對天的過度忌諱和畏懼中解放出來。《漢書·藝文志》關於陰陽家的評介則是：“陰陽家者流蓋出於羲和之官。敬順昊天，曆象日月星辰，敬授民時，此其所長也。及拘者爲之，則牽於禁忌，泥於小數，捨人事而任鬼神。”這段話的總結和司馬談《論六家要旨》基本一致，所謂“敬順昊天，曆象日月星辰，敬授民時”的具體内容正是“四時之大順”，亦即“陰陽四時、八位、十二度、二十四節各有教令”，而其缺陷，《漢書·藝文志》指出“牽於禁忌，泥於小數，捨人事而任鬼神”，即人的行爲必須完全和天地節奏、數度相合拍，不得有任何越軌之處，這和“大祥而衆忌諱，使人拘而多所畏”的意思也是完全相同的。這裏的鬼神，筆者以爲不必將其單純理解爲儒家作爲祭祀對象的祖先神靈，也不必理解爲可以在現實中決定一切的墨家人格神，很大程度上衹是天地所發揮之神秘作用的擬人化而已，或者衹是藉助鬼神的力量而已。這類陰陽家的作品或受陰陽家深刻影響的作品，在傳世文獻中，比較典型的是《吕氏春秋》之《十二紀》，《禮記·月令》《禮記·樂記》，《周禮·春官·天府》，《逸周書》的《周月》《時訓》，《管子》中《四時》《五行》，《大戴禮記》的《夏小正》，《淮南子》的《天文》《時則》等一些篇章。

這類不同於鄒衍的陰陽家，我們可以稱之爲推崇天道陰陽觀的陰陽家，事實上這纔是司馬談和劉歆[①]心目中陰陽家的一般面貌，鄒衍類型的陰陽家則具有特殊性。我們現在談論陰陽家時，往往首先提到的是鄒衍的“五德終始説”，很可能這是本末倒置的，因爲陰陽與五行的結合并非陰陽家的唯一條件，《漢

①《漢書·藝文志》承劉歆《七略》而來，所以也可以説是劉歆學説。

書·藝文志》所列“陰陽二十一家，三百六十九篇”中，雖然有《鄒子》四十九篇，可能和“五德終始説”等相關，但是其餘篇章，如“《容成子》十四篇”之類，顯然是討論天文曆算，以“敬順昊天，曆象日月星辰，敬授民時”爲主要目標的。在出土文獻中，像馬王堆帛書《黄帝四經》等文獻，雖然不能直接等同於陰陽家，但天道陰陽觀無疑是其中的主要框架和基本思維模式[①]，這類似於“十二紀”在《吕氏春秋》中的作用與地位。那麽，由楚系文字書寫的竹簡所反映戰國中期前後的情况如何呢？至今爲止我們没有找到直接代表陰陽家的文獻，但裏面未必没有陰陽家的影子，尤其是在《天子建州》《三德》等文獻中，有一些比較特殊的文字，側重從天地人的框架中討論人的行爲方式，即人事必須遵循天地、四時的天道運行模式，依據陰陽、文武、生殺、刑德的原理指導政治實踐，并將這種帶有禁忌色彩的行爲準則稱之爲不可抗拒的“天禮”。而且，值得注意的是，在儒道兩個系統中我們都能找到相關的論述。

一、上博簡《三德》篇與陰陽家之關係

《三德》是《上海博物館藏戰國楚竹書（五）》中的一篇。[②]此文許多地方和馬王堆帛書《老子》乙本卷前古佚書（即所謂

①天道陰陽觀與《黄帝四經》的關係，可以詳參葛志毅的《黄帝與黄帝之學》及《〈黄老帛書〉與黄老帛書考辨》，二文均收入葛志毅：《先秦兩漢的制度與文化》，黑龍江教育出版社 1998 年版。曹峰：《黄帝的“法天則地”與〈老子〉的“人法地、地法天”》，載徐炳主編：《黄帝思想與先秦諸子百家》（上册），社会科學文獻出版社 2015 年版。葛志毅認爲，陰陽家其實源自托名黄帝的早期天道陰陽觀思想系統，筆者表示贊同。

②馬承源主編：《上海博物館藏戰國楚竹書（五）》，上海古籍出版社 2005 年版。《三德》釋文的最初整理者为李零。

《黄帝四經》）相像[①]，也有一些地方可以和《大戴禮記》《禮記》的若干篇章相對照，呈現出複雜的思想面貌。其主要内容是以天的口吻對人事尤其是對統治者的行爲進行告誡，因此，命令句式居多，帶有不可違抗的强制性。該文獻充滿格言、警句，充滿禁忌色彩，具有樸素的義理。其基調是善惡果報，天看上去是有意志的主宰之天，人的行爲必須遵循天地之道，這是學者們所公認的。王中江認爲《三德》展現出一套與自然理性、天道觀并存的“神意论”，呈現爲自然理性與宗教意識集於一身的二重構造。[②]使用“神意论”或宗教意識等詞彙，容易使人誤解，以爲《三德》表達的是一種非理性的鬼神觀。《三德》雖然使用擬人化的口吻將天神靈化（如“天神”“上帝”“鬼神”），但這僅僅是一種形式，一種表面現象。例如《三德》首句云：“天供時，地供材，民供力，明王無思，是謂三德。草木須時而後奮。天惡如忻。平旦毋哭，晦毋歌，弦、望齋宿，是謂順天之常。敬者得職之，怠者失之，是謂天常。”後面還有“毋爲僞詐，上帝將憎之。忌而不忌，天乃降灾；已而不已，天乃降异”。[③]“知天足以順時，知地足以育材，知人足以合親。”這是説，天提供時，地提供材，民提供力，高明的君王不必操心思慮，這就是君王所要利用的三德。草木需要等待時機纔能生長。上天厭惡的不要去喜歡。天亮時不要哭，天暗時不要唱歌，月半月滿時要齋戒恭敬，這叫“順天之常”。恭敬者會有所得，懈

①這一點筆者作過詳細論證，參見曹峰：《近年出土黄老思想文獻研究》，中國社會科學出版社 2015 年版，第二編第二部分“三德研究”之第五章“《三德》與《黄帝四經》对比研究”。

②王中江：《〈三德〉的自然理法和神意論——以“天常”“天禮”和“天神”爲中心的考察》，《中國哲學史》2008 年第 4 期。

③對於《三德》，筆者作過詳細考釋，參見曹峰：《近年出土黄老思想文獻研究》第二編第二部分“三德研究”之第二章“《三德》注釋”。

怠者會有所失，這叫“天常”。不要做僞詐之事，上帝將表示憎惡。該忌諱而不忌諱，天要降下灾禍；該制止而不制止，天要降下异常。瞭解了天就足以順應天時，瞭解了地就足以培育地材，瞭解了人就足以和睦親族。可見，《三德》本質上屬於高度理性的天道觀，强調人必須按照天地運行的規律（即所謂的“天常”）行事，不然上天就會降下灾殃，出現“天乃降灾”“天乃降异”“皇天弗諒”“上帝弗諒”的報應。這種口吻和司馬談所謂“夫陰陽四時、八位、十二度、二十四節各有教令，順之者昌，逆之者不死則亡”，“大祥而衆忌諱，使人拘而多所畏”的陰陽家其實非常接近。

值得注意的是，《三德》兩次談到“天禮”，先來看第一段：

> 陽而幽，是謂大戚；幽而陽，是謂不祥。齊齊節節，外内有辨，男女有節，是謂天禮。

這是説，陽做陰的事，這叫“大戚”；陰做陽的事，這叫“不祥”。井井有條，整整齊齊，外内有別，男女有節，這叫“天禮”。這裏顯然“陽”與“男”“外”相對應，“幽”與“女”“内”相對應。“外内有辨，男女有節，是謂天禮”表明外内、男女之别是不可變更、不可抗拒的“天”的禮數。從禮的角度談男女之别，《禮記·内則》有：“男不言内，女不言外”，“内言不出，外言不入”。《禮記·曲禮上》有：“外言不入於梱，内言不出於梱。”鄭玄注：“外言，内言，男女之職也。”類似説法，還見於上博楚簡《昔者君老》：“[愠於内，不見於外。] 愠於外，不見於内”，“内言不以出，外言不以入”。《禮記·曲禮上》《禮記·内則》以及《昔者君老》都是儒家性質的文獻，這是學界公認的。但是這些儒家文獻中并没有出現“天禮”的説法。雖然同樣强調的是男女之别，但立論方式不同，在《三德》這裏，先是通過陰陽關係立論，然後用一種禁忌式的語言指出，如果違背了陰陽之序，就會有“大戚”“不祥”的結果。最後又將反映着陰陽之序的男女之别，歸結爲“天禮”，即天所直接賦予的、不以人的意志爲轉移的禮數。類似的立論方式亦見於《黄帝四經・稱》以下内容：

> 凡論必以陰陽□大義。天陽地陰。春陽秋陰。夏陽冬陰。晝陽夜陰。大國陽、小國陰。重國陽、輕國陰。有事陽而无事陰。伸者陽而屈者陰。主陽臣陰。上陽下陰。男陽［女陰。父］陽［子］陰。兄陽弟陰。長陽少［陰］。貴［陽］賤陰。達陽窮陰。娶婦生子陽、有喪陰。制人者陽、制人者制於人者陰[①]。客陽主人陰。師陽役陰。言陽默陰。予陽受陰。諸陽者法天……諸陰者法地。

類似表述也見於《説苑・辨物》《鬼谷子・捭闔》《春秋繁露・陽尊陰卑》，這是一種把事物機械地分成陰陽兩類，然後對號入座的思維方式。誠如魏啓鵬所言，“此文殆爲古陰陽家所言，爲戰國黄老之學所汲取”[②]。結合《三德》的情况來看，古陰陽家的思維方式和言説方式顯然對《三德》也産生了影響。

再來看另外一段：

> 皇后曰：“立毋爲角，言毋爲人倡。毋作大事，毋害常。毋壅川，毋斷洿。毋滅崇，毋虚藏。毋［改］[③]敌

①第二次出現的“制人者”當爲衍文。
②魏啓鵬：《馬王堆漢墓帛書〈黄帝書〉箋證》，中華書局2004年版，第233頁。
③“改”字，是陳劍依據殘筆，考慮到和下文“變”的對應關係而補，參見陳劍：《〈三德〉竹簡編聯的一處補正》，簡帛網（http://www.bsm.org.cn/），2006年4月1日。

（圄）[1]，毋變事。毋煩姑嫂，毋耻父兄。毋羞貧，毋笑刑。毋揣深，毋度山。毋逸其身，而多其言。居毋適，作毋荒。善勿滅，不祥勿爲。入墟毋樂，登丘毋歌。所以爲天禮。”

這是説，皇后指出：立身不要特立獨出，説話不要先人而發。不要做妨碍農時的事，不要違反固有的準則；不要阻塞河流、不要穿決水池；不要將高山夷爲平地，不要將地下所藏都開發出來；不要随意改變禁忌，不要随意變動事宜；不要讓家中女性長者爲難，不要讓家中男性長者蒙羞；不要羞侮貧困之人，不要嘲笑受刑之人；不要去揣水之深，不要去度山之高（即不要做不自量力之事）；不要放縱自己的身體，不要讓自己亂説話；居處不可過於舒適，行爲不可過於荒淫；善事不要去破壞，不祥之事不要去做；不要在廢墟作樂，不要在墓丘歌唱。（以上這些忌諱，）可以視其爲不可抗拒的“天禮”。

這些全部用否定句式表達，以嚴厲口吻發出的訓誡，其發言者是“皇后”，筆者考證此人就是“黄帝”[2]，黄帝在這裏以天道的代言人説話，語氣充滿了禁忌色彩。我們發現這段話中也有不少可與禮書對應之處，如《禮記·曲禮上》的“臨喪不笑”“望柩不歌”“里有殯，不巷歌”“適墓不歌”，就和“入墟毋樂，登丘毋歌”説的是同一類事情。另外，需要注意的是，這些稱爲“天禮”的禁忌，雖然也有人際關係的處世原則，如“立毋爲角，言毋爲人倡”，“毋煩姑嫂，毋耻父兄。毋羞貧，毋笑刑”，“毋逸其身，而多其言。居毋適，作毋荒”，“入墟毋樂，

①陳劍認爲“敔”可讀如“圄”“圉”或“御”“禦”等，即“禁令”之義，參見陳劍：《〈三德〉竹簡編聯的一處補正》。筆者以爲可從，《黄帝四經·十六經》“上帝以禁。帝曰：‘毋乏（犯）吾禁……’”可以爲例。

②參見曹峰：《〈三德〉所見“皇后”为“黄帝”考》，《齐魯學刊》2008年第5期。

登丘毋歌"；但不像《禮記·曲禮上》列出的衹是人間的禮，《三德》把"禮"放在整個天地人框架之中加以討論，例如其前後文"毋作大事，毋害常。毋壅川，毋斷洿。毋滅崇，毋虚藏。毋改圊，毋變事"，"毋揣深，毋度山"，"善勿滅，不祥勿爲"之類禁忌就建立在人與自然的關係之上或包括人與自然的關係。因此，"天禮"的範圍極大，絶不僅僅限於人事，也不能僅僅將其視爲針對上帝鬼神的被動服從和膜拜，而是人對天地法則的積極參與和維護。也就是説，"禮"作爲人間的規範體系雖然需要順應天地之道，但和天地之道不是對立的關係，而是和天地法則合爲一體的。此外，作爲對於天道的遵循，這些"天禮"均以外在戒條的形式呈現出來，因此不需要經過人心對德性做出反省的環節，不需要倫理的説教。這種"天禮"的實質在於將禮的來源歸自於天，完全跳過了與"性"(無論是善性還是惡性)的關聯，直接以天爲本，認爲人間的禮儀衹是天道天意的體現而已，絶非人類獨立可爲，這就與以孟子或荀子爲代表的論證路綫大相徑庭。相比之下，這種視天地人爲有機整體的思路，以戒條形式賦予人間之"禮"不可抗拒的特徵，和上述司馬談、劉歆心目中的陰陽家没有二致。

二、上博簡《天子建州》篇與陰陽家之關係

再來看另外一部出土文獻《天子建州》[①]，這篇不足300字的文章是一部禮制雜鈔，"禮制信息極爲豐富，其中涉及封建制度、廟制、兵陰陽、朝聘之禮、祭禮，以及立、視、旋、言等

①馬承源主編：《上海博物館藏戰國楚竹書（六）》，上海古籍出版社2007年版。《天子建州》釋文的最初整理者是曹錦炎。

各種禮容。簡文所載，都可與傳世禮書進行對證，可以説是迄今爲止最有價值的一篇禮學出土文獻”[①]。也就是説，在不長的篇幅中包含着非常複雜的與禮制相关的内容。

《天子建州》有以下這樣一段話：

> 朝不語内，攻［不語］戰。在道不語慝，居政不語樂。尊俎不誓事，聚衆不語怨，男女不語麗，朋友不［語分］，臨食不語惡。臨兆不言亂、不言侵、不言滅、不言虩、不言短。故龜有五忌。臨城不［言］毀，觀邦不言喪，故見傷（禓？）而爲之祈，見窔而爲之入。

楊華對這段話作了如下的白話翻譯：在外朝不宜談論内寢之事，舉行攻解祭禱時不能談論戰鬥之事。在路上不要談論各地的忌諱鄙惡之語，處理政事時不要談論女樂。在堂室尊俎之間不能誓衆讀辭，參加土功、戰事等集體活動時不要談論怨尤之語。男女在一起不要談與偶合有關的内容，朋友在一起不要談论與分離有關的内容，吃飯時不要談論影響食欲的髒話。占卜之前不能説與動亂、大饑、水火灾害、旱鬼和夭殤有關的内容，所以占卜時有五種忌諱，登城不能説與墮毁有關的話，觀國不能説與亡國有關的話，看到鄉人驅逐强鬼便趕緊祭禱自己的家廟神主，看到舊奠撤到窔處便立即把新奠端進去，不要讓先人之鬼須臾失去憑依。[②]

這段話和前引《三德》那兩段話非常接近，同樣是否定式的口氣，同樣將人間的規則和天地神鬼的禁忌合在一起，雖然

①楊華：《〈天子建州〉禮疏》，《學鑒》（第三輯），武漢大學出版社 2010 年版，第 45 頁。

②此段的釋文與白話文譯利用的是楊華的《〈天子建州〉禮疏》，第 24、44 頁。但楊華的白話漏了“故龜有五忌”的翻譯。

没有使用“天禮”這樣的詞語，但是我們也可以將其視爲“天禮”，因爲這同樣是没有商量餘地的戒條，洋溢着“大祥而衆忌諱，使人拘而多所畏”的味道。《天子建州》中更值得重視的是以下這段話：

> 文陰而武陽。信文得事，信武得田。文德治，武德伐。文生武殺。日月得其輔，相之以玉斗，仇讎殘亡。洛尹（伊）行身，和二，一喜一怒。

筆者稱這段話爲“文陰而武陽”章，此章文字和内容較難理解，歧義很多，筆者在繼承和批判前賢基礎上，重新整理研究了此章的字意和内容，作出比較詳細的疏解，認爲可以作如下的解釋：文屬於陰，武屬於陽。用文的方式可以獲得事功，用武的方式可以開拓疆土。文之德用於治理，武之德用於殺伐。文使萬物得以生養，武使萬物得以衰敗。（君子）若能够得到日月的輔助，又能够得到玉斗的引導，仇敵一定會敗亡。洛伊之立身處世，能够對喜和怒兩者作出合理的調節。①

在《天子建州》中，此章非常特殊。因爲此章的内容和性質，與闡述禮制的前後文，如從天子到士的各級封建制、廟制、各種禮容、用餐標準等相比顯得格格不入。《天子建州》也談到德行的問題，如“事鬼則行敬，懷民則以德，斷刑則以哀”。（以虔敬的態度進行祭祀，以仁愛的道德使人民歸附，以哀憐的心情來裁斷刑獄。）“因德而爲之制，是謂中不違。”（根據德行來制定禮制，就會中正不遠。）此章中完全没有類似的表述，有的衹是冷冰冰的戒條。

---

①參見曹峰：《上博簡〈天子建州〉“文陰而武陽”章新詮》，《中華文史論叢》2013年第3期。

既然和前後文同抄，毫無疑問，在抄寫者心目中這段話是應該將其視爲“禮”之一部分的。那麽，這是一種什麽性質的“禮”呢？筆者認爲，這裏的“文武”“陰陽”“生殺”“日月”“喜怒”都是具有類似性質的元素，既是可以用“陰陽”來代表的、天地間最具典範意義的事象和運行的原理，又是人間與天地相合拍的、合於“陰陽”的行動方式與手段，因此從法則的意義上講也是一種“禮”，衹不過這種“禮”不是人爲可以隨意制定的、或者可以用德行加以加減調整的規則，而是不得不與天地同步的規範。

那麽，這種體現爲“文武”“生殺”的“陰陽”之道出現在哪些文獻中呢？淺野裕一最先注意到《天子建州》“文陰武陽”“文生武殺”與《黄帝四經》的關係，他提出“與此非常類似的思維方式在從長沙馬王堆西漢墓出土《黄帝書》的《經法》和《十六經》中可以看到”。并認爲“并用施恩的和平手段（即“德”或“文”）與動武討伐的軍事手段（即“刑”或“武”）基本的構想這一點，在《天子建州》第四章和《黄帝書》之間存在着密切共通性”[①]。

筆者也作了進一步的論證，在《黄帝四經》中人的一切行動必須和“天地之道”相參，纔有成功的希望。具體而言，天地四時已經向人展示了生殺予奪的自然法則，因此人的政治行動（文武、動静、賞罰）衹有與之合拍，纔有可能達成“天下從”“天下賓”“王”的政治目標。顯然，從上面這段文字來看，《天子建州》有着天道論的背景，裏面雖然没有“刑德”出現，但“文陰而武陽”的説法，以及關於日月的論述，都表明背後

①淺野裕一：《上博楚簡與先秦思想》，臺灣萬卷樓圖書股份有限公司2008年版，第200—201頁。

有“刑德”的影子存在。“文武”“生殺”“刑德”所體現的“陰陽”之道，都屬於天地之恒常，是宇宙間最爲根本的原理和法則，因此用“禮樂教化”去説明“文德”是解釋不通的[①]。甚至最後一段中出現的“喜怒”也應該和前面的陰陽、文武、生殺、日月配合起來考慮，視其爲天地人整體法則中的一環，或者説人的“喜怒”必須和體現爲“刑德”的天道運行規律相關聯纔能獲得其價值。[②]

與之類似的思路也見於典型的陰陽家文獻《管子・四時》："陰陽者，天地之大理也。四時者，陰陽之大經也。刑德者，四時之合也。刑德合於時則生福，詭則生禍。""日掌陽，月掌陰，星掌和。陽爲德，陰爲刑，和爲事。""德始於春，長於夏，刑始於秋，流於冬。刑德不失，四時如一。刑德離鄉，時乃逆行。"

綜上所述，《天子建州》是一部獨特的禮書，除了我們在傳世文獻中常見的内容外，還加入了不少關於天地神鬼的禁忌以及與陰陽刑德相關的東西，這些内容，不可否認與司馬談、劉歆筆下的陰陽家有着高度相似性。

---

①如整理者曹錦炎認爲指“以禮樂教化進行統治”；林文華：《〈天子建州〉釋讀五則》[簡帛網（http://www.bsm.org.cn/）2008年7月15日]認爲指“天子施用禮樂教化之事”；何有祖：《上博簡〈天子建州〉的初步研究》（武漢大學博士學位論文，2009年5月）釋爲“禮樂教化的統治方法”，顯然過於狹隘、過於主觀。這裏的“文”意義寬泛，泛指與武力征伐相對的其他一切和平手段，可以理解爲所有促進經濟成長、社會繁榮的措施等。

②值得注意的是，《天子建州》使用了“文陰而武陽”的説法，與《黄帝四經・十六經・姓争》“刑陰而德陽”的表述正好相反。在古代陰陽家學説中，動静剛柔和文武正相匹配，因此以主静主柔的文爲陰，主動主剛的武爲陽是正常的。但在有的陰陽家學説中，“春夏爲德”，主生養，屬於“陽”；“秋冬爲刑”，主肅殺，屬於陰，這也是正常的。因此在不同的場合，兩種説法都成立。

結語：陰陽家與儒家、黄老道家的交合

关於《三德》的思想傾嚮，學界有争論。筆者曾有一系列論文，從用語、用韵、思想構成論證《三德》和《黄帝四經》有密切關係，《三德》有可能是《黄帝四經》的思想來源。[①]湯淺邦弘[②]、福田一也[③]則認爲《三德》和儒家思想有着密切關係，屬於《詩》《書》等典籍中所見到的天人相關思想。歐陽禎人認爲《三德》"受到了《尚書》'敬天保民'思想的影響"[④]。也就是説他們都認爲《三德》反映着早期儒家的思想。王中江雖然也認爲"《三德》也許可以列到儒家的範疇中"，但有别於從孔子到孟子特别是到荀子，越來越人文理性化和自然化的儒家[⑤]。

《三德》作爲一部時代較早的文獻，如果套用漢初的框架，無論稱其爲道家或儒家，或許都有片面性。不能否認，《三德》的言論有些與後世的黄老道家（如《黄帝四經》）重合，有些如前文所舉與儒家相關。隨着研究的深入，我們或許可以换一個角度，思考這樣一個問題，在《三德》身上既可以找到黄老道家的痕迹，也可以找到儒家的痕迹，這説明這兩者之間存在交合

①曹峰：《近年出土黄老思想文獻研究》第二編第二部分"三德研究"之第五章"《三德》與《黄帝四經》对比研究"。

②參見湯淺邦弘：《上博楚簡〈三德〉的天人相關思想》，載郭齊勇主編：《儒家文化研究》（第一輯），三聯書店 2007 年版。湯淺邦弘：《上博楚簡〈三德〉の全體構造と文獻的性格》，載《中國研究集刊》第 41 號，2006 年。

③福田一也：《上博簡（五）〈三德〉中"天"的觀念》，載郭齊勇主編：《儒家文化研究》（第一輯）。福田一也：《上博楚簡（五）〈三德〉的思想淵源》，載《浙東學刊》（第一輯），浙江大學出版社 2009 年版。

④歐陽禎人：《〈三德〉中的儒家思想初探》，載《從簡帛中挖掘出來的政治哲學》，武漢大學出版社 2010 年版，第二章第二節。

⑤王中江：《〈三德〉的自然理法和神意論——以"天常""天禮"和"天神"爲中心的考察》，《中國哲學史》2008 年第 4 期。

之處，如果我們考慮陰陽家的因素，這個問題就迎刃而解了。[①]也就是説，陰陽家其實是儒道共同的思想資源。黄老道家大量使用陰陽家學説是没有争議的，在此不必作太多論證。《尉繚子・天官》有："梁惠王問尉繚子曰：'黄帝刑德，可以百勝，有之乎？'尉繚子對曰：'刑以伐之，德以守之，非所謂天官時日陰陽嚮背也。黄帝者，人事而已矣。'"魏啓鵬認爲，"這表明，黄帝之言學派雖然和陰陽家流派一樣，與天文、曆算學有淵源關係，但是陰陽家末流那種'牽於禁忌，泥於小數，捨人事而任鬼神'，'推刑德'却要'假鬼神而助'的惡習弊病，基本上被黄帝之言拋弃"[②]。的確如魏啓鵬所言，《黄帝四經》雖然有許多地方和《三德》高度相似，但關於鬼神之説，却大大淡化，變得更爲理性了，《黄帝四經》中利用的陰陽家，更多是可以用天文、曆算加以推測、描述和把握的天道規律。

再來看儒家，《三德》的"禮"看上去和儒家人倫禮儀、男女之辨、君臣之節類似，但通篇没有道德和政治之間關係的原理解説，而這正是孔孟荀儒家的最大特色。僅僅將《三德》歸爲《詩》《書》等典籍中所能見到的、周代的早期儒家也過於寬泛。事實上，我們必須認識到，先秦儒家并不完全是孔孟荀一系的、重視人文理性與道德精神的儒家，其中一部分可能在形式上保持了和早期宗教相關、和實用知識相關的特色，具有从天道到人道的思路。這些儒家避開了德性的問題，完全不涉及"仁義""忠信""性命"和禮的關係，直接將禮視作天道的反映。這些儒家并非衹是在口頭上坐而論道，而是通過明堂等制度將儒學和具體政治實踐結合起來。這部分儒家的文獻似乎和《大

①當然，這裏稱其爲早期陰陽家或古陰陽家或許更爲合適。
②魏啓鵬：《馬王堆漢墓帛書〈黄帝書〉箋證》，第310頁。

戴禮記》關係更密切一些，例如《大戴禮記·盛德》云：“故明堂，天法也；禮度，德法也。”[①]《大戴禮記·四代》云：“有天德，有地德，有人德，此謂三德。三德率行，乃有陰陽。陽曰德，陰曰刑。”總之，如果説《三德》中有儒家的影子，那麽這部分儒家，是較之精神更重禮儀，身上有着濃厚陰陽家色彩的儒家。阮元曾經説過：“《荀子》《大戴》所謂‘道經’‘道書’，皆黄老古説，與今《老子》五千言又少异。”[②]其實，《荀子》《大戴禮記》身上所見黄老的影子，在相當大程度上，正是陰陽家的影子，通過陰陽家這個媒介，儒家和黄老發生了重合。

同樣，如果視《天子建州》爲儒家作品，那麽這種儒家完全超越了人倫規範，把視野伸展到陰陽變化的天地法則中，如果説這些法則是“禮”，這就是真正的“天禮”，即絶對的、天地人共通共有的、亘古不變的“禮”，而人間的“禮”必須遵循、順從這樣的“天禮”。

在儒家傳世文獻中，如果仔細尋繹，我們可以找到這類“天禮”的踪影，例如，在《大戴禮記·禮三本》中有以下文字：

> 故禮，上事天，下事地，宗事先祖而寵君師，是禮之三本也。……天地以合，四時以洽，日月以明，星辰以行，江河以流，萬物以倡，好惡以節，喜怒以當。以爲下則順，以爲上則明。(《荀子·禮論》《史記·禮書》有類似内容)

所謂的“禮之三本”，其實是“禮之二本”，因爲“上事天，下

①明堂和陰陽家的關係是無可置疑的，這裏限於篇幅，不做展開。想説明的是，一部分儒家也接受明堂之説。

②見阮元：《揅經室續三集》卷三“《荀子》引道經解”，收入《國學基本叢書》，商務印書館1937年版，第124頁。

事地”指的是信奉、遵循天地的規則，兩者可以合二爲一，這是禮的一個重要來源，與通過“宗事先祖而寵君師”獲得的、人爲制定的禮儀并非同一途徑。因此，通過“上事天，下事地”獲得的禮可以説與“天禮”無异。此外，儒家文獻中還有不少“禮”來自於天，以天地之道爲標準的表述，如《禮記·樂記》云：“大禮與天地同節”；“禮者，天地之序也”；“及禮樂之極乎天而蟠乎地，行乎陰陽而通乎鬼神”。《禮記·禮運》：“故聖人作則，必以天地爲本，以陰陽爲端，以四時爲柄，以日星爲紀，月以爲量，鬼神以爲徒，五行以爲質，禮義以爲器，人情以爲田，四靈以爲畜。”“是故夫禮，必本於大一，分而爲天地，轉而爲陰陽，變而爲四時，列而爲鬼神。”“夫禮，必本於天，動而之地，列而之事，變而從時，協於分藝。”《禮記·禮器》：“禮也者，合於天時，設於地財，順於鬼神，合於人心，理萬物者也。”《禮記·喪服四制》：“凡禮之大體，體天地，法四時，則陰陽，順人情，故謂之禮。”“夫禮，吉凶异道，不得相干，取之陰陽也。喪有四制，變而從宜，取之四時也。”《禮記·鄉飲酒義》：“古之制禮也，經之以天地，紀之以日月，參之以三光，政教之本也。”《大戴禮記·虞戴德》中孔子與魯哀公的問對中有：“君問已參黄帝之形，制之大禮也。”在我們看來，這些話應該都有實指，其背後就是陰陽家的知識和思想體系。

《漢書·藝文志》描述儒家時説：“儒家者流，蓋出於司徒之官，助人君順陰陽明教化者也。游文於六經之中，留意於仁義之際，祖述堯舜，憲章文武，宗師仲尼，以重其言，於道最爲高。”應該注意到，在這裏，“助人君順陰陽明教化”是儒家事業的重要項目[①]，吴文璋指出："所謂'助人君順陰陽明教化'就是巫師的制度化、祭司化，又演變到理性化的儒者。"[②]巫師正是陰陽家常常扮演的角色。值得注意的是，到了《隋書》卷三十四《經籍志》三《子部》儒家類小序中，這段話變成"儒者所以助人君明教化者也"，從中可以看出，隨着時代的變化，陰陽家在儒家中的作用開始不受重視，或者故意加以排除了。

或許有學者認爲，儒家中的陰陽思想直接來自《周易》，而和陰陽家無關，其實不難發現，在《周易》六十四卦經文中，陰陽衹是表示光影的嚮背或代表日月而已。在《易傳》中，確有若干"陰陽"概念出現，但也并不系統詳備，因此，不如説《易傳》的陰陽思想并非獨創，而是受到陰陽家的影響。這個問題比較複雜，限於篇幅，不作展開。

總之，結合上博簡《三德》《天子建州》等出土文獻，我們發現了陰陽家的學説與原理是後世黄老道家的一個重要思想源頭。也發現先秦儒家面貌複雜，系統多元，有一部分儒家顯然受到陰陽家的深刻影响，直接借用了其概念或框架，將其納入到自己的思想體系中，從而與突出德行與倫理的孟荀儒家形成鮮明對比。不僅儒道兩家，詳於天地之道，精於天文曆算的陰陽家是先秦各家都不會排斥、都必須借重的思想資源，這也證明了爲何《吕氏春秋》要用《十二紀》作爲其基本的框架和骨幹，證明了司馬談《論六家要旨》爲何要把陰陽家放在第一位。

①李若暉指出："'順陰陽'與'明教化'并非并列結構，而應該理解成爲以'順陰陽'爲手段達到'明教化'的目的。"參見李若暉：《順陰陽，明教化——〈漢志〉儒家小序引述〈堯典〉發微》，《孔子學刊》（第三輯），上海古籍出版社 2012 年版，第 85 頁。

②吴文璋：《巫師傳統和儒家的深層結構——以先秦到西漢的儒家爲研究對象》，臺灣復文圖書出版社 2001 年版，第 24 頁。

上博簡等出土文獻的發現，爲我們瞭解先秦時期儒道兩家思想的多元構成，爲我們重新審視《禮記》及《大戴禮記》中一些過去不受重視篇章的價值，提供了重要幫助。不過，在這些資料中，并没有找到與五行生克相關的内容，及五行與陰陽相結合的内容，因此，鄒衍路綫陰陽家學説的生成，還有待新資料的發現。

原刊於台灣《哲學與文化》42卷10期

清華楚簡

清華簡《湯在啻門》所見“五”的觀念研究

曹　峰[1]

摘要　《湯在啻門》在討論“何以成人？何以成邦？何以成地？何以成天？”等人世間最爲根本的問題時，大量使用“五”的觀念，而且出現了“水、火、金、木、土”的排列，可見此文具有明確的“五行”意識。通過比較其他傳世文獻及出土文獻，可以發現《湯在啻門》的“水、火、金、木、土”屬“地”之五行系統，已經具有“尚土”意識，但未見相生相克觀念的使用。《湯在啻門》處於這樣一個歷史階段，即開始積極使用“五行”來解答天地人之間所有的問題，但“五行”還不是唯一的、最高的標準。《湯在啻門》可能屬春秋晚期或戰國前期的作品。

《湯在啻門》是清華大學藏戰國竹書中的一篇[2]，表現爲湯

①曹峰，中國人民大學哲學院教授，東京大學文學博士。研究領域：先秦兩漢哲學、出土簡帛文獻。本文是國家社科基金重大項目“黄老道家思想史”（編號16ZDA106）的階段性成果。

②參見李學勤主編：《清華大學藏戰國竹簡（伍）》，中西書局2015年版。此文由21支簡組成，完整簡長約44.5厘米，設三道編繩。若干簡的簡首、簡尾有缺損，但没有影響到文字。内容完整、字迹清晰，爲整理和研究提供了很好的條件。篇題“湯在啻門”係整理者所擬，此文的主要整理者是李守奎教授。筆者在參考、消化已有研究的基礎之上，作出了更爲詳盡的釋文，參見曹峰：《清華簡〈湯在啻門〉譯注》，［東京］日本出土資料と漢字文化研究會：《出土文獻と秦楚文化》10（2017.3），第87—114頁。對學界已有共識的通假文字，本文直接使用通行字體。（　）内爲假借字；［　］内爲據文意所補的字。

與小臣（即伊尹，文中又稱其爲“天尹”）之間的對話，内容是湯向小臣請教留存於今的“古之先帝之良言”，具體而言是請教“何以成人？何以成邦？何以成地？何以成天？”這些天地間最爲根本的問題。令人矚目的是，文中大量出現“五”這個數字。例如“五以成人”“五以相之”“五以將之”“五味之氣”“五曲”“五穀”等，而且出現了“水、火、金、木、土”的排列，可見《湯在啻門》已經具有比較明確的“五行”意識。那麽，在“五行”思想發展史上，《湯在啻門》究竟處於怎樣的位置？“水、火、金、木、土”和哪種五行説最爲接近？是五種元素并列的五行，還是“尚土”的五行？是否已經具備相生相克的原理？通過對於“五”之觀念的分析，是否有助於斷定《湯在啻門》的思想特質和成書年代？這就是本文所要考察的問題。

一、《湯在啻門》所見“五”的材料

《湯在啻門》中，當湯向小臣伊尹提問：“幾言成人？幾言成邦？幾言成地？幾言成天？”之後，小臣伊尹回答：“五以成人，德以光之；四以成邦，五以相之；九以成地，五以將［之］。九以成天，六以行之。”“幾言”意爲用什麽數字可以概括。例如竹簡本《文子》有“平王曰：‘王者幾道乎？’文子曰：‘王者一道。’”[①]今本《文子·道德》作：“文子問曰：‘王道有幾？’老子曰：‘一而已矣。’”可見，用“幾”來提問時，後面一定會用數字來描述。《湯在啻門》有好用數字概括的傾嚮，“成人”用的是“五”；“成邦”用的是“四”“五”；“成地”用的是

①釋文依據河北省文物研究所定州漢簡整理小組：《定州西漢中山懷王墓竹簡〈文子〉釋文》，《文物》1995年第12期。

“九”“五”；“成天”用的是“九”“六”。顯然“五”的頻率最高。可見像《尚書·洪範》那樣，《湯在啻門》是在喜歡將世界數字化、同時特别“尚五”的時代背景下完成的作品。①

所謂“五以成人”，下文有明確所指，那就是“五味之氣”。原文是“唯彼五味之氣，是哉以爲人”。之所以在討論“成人”時首先論述“五味之氣”，可能有兩方面的原因。首先，回答湯問的小臣伊尹以“滋味説湯”而聞名，《史記·殷本紀》和《孟子·萬章上》均提及他“以滋味説湯”“以割烹要湯”。清華簡《湯處於湯丘》中的伊尹也借用烹調談治國之道，從竹簡現狀看，這兩篇很可能是編在一起的。②《湯處於湯丘》出現了“五味皆哉”，“哉”字，整理者讀爲“䎩”。《説文·丮部》云：“䎩，設飪也。”“是哉以爲人”或許意味着通過五味的烹飪、調和與攝入來維持生命。其次，文獻中有很多以“味”論“氣”的例子。如《國語·周語中》有“五味實氣”，《左傳·昭公二十五年》中有“則天之明，因地之性，生其六氣，用其五行，氣爲五味，

①尚“五”即賦予“五”以神秘而特殊的意義。例如《周易·繫辭》云：“天數五，地數五，五位相得而各有合。……凡天地之數五十有五，此所以成變化而行鬼神也。”用“五”字來概括和描述世界的用例不勝枚舉，可參見劉起釪：《五行原始意義及其紛歧蜕變大要》，載艾蘭、汪濤、范毓周主編《中國古代思維模式與陰陽五行説探源》，江蘇古籍出版社1998年版，第151頁。此外，吾淳也有尚“五”方面比較詳細的描述，參見吾淳：《中國哲學的起源：前諸子時期觀念、概念思想發生發展與成型的歷史》（上海人民出版社2010年版）第九章之“六、春秋：尚‘五’觀念以及數觀念的展開”，第194—195頁。

②清華大學出土文獻讀書會指出：“從竹簡長度、寬度以及簡背竹節位置和形狀來看，《湯在啻門》簡21與《湯處於湯丘》第一組的17支簡應同屬一段‘竹筒’劏削而成，若據此順序，似乎將《湯在啻門》排在《湯處於湯丘》之前更爲妥當，且從編痕位置看，兩篇當時很可能編連在一册。”參見清華大學出土文獻讀書會：《清華簡第五册整理報告補正》，清華大學出土文獻研究與保護中心網站（http://www.ctwx.tsinghua.edu.cn/），2015年4月8日。

發爲五色，章爲五聲”。《左傳·昭公元年》也有：“天有六氣，降生五味，發爲五色，徵爲五聲。”結合前後文意，可以獲知，“五味”的正確攝入，是人生的第一步，也是最重要的一步，有了“五味”產生的“精氣”，纔能維持生命、孕育生命，人健康的好壞、壽命的短長，乃至政治的興廢，均由此出發。因此，《湯在啻門》的“氣”論，首先藉助“五味”展開，并非偶然。[①]

《湯在啻門》没有説明“五味”指的是什麽，《管子·水地》有：“五味者何？曰五藏。酸主脾，鹹主肺，辛主腎，苦主肝，甘主心。”孔家坡漢簡《歲》有：“東方酸，南方鹹，西方苦，北方齊（辛），中央甘，是謂五味。”參考這兩段文獻以及上引《左傳·昭公二十五年》的“則天之明，因地之性，生其六氣，用其五行，氣爲五味，發爲五色，章爲五聲”。説這裏的五味有着五行的背景，應無大錯。

所謂“四以成邦，五以相之”，後文有具體交代：“唯彼四神，是謂四正，五以相之，德、事、役、政、刑。”即對於“成邦”而言，首先要接受“四神”即“四正”的主宰，其次是用五種因素來加以輔助，這就是人事上的“德、事、役、政、刑”。如下文所示，這裏不僅有着五行意識，很有可能還是“尚土”五行。

最後是“九以成地，五以將［之］”，《湯在啻門》在下文中明確指出：“唯彼九神，是謂地真，五以將之，水、火、金、木、土，以成五曲，以植五穀。”即對於“成地”而言，首先要接受“九神”即“地真”的主宰，其次是用五種因素來加以輔

①關於《湯在啻門》所見“氣”論，可以參見曹峰：《清華簡〈湯在啻門〉與“氣”相關内容研究》，《哲學研究》2016 年第 12 期。

助，這就是“水、火、金、木、土”，有了這“水、火、金、木、土”，就能成就“五曲”和“五穀”。所謂“五曲”，李守奎認爲即“五方”，而“五穀”在《太平御覽·百穀部》所引《周書》中，正好與“五方”相配，即“凡禾，麥居東方，黍居南方，稻居中央，粟居西方，菽居北方”。這一解釋很有説服力。[①]值得注意的是，“水、火、金、木、土”在這裏主要指“地”之五行，這一點將在下一節中作出詳細的分析。[②]

“九以成天，六以行之”是用“九”“六”論“天”，似乎并不涉及“五”，但可能還是與“五”有關。因爲“九以成地”和“九以成天”是相對而言的，能够同時與“九地”“九天”對應者，應該是“九野”“九州”[③]，而“九野”“九州”作爲區域觀念，實際上也建築在“五”的基礎之上，即在東南西北中基礎上再加東南、西南、西北、東北。所以龐樸也説過，“大九州正可看作是五方説的變形”。[④]因此“九以成天”中其實也隱含着“五”的觀念。

這樣看來，湯所要探尋的天地間最爲根本的問題，即人自身、國家、天、地的組成要素中，都離不開“五”，而且，雖然没有出現“五行”二字，但基本上可以確定“五行”的意識是存在的。“五”涵蓋了天地人，“五行”可以解答世界上最爲重

---

①李學勤主編：《清華大學藏戰國竹簡（伍）》，第147頁。

②劉起釪將五行分作“天”“地”“人”三種五行，認爲五行的原始意義是天上五星的運行。最早的五行是否指天上五星，還難以下定論。但五行有“天”“地”“人”三條系統的説法確實很到位。參見劉起釪：《五行原始意義及其紛歧蜕變大要》，載艾蘭、汪濤、范毓周主編《中國古代思維模式與陰陽五行探源》，第133—160頁。

③具體論述可見曹峰：《清華簡〈三壽〉〈湯在啻門〉二文中的鬼神觀》，《四川大學學報》2016年第5期。

④龐樸：《先秦五行説之嬗變》，載劉貽群編《龐樸文集》（第一卷），山東大學出版社2005年版，第270頁。

要的問題。

二、“水、火、金、木、土”當爲“地”之五行

《湯在啻門》所見“水、火、金、木、土”出現於“九以成地，五以將［之］”中，有了“水、火、金、木、土”，“五曲”和“五穀”纔得以形成。這五種後世用來代表五行的元素，没有出現在“成人”“成邦”“成天”中，而唯獨出現於“成地”中。看來《湯在啻門》的“水、火、金、木、土”還衹是狹義的“地”之五行。如整理者指出的那樣，與《湯在啻門》最爲類似的是《左傳・文公七年》“水、火、金、木、土、穀，謂之六府”。[①]這段話是晋國大夫郤缺向趙宣子論及《夏書》時提到的，“六府”屬於古代主管各種物資財用之官。古文《尚書》中《大禹謨》有：“水、火、金、木、土穀惟修，正德利用厚生惟和……六府三事允治，萬世永賴。”或許就是《夏書》的出處。《墨子・節葬下》有：“五官六府，辟草木，實倉廩。”《禮記・曲禮下》有：“天子之五官：曰司徒、司馬、司空、司士、司寇，典司五衆。天子之六府：曰司土、司木、司水、司草、司器、司貨，典司六職。”鄭玄注：“府，主藏六物之税者，此亦殷時制也，周則皆屬司徒。司土，土均也；司木，山虞也；司水，川衡也；司草，稻人也；司器，角人也；司貨，丱人也。”這就更加形象地點出“六府”爲物資財用之官的特徵。從文獻看，“六府”似乎更多地用“水火金木土”再加“穀”的方式來表

①李學勤主編：《清華大學藏戰國竹簡（伍）》，第147頁。

達，除了上述《左傳·文公七年》外，還有《大戴禮記·四代》“水火金木土穀，此謂六府，廢一不可，進一不可，民并用之；今日行之，可以知古，可以察今，其此邪!”范毓周指出，“由於‘穀’在‘六府’之中爲次生級的材用，到了西周末年已有被移出‘六府’之外的傾嚮”。他以《國語·鄭語》記西周幽王史伯答鄭桓公時的這段話爲例：

> 夫和實生物，同則不繼。以他平他謂之和，故能豐長而物歸之；若以同裨同，盡乃弃矣。故先王以土與金木水火雜，以成百物。[①]

或許有一定的道理。《尚書·洪範》據説是殷人箕子向周武王陳述的治國方略，其中第一條就是“五行”，箕子對“一曰水，二曰火，三曰木，四曰金，五曰土”作了以下進一步的説明：

> 水曰潤下，火曰炎上，木曰曲直，金曰從革，土爰稼穡；潤下作鹹，炎上作苦，曲直作酸，從革作辛，稼穡作甘。[②]

①范毓周：《“五行説”起源考論》，載艾蘭、汪濤、范毓周主編《中國古代思維模式與陰陽五行説探源》，第124頁。

②《洪範》篇的成書古來有争議，最晚的甚至認爲出於戰國晚期。但現代學者越來越傾嚮於較早成書，筆者以爲劉起釪和李若暉的觀點比較平實，劉起釪説：“《洪範》原稿出商代傳至周，經過了加工，到春秋前期已基本寫定成爲今日所見的本子。”參見劉起釪：《尚書校釋譯論》，中華書局2005年版，第1218頁。李若暉也認爲：“就今本《洪範》來説，其寫定時代當在春秋前期。”“《洪範》一文在先秦漫長的歷史時期極可能存在多種文本，其基本内容一致，但具體文字甚至篇章結構又各有不同。”參見李若暉：《〈尚書·洪範〉時代補證》，《中原文化研究》2014年第1期，第51—55頁。值得注意的是，清華簡第六册《管仲》篇有：“君當歲，大夫當月，師尹當日。”可能引自《洪範》的“王省惟歲，卿士惟月，師尹惟日，歲月日時無易，百穀用成”。這爲《洪範》的早出增加了一點證據。參見李學勤主編：《清華大學藏戰國竹簡（陸）》，中西書局2016年版，第112頁。

毋庸置疑，這也是從物資財用的角度來講“水、火、木、金、土”的。

此外，還可以舉出《左傳·昭公二十九年》：“五行之官，是爲五官……木正曰句芒，火正曰祝融，金正曰蓐收，水正曰玄冥，土正曰后土。”馬王堆帛書《要》篇：“有地道焉，不可以水、火、金、土、木盡稱也。”不管怎樣，在一定歷史階段，“水、火、金、木、土”確實是當作財貨聚斂之要素以及人民養生之本來看待的。“穀”府被撤銷，可能與“水、火、金、木、土”抽象性更强，以及可以與“五行”相合有關。因此，地有“五材”“五行”常見於文獻就不奇怪了。例如，《國語·魯語上》有“及天之三辰，民所以瞻仰也；及地之五行，所以生殖也”。《左傳·昭公三十二年》有“天有三辰，地有五行”。《左傳·襄公二十七年》云“天生五材，民并用之，廢一不可”。《左傳·昭公十一年》云“譬之如天，其有五材，而將用之”。這看上去是在講天有五材，但實際上指的是足以使生命得以維持的五種元素，因此完全可以和前面言及的地的五種元素等同起來。

不過需要注意的是，在五行的排列上，《湯在啻門》的“水、火、金、木、土”不同於《尚書·洪範》的“水、火、木、金、土”、《國語·鄭語》的“金、木、水、火、土”、《左傳·昭公二十九年》的“木、火、金、水、土”，而和《左傳·文公七年》、《古文尚書·大禹謨》、《大戴禮記·四代》、馬王堆帛書《要》篇相同。因此，在“地”之五行上，或許存在着若干種排列方式。《湯在啻門》、《古文尚書·大禹謨》、《左傳·文公七年》、《大戴禮記·四代》、馬王堆帛書《要》篇似乎在刻意維護“水、火、金、木、土”這個序列。後文將提到，部分醫書直到唐代都堅守這一序列，其中原因，還有待今後詳察。

通過以上的文獻比照，我們可以很清楚地看出《湯在啻門》所見“水、火、金、木、土”的知識背景了，這顯然不是後來廣泛使用於天地人一切領域的廣義五行，而僅是來源於“地”之五行的狹義五行。這條綫索在歷史上曾經流傳有緒，通過《古文尚書·大禹謨》、《左傳·文公七年》、《大戴禮記》、馬王堆帛書可以得到完整的體現，通過《尚書·洪範》《左傳·昭公二十九年》《國語·鄭語》得到部分的印證，現在《湯在啻門》又爲這條綫索增加了新的材料。有趣的是，《湯在啻門》在論列“水、火、金、木、土”之後，提到了“以植五穀”，這種“穀”和“水、火、金、木、土”既分又合的狀態，更證明了《湯在啻門》所見地之五行與“六府”之間的關係。[①]《鶡冠子·王鈇》有：“天用四時，地用五行，天子執一以居中央，調以五音，正以六律，紀以度數，宰以刑德。”《文子·微明》說：“昔者，中黄子曰：‘天有五方，地有五行。聲有五音，物有五味，色有五章，人有五位。’”這些也留下了“五行”歸於地的痕迹，但從天地間萬事萬物皆歸於五看，《文子·微明》可能已經進入用廣義五行編織世界的時代了。

三、《湯在啻門》是否已有尚土和生克觀念

在五行觀念演變史上，有三個問題極爲關鍵，第一，是否

①從邏輯上講，先有“水、火、金、木、土”的序列，受《湯在啻門》之類文獻的影響，而有了“水、火、金、木、土、穀”的“六府之名”，也是完全成立的。這樣的話，《湯在啻門》的形成時間就更早。但《湯在啻門》中，“穀”是“水、火、金、木、土”五种元素的具體結果，兩者并不在同一序列。這種既分又合的現象，或許可以證明，《湯在啻門》開始跳出“地之五行”以及“六府”思想背景的影響，正在形成獨立的更爲廣泛的五行觀念。

已經是以“土”爲主的尚土類五行；第二，是否已經具備相生相克的觀念；第三，是否已經和陰陽相結合，形成一種循環往復、無所不包的陰陽五行，成爲構建世界圖景最爲重要的因素。這裏，首先討論《湯在啻門》是否已有尚土和生克觀念。

一般認爲，傳世文獻所見尚土説最早見於上引《國語·鄭語》記西周幽王史伯答鄭桓公的那段話：“故先王以土與金木水火雜，以成百物。”而最早出現五行的《尚書·洪範》“一曰水，二曰火，三曰木，四曰金，五曰土”中，還衹是一種不分主次的五行。例如，龐樸就稱其爲“五者并列的五行説，可能正是周初時候的思想”。[①]而李學勤則指出，《尚書·洪範》中“五行”與“貌、言、視、聽、思”之“五事”相配，如果與《中庸》及帛書《五行》相對比，如下表所示，可以看出顯著的對應關係。[②]

	《洪範》	《中庸》	《五行》
土	思曰睿，睿作聖	聰明睿知，足以有臨也；	聖
金	聽曰聰，聰作謀	寬裕温柔，足以有容也；	仁
火	言曰從，從作乂	發强剛毅，足以有執也；	義
水	貌曰恭，恭作肅	齊莊中正，足以有敬也；	禮
木	視曰明，明作哲	文理密察，足以有别也。	智

至於“聽曰聰，聰作謀”和“寬裕温柔，足以有容也”之間的不對應，李學勤認爲是“仁”的範疇出現較晚，在《洪範》中還没有體現。如果依據李學勤的觀點，那麽，從最早的傳世

①龐樸：《先秦五行説之嬗變》，載劉貽群編《龐樸文集》(第一卷)，第256頁。
②李學勤：《帛書〈五行〉與〈尚書·洪範〉》，載《簡帛佚籍與學術史》，江西教育出版社2001年版，第283—284頁。

文獻開始，“五行”就已經具備尚土説了。

值得注意的是，同爲清華簡，在《管仲》篇中有這樣的説法：“前有道之君所以保邦，天子之明者，能得僕四人同心，而已五焉；諸侯之明者，能得僕三人同心，而已四焉；大夫之明者，能得僕二人同心，而已三焉。”[①]這裏和《湯在啻門》一樣，在討論何以保邦的重要法則，天子被描述成能够“五”的人，而諸侯祇能“四”，大夫祇能“三”。天子之“五”就是“四”加“一”，天子正是那個“一”，這裏雖然没有直接使用五行的元素，但和尚土説無异。與《湯在啻門》同編的《湯處於湯丘》雖然没有直接提到“五”，但郭梨華認爲“五”的意識在很多地方都有顯露，例如食物之味對於身體的作用可分五個層面，分別是：“先是藉飲食伊尹所烹煮之食物，感受到絶美之味；其次是這一食物之味，讓原本有病痛之身體痊愈，身體達到平和之狀；再次是九竅的通暢；再次是内臟心氣咽喉之通暢，説明食物對五臟六腑的影響；最後是整體舒心愉快，且這一狀態可以持續很久。”[②]顯然，較之前四者，最後的“舒快以恒”是更高的層次，是那個“一”。

上海博物館藏戰國竹簡《凡物流形》特别强調“一”的觀念，其中有這樣一段話：“聞之曰：一生兩，兩生三，三生四，四成結。是故有一，天下無不有丨（順）；無一，天下亦無一有丨（順）。”“四”字，從字形上看像“女”，沈培讀爲“四”，筆者贊

①李學勤主編：《清華大學藏戰國竹簡（陸）》，第112頁。
②郭梨華：《清華簡（五）關於“味”之哲學探究》，載《“道統思想與中國哲學國際學術研討會”論文集》，四川師範大學，2016年10月，第432—441頁。

同。[①]筆者推測“四成結”代表五行中以“一”統“四”的基本結構，“是故”以後那些話，表示唯有“執一”者能够超越、把握五行，達到無所不爲的境地。郭店楚簡《五行》和馬王堆帛書《五行》在引《詩經·鳲鳩》“淑人君子，其儀一兮。其儀一兮，心如結兮”一句後，均説“能爲一，然後能爲君子”。馬王堆帛書《五行》還有進一步的闡釋：“能爲一者，言能以多［爲一］。以多爲一也者，言能以夫［五］爲一也。……一也者，夫五爲［一］心也，然後德（得）之。一也，乃德已。德猶天也，天乃德已。”可見《五行》將“結”“一”“五行”“心術”聯繫在一起，尤其突出“一”的位置和“結”的作用。

《黄帝四經·十六經·立命》中出現按五行原理描述的黄帝形象：“昔者黄宗質始好信，作自爲像，方四面，傅一心。四達自中，前參後參，左參右參，踐位履參，是以能爲天下宗。”也説到黄帝“方四面，傅一心”，能够居於中央，以四面之通觀輔“一心”之明察，“是以能爲天下宗”。《黄帝四經·十六經·五正》有“天地陰陽，取稽於身，故布五正，以司五明”之説，劉彬指出，“五正”之内容乃是帝王取度於身而建立起來的規矩繩權衡五種法度，與八卦中的某些卦、四時和五方等相配納，形成一種特殊的易學模式。此配納模式表明，君主以規矩權衡配納四正卦，以繩配卦居中央，并配合四時、五方、五行，旨在因順陰陽、諧和四時、理順五行，以達致天人祥和的理想政治境界。[②]《鶡冠子·度萬》也有“故有五正，以司五明”，并

①沈培：《略説上博（七）新見的“一”字》，復旦大學出土文獻與古文字研究中心網（http://www.gwz.fudan.edu.cn），2008年12月31日。
②劉彬：《帛書易傳〈要〉篇“五正”考釋》，《周易研究》2007年第2期。

在後面提出，“凡問之要，欲近知而遠見，以一度萬也”。這正是既要利用五行，又要得“一”之要的思想。[①]

郭店簡《五行》、清華簡《管仲》、上博簡《凡物流形》的時代，都和《湯在啻門》接近，而馬王堆帛書《黃帝四經》雖然抄寫於漢初，但也可以成爲先秦資料的一個參考。上述文獻都清晰地表明尚“土”説（有時候可以换言之爲尚“一”説）不僅出現較早，而且一直爲各種政治學説所利用，因爲對於統治階層而言，利用五行的原理，目的不僅僅在於把握世界構成的要素，也在於藉此把握世界構成要素中最爲重要的一環。

《湯在啻門》没有明確的尚土説，但未必没有痕迹。例如關於“成邦”的話題中有“五以相之”的説法，那就是“五以相之，德、事、役、政、刑”。古典文獻中找不到和“德、事、役、政、刑”相同或相似的文例。將五行與人事相匹配者，可見郭店楚簡《五行》和馬王堆帛書《五行》，即所謂“仁、義、禮、智、聖”，最後一位的“聖”要高於“仁、義、禮、智”，“仁、義、禮、智”衹是“四行”，要加入“聖”，才能成爲“五行”。這就是所謂“四”加“一”的“尚土”類五行。《湯在啻門》中排在首位的“德”顯然不同於“事、役、政、刑”，“德”是一類，屬於無形的、内在的、超越的標準，而“事、役、政、刑”屬於另一類，所謂“事、役”當指臣下和百姓所要擔當的職責和勞役，“政、刑”則指的是統治者所使用的寬嚴兩種政治手段。可見屬於有形的、外在的標準。如果説戰國中期以《五行》爲代表的儒家利用尚土五行來改造、宣傳自己的主張，那麽其他學派將自己的理論放入尚土五行的框架中，也是完全成

①《鶡冠子·天權》有“左木右金前火後水中土”，也是典型的尚土説。

立的。不過，“五行”中的“土”作爲最重要的元素均用於正面場合，而《湯在啻門》中的“德”則不僅有“美德”還有“惡德”，“事、役、政、刑”也各有“美”“惡”之分，將“五行”所代表的事物作正反兩分，這在“五行”演變史上還没有看到過，是一個非常有趣的現象。

再來看相生相克的問題，整理者已經指出，《湯在啻門》中“水、火、金、木、土”的排列，和《左傳・文公七年》的“水、火、金、木、土、穀，謂之六府”是一致的，即都是相克序列。[①]重要的是，這究竟是偶然呈現爲相克序列，還是有意爲之呢?《湯在啻門》并没有提供太多的信息。我們注意到，《湯在啻門》在討論“何以成人”時，有很長一段話是描述十月懷胎的。即：

> 一月始𩰫（揚），二月乃裹，三月乃形，四月乃胋，五月或收，六月生肉，七月乃肌，八月乃正，九月䌛（顯）章，十月乃成，民乃時生。

這段話在文字上還有許多需要疏解之處，但總體上描述的是十月懷胎的過程，這并無争議。整理者提供了《管子・水地》《文子・九守》《淮南子・精神訓》等有十月懷胎記載的文獻作爲對照。[②]如果從五行角度看十月懷胎，最易引發學者興趣的應該是《管子・水地》和馬王堆帛書《胎産書》，先來看馬王堆帛書《胎産書》以下這段文字：

> 故人之産殹，入於冥冥，出於冥冥，乃使爲人。一月名曰留（流）刑……二月始膏……三月始脂……，［四月］

①李學勤主編：《清華大學藏戰國竹簡（伍）》，第147頁。
②李學勤主編：《清華大學藏戰國竹簡（伍）》，第148頁。

> 而水受（授）之，乃使成血……五月而火受（授）之，乃使成氣……六月而金受（授）之，乃使成筋……七［月而］而木受（授）［之，乃使成骨］……八月而土受（授）［之，乃使成膚革］……［九月而石受（授）之，乃使成］毫毛……十月，氣陳□□。[①]

《胎産書》十月懷胎過程和五行密切相關，呈現出“水（四月）—火（五月）—金（六月）—木（七月）—土（八月）”的序列，這和《湯在啻門》“成地”部分所見相克序列的五行完全相同。魏啓鵬指出，“此文之‘石’當爲喻代穀物糧食，稻穀之實皆有芒，故文中有‘石（穀）’授而毫毛成的説法”[②]。這和《左傳·文公七年》的“水、火、金、木、土、穀，謂之六府”以及《湯在啻門》“水、火、金、木、土……以植五穀”也正相吻合。

以上分析，雖然證明了《湯在啻門》的五行系統接近以《左傳·文公七年》爲代表的“六府”説以及以馬王堆《胎産書》爲代表的醫學系統。但并不能通過《左傳·文公七年》爲代表的“六府”説和以《胎産書》爲代表的醫學系統，倒過來證明《湯在啻門》“水、火、金、木、土”的相克序列具有實際的意義。因爲《左傳·文公七年》和《胎産書》所見“水、火、

①馬王堆帛書《胎産書》釋文參照裘錫圭主編：《長沙馬王堆漢墓簡帛集成》（六），中華書局 2014 年版，第 93—94 頁。如張瀚墨所提示的那樣，歷史上隋代巢元方《諸病源候論》之“婦人妊娠病諸候”、唐代孫思邈《備急千金方》之“婦人方·養胎”以及日本丹波康賴於 982 年所撰《醫心方》之“任婦脉圖月禁法”都用同一五行序列表示懷胎過程，和馬王堆帛書《胎産書》可以歸爲一類。參見張瀚墨：《〈湯在啻門〉、十月懷胎與早期中國術數世界觀》，載《饒宗頤國學院院刊》（第四期），中華書局（香港）有限公司 2017 年版，第 186—187 頁。

②魏啓鵬：《〈管子·水地〉新探》，載艾蘭、汪濤、范毓周主編《中國古代思維模式與陰陽五行説探源》，第 311 頁。

金、木、土”序列很可能衹是偶然呈現爲相克序列，相克在表示厚生利用的“六府”説以及十月懷胎的過程并没有實際的意義，相反，相生系列纔能有效説明萬物及人體生長的前後關係。作者没有使用相生序列，却使用相克序列，很有可能是因爲作者并没有相生相克的意識在其中。筆者在《清華簡〈湯在啻門〉與“氣”相關内容研究》一文中曾提出，如果“七月乃肌”可以和“乃使成膚革”對應，“五月或收”可以和“乃使成氣”對應，那麽，其他各月或許也存在與《胎産書》的對應關係，《湯在啻門》的五行序列或許可以模擬爲“水（三月）—火（四月）—金（五月）—木（六月）—土（七月）”。[①]現在看來，這種思路過分看重相克在《湯在啻門》中的意義，是比較牽强、没有必要的。

再來看《管子·水地》的“五味者何？曰五藏。酸主脾，鹹主肺，辛主腎，苦主肝，甘主心”。魏啓鵬指出，這段話和《黄帝内經·素問·陰陽應象大論》“木生酸，酸生肝……火生苦，苦生心……土生甘，甘生脾……金生辛，辛生肺……水生鹹，鹹生腎”頗有出入，《黄帝内經》和《今文尚書》歐陽説同，呈現爲“木、火、土、金、水”的相生序列，而《管子·水地》則是“木、水、金、火、土”，既不相生也不相克。“假如《水地》有五行觀念，那麽也一定與《洪範》《左傳》一樣，尚未具備五行相生或相勝的含義，對五種基本物質的認識尚處於樸素的初始階段。”[②]

①曹峰：《清華簡〈湯在啻門〉與“氣”相關内容研究》，《哲學研究》2016 年第 12 期。

②魏啓鵬：《〈管子·水地〉新探》，載艾蘭、汪濤、范毓周主編《中國古代思維模式與陰陽五行説探源》，第 311 頁。

那麼，我們是否可以得出結論，《湯在啻門》被創作出來的時代還没有相生相克的觀念呢？這也未必。龐樸認爲，五行的相生相克，其實起源都很早。相生説可以上溯到春秋時代，他引用了王引之《經義述聞·春秋名字解詁》中以下這段話：

> 秦白丙字乙。丙，火也，剛日也；乙，木也，柔日也。名丙字乙者，取火生於木，又剛柔相濟也。
>
> 鄭石癸字甲父。癸，水也，柔日也；甲，木也，剛日也。名癸字甲者，取木生於水，又剛柔相濟也。
>
> 楚公子壬夫字子辛。壬，水也，剛日也；辛，金也，柔日也。名壬字辛者，取水生於金，又剛柔相濟也。
>
> 衛夏戊字丁。戊，土也，剛日也；丁，火也，柔日也。名戊字丁者，取土生於火，又剛柔相濟也。

并指出：“春秋時代，見於經傳而以十干爲名字者，約十餘人。其中，除不可考知字號的如魯孟丙、仲壬兄弟、晋胥甲、楚門辛，及另寓他意的楚公子午字子庚外，尚無足以推翻王説的反證。”[①]筆者以爲王引之及龐樸的觀點來自春秋時代客觀現象的名字，應該没有後世修改的痕迹，是可以成立的。

龐樸又以《左傳·文公七年》“水、火、金、木、土、穀，謂之六府”爲例認可相克説的存在，但這一點如前文論證的那樣，尚需存疑。不過《墨子·貴義》中日者所説“帝以甲乙殺青龍於東方，以丙丁殺赤龍於南方，以庚辛殺白龍於西方，以壬癸殺黑龍於北方”則證明相克之説也當由來已久。

所以，我們不能因爲《湯在啻門》中没有確切的相生相克

①龐樸：《先秦五行説之嬗變》，載劉貽群編《龐樸文集》（第一卷），第257頁。

觀念，就簡單推斷《湯在啻門》創作時代尚無相生相克觀念，相生相克多運用於預測系統，用來表示個人、國家、朝代命運變遷更替的原理，《湯在啻門》未涉及這類問題，所以没有體現。

四、從《湯在啻門》五行觀看此文的性質與時代

如前所述，《湯在啻門》大量地使用“五”這個數字，應該是在喜歡將世界數字化、條理化、統一化，同時尤其尚“五”的時代背景下完成的作品。其中所見“水、火、金、木、土”是比較明確的“地”之五行，而且可能已經有尚土的意識，但是并無明顯的證據證明已運用相生相克的觀念。吾淳認爲：“春秋中期特别是晚期以後，‘五行’概念已經有可能開始逐漸定型，這主要體現爲後世所因循的一些基本觀念和方法已經大致形成。這包括：觀念之一就是通過‘五行’概念來把握事物的基本屬性特别是功能價值。觀念之二就是以‘五行’來展示一種宇宙圖式，這與原始整體和秩序觀念是一脉相承的。在方法上其突出表現爲大量有關‘五行’或‘五’的思想與論述都使用了‘比類’和‘附數’的思維，體現爲‘五類’化和‘五數’化。”依據這一論述來比照《湯在啻門》所見“五”的觀念，可以發現基本上是吻合的。《湯在啻門》所見“水、火、金、木、土”是與“地”相關的基本屬性與功能價值，對“五”的運用表現出試圖涵蓋天、地、邦、人的宇宙圖式以及“比類”“附數”的思維方式。

這種情況，比照與《湯在啻門》抄寫時期相同的郭店簡

《五行》、上博簡《凡物流形》也是類似的。郭店簡《五行》把人間的五種德行與五行相匹配，并刻意突出“聖”，視其爲“天道”。這是試圖將人間倫理納入到宇宙運行的規範和系統之中。上博簡《凡物流形》和《湯在啻門》一樣，追問包括人在内的宇宙萬物得以生成并存在的根本原因。例如：“民人流形，奚得而生？流形成體，奚失而死？有得而成，未知左右之情。天地立終立始，天降五度，吾奚衡奚縱？五氣并至，吾奚异奚同？五音在人，孰爲之公？”這段話大意爲：“人胚胎始結，究竟依靠什麽纔得以出生？胚胎始結而成形出生後，又究竟失去了什麽而會死亡？雖然人有所依靠而生成爲人，但不懂得左右（世間萬物由對立兩方構成之法則）的實際情狀。天地爲人類建立了終始（法則）。天爲人類降下五種度數，我應該如何從横的方嚮和縱的方嚮加以把握？五種氣同時出現，我應該如何從异的角度和同的角度加以認識？人可以發出五種聲音（泛指各種思想），誰能爲他們公正裁定？”這裏的“五度”“五氣”“五音”都是天所賦予人的具有根本意義的原理和因素，顯然也是“五行”觀念的一種體現。除《湯在啻門》之外的其他清華簡，也有很多涉及“五”的觀念，除上述的《管仲》之外，還有很多是尚未發表的。例如，清華簡的整理者之一李守奎曾在一篇論文中透露，清華簡的“古帝王傳説與陰陽五行及諸神密切結合，系統而豐富，長篇中大都是這類内容，其中有的把五紀、五算、五時、五度、五正、五章等内容組織成一個縝密的系統，其豐富程度令人驚嘆，完全超出了我們的想象。這部分内容對於我們瞭解戰國人的古史觀念和陰陽五行框架的重要性自不待言”[1]。由此可知，《湯在啻門》中“五”的觀念的盛行并不偶然，而是尚“五”時代背景下的作品。

然而，如前所述，《湯在啻門》中的五行還衹是狹義的五行，尚未見到相生相克觀念的運用。同時，“五”也非最高的絶對的元素，如“四以成邦，五以相之；九以成地，五以將［之］。九以成天，六以行之”“唯彼四神，是謂四正，五以相之，德、事、役、政、刑”“唯彼九神，是謂地真，五以將之，水、火、金、木、土”“唯彼九神，是謂九宏，六以行之，晝、夜、春、夏、秋、冬”所示，起主宰作用的是稱爲“四正”的“四神”、稱爲“地真”的地之“九神”、稱爲“九宏”的天之“九神”。“五”在“邦”和“地”的場合，衹起到“相”和“將”即輔助的作用。在“天”的場合，起配合作用的是“六”，即“晝、夜、春、夏、秋、冬”。因此，“五”還稱不上是絶對的、至高的數字。[2]尤其需要指出的，《湯在啻門》中的五行還不是陰陽與五行相配的陰陽五行。因此，不能等同於後世發達的陰陽五行觀念。[3]就五行的排列而言，和陰陽五行學説廣泛流行

①李守奎：《楚文獻中的教育與清華簡〈繫年〉性質初探》，復旦大學出土文獻與古文字研究中心編《出土文獻與古文字研究》（第六輯），上海古籍出版社 2015 年版，第 297 頁。

②例如《禮記·禮運》在論述人是“五行之秀氣”“五行之端”時，説“五行、四時、十二月，還相爲本也。五聲、六律、十二管，還相爲宫也。五味、六和、十二食，還相爲質也。五色、六章、十二衣，還相爲質也”，就體現出比《湯在啻門》更强的條理性。而且以五行爲主，既論述五行迭相爲主，缺一不可，又説“五行之動，迭相竭也”。陸佃注曰：“水王則金竭，木王則火竭。”包含了相生之義。

③清華簡《管仲》篇整理者説：“其中包含較多陰陽五行的思想。”見李學勤主編：《清華大學藏戰國竹簡（陸）》，第 110 頁。但其中并未發現陰陽與五行相配的迹象。上引李守奎《楚文獻中的教育與清華簡〈繫年〉性質初探》也多次提到今後即將發表的論文中有“陰陽五行”，但筆者對此表示懷疑，可能僅有五行，或陰陽與五行被分别描述，尚未合流。

後比較固定的相生序列“金、水、木、火、土”以及相克序列“水、火、金、木、土”也不相同。

因此，與後世比較典型的陰陽五行學説如“五德終始説”相比，與比較典型的陰陽五行類文獻，例如作爲預測工具的睡虎地秦簡《日書》、作爲兵陰陽技巧的張家山漢簡《蓋廬》①、作爲政治管理手段的《管子·五行》《禮記·月令》《吕氏春秋·十二紀》《淮南子·天文訓》以及《春秋繁露》討論陰陽與五行的各篇相比，《湯在啻門》雖然也力圖貫通天地人神，但其中的五行仍然衹是狹義的樸素的五行，而不是陰陽與五行兩相結合、時間上循環往復、空間上無所不包、結構上靈活多變、内涵上豐富多樣，可以總結過去展望未來的陰陽五行。與狹義五行觀相比，筆者將這種發達的陰陽五行觀稱爲廣義五行觀。在廣義五行觀中，“五”已經不再處於神的影子之下，而成爲一統天下的宇宙圖式的最高代表。

綜合上述考察，我們可以得出這樣的結論，《湯在啻門》體現出當時的思想家利用五行建構世界秩序的努力，但五行不是唯一的標準，而且這種狹義五行觀和秦漢之際將世界萬象編入五行框架的廣義五行觀有很大的不同。清華簡的抄寫時代大約在戰國中期，因此，《湯在啻門》的創作時代有可能在戰國早期甚至春秋晚期。從五行觀念演變的歷史看，狹義五行觀也大致和這一歷史時期相吻合。通過考察《湯在啻門》的氣論②以及

①睡虎地秦簡《日書》中的陰陽五行，可參劉樂賢：《睡虎地秦簡日書研究》，臺灣文津出版社 1993 年版，第 346—349 頁；或王愛和：《中國古代宇宙觀與政治文化》，金蕾、徐峰譯，上海古籍出版社 2011 版，第 117—121 頁。張家山漢簡《蓋廬》中的陰陽五行，可參考邵鴻：《張家山漢簡〈蓋廬〉研究》，文物出版社 2007 年版。

②曹峰：《清華簡〈湯在啻門〉與“氣”相關内容研究》，《哲學研究》2016 年第 12 期。

鬼神觀[①]，我們得知，《湯在啻門》體現出養生以治國的思想特色，黄老道家尤其重視這個問題。伊尹是道家的重要人物，“地真”是特有的道教用語，“四神”“九神”“天尹”也很有可能和道家、道教中的“神人”“真人”“天人”等神仙有關，因此後世道家、道教可能從《湯在啻門》這類文獻中吸收過資源。就鬼神觀而言，《湯在啻門》既重視鬼神，又不唯鬼神，既重視人的理性思考，又借重鬼神作爲禁忌所能産生神秘力量，因此和將鬼神視爲絶對力量的墨家無關，思想傾嚮更接近黄老道家。前引《鶡冠子》《黄帝四經》等黄老道家文獻都積極地將五行納入到自身思想系統之中。因此，就文獻性質而言，説包含着豐富五行觀的《湯在啻門》是後世各類思想尤其黄老道家思想的源頭，可能是合適的。

原刊於台灣《哲學與文化》44 卷 10 期

①曹峰：《清華簡〈三壽〉〈湯在啻門〉二文中的鬼神觀》，《四川大學學報》2016 年第 5 期。

論清華簡《殷高宗問於三壽》爲黃老學著作

袁　青[1]

摘要　清華簡《殷高宗問於三壽》的整理者李均明認爲《殷高宗問於三壽》是儒家著作，但他所舉的例證却并非儒家所獨有的思想，而是儒家和黄老學共同的思想。從《殷高宗問於三壽》關於“心”的論述來看，與儒家思想具有明顯的不同，《殷高宗問於三壽》不可能是儒家著作。從《殷高宗問於三壽》相關字句來看，它也不太可能是成書於春秋末期之前而構成儒道共同的思想資源。《殷高宗問於三壽》中充滿恐懼的情緒，這一點近於《老子》，而且《殷高宗問於三壽》具有從天道到人道、從養生到治國、因循等黄老學獨特的思想特徵，表明《殷高宗問於三壽》當是黄老學著作。

清華簡第五册中有一篇命名爲《殷高宗問於三壽》的簡文，該文的整理者爲李均明教授，他認爲該篇文獻是儒家著作。對這一論斷，筆者頗爲懷疑，在反駁其論斷的基礎上，筆者認爲該篇當屬黄老學著作。

①袁青，上海師範大學哲學系講師。研究領域：先秦兩漢哲學。

一、《殷高宗問於三壽》學派歸屬的研究現狀

清華簡《殷高宗問於三壽》主要以殷高宗與彭祖的對話形式來闡述其思想觀念，全文主要可以分爲三個部分：第一部分主要解釋何謂“長”“險”“厭”“惡”；第二部分主要闡述“祥”“義”“德”“音”“仁”“聖”“智”“利”“信”等九個範疇的含義；第三部分主要討論人性具有“陽”與“晦”兩個方面。關於此文，整理者李均明已經做了多篇文章對其進行研究[①]，關於此篇的學派歸屬，他的一個基本論斷就是：“本篇作者提出的思想觀念主要承自儒家，但亦汲取其他學派的思想要素，具有戰國中期思想的特色，與後來荀子的思想已頗相似。”[②]李均明認爲《殷高宗問於三壽》爲儒家著作，思想近於荀子。

但是也有學者對於李均明的論斷提出异議，曹峰就指出此篇思想面貌非常駁雜：其一，它有與道家接近的戒懼謹慎、居安思危的思想傾嚮和正言反説的辯證思維；其二，其中“神”“民”并舉，又强調“利”，似乎近於墨家，但它没有顯示出宗教信仰意義上的鬼神決定論，“利”也似乎指嚮君臣上下關

①李均明：《清華簡〈殷高宗問於三壽〉概述》，《文物》2014年第12期；李均明：《清華簡〈殷高宗問於三壽〉“利”説解析——與荀子義利觀的比較》，《國學學刊》2015年第4期；李均明：《清華簡〈三壽〉音説解析——與〈荀子·樂論〉的比較》，載李學勤主編《出土文獻》（第六輯），中西書局2015年版，第201—206頁；李均明：《揆中水衡——清華簡〈殷高宗問於三壽〉之中道觀》，載李學勤主編《出土文獻》（第七輯），中西書局2015年版，第137—144頁；李均明：《清華簡〈殷高宗問於三壽〉所反映的憂患意識》，《中國史研究》2016年第1期。

②清華大學出土文獻研究與保護中心編、李學勤主編：《清華大學藏戰國竹簡（伍）》，中西書局2015年版，第149頁。

係，因此又與墨家有距離；其三，“德”“仁”“聖”等似乎是儒家提倡的，但這九大理念中“祥”排第一，這九種理念在儒家經典中没有出現過，似乎又與儒家有距離；其四，此篇關於人性的論述，與孟子性善、荀子性惡有距離。曹峰認爲《殷高宗問於三壽》可能成書於儒道産生之前，没有明確的立場區分，而構成儒道思想的資源。[①]

要之，在關於《殷高宗問於三壽》的學派歸屬問題上，李均明認爲是儒家著作，思想近於荀子，曹峰認爲其没有明確的立場區分，可能儒道思想都從中汲取了一些資源。兩位先生關於《殷高宗問於三壽》學派歸屬問題的論述，不僅涉及其學派歸屬本身，而且還涉及其成書時代，李均明認爲其成書於戰國中期，曹峰認爲其成書於先秦諸子産生之前。

二、“《殷高宗問於三壽》儒家説”之質疑

如前所述，李均明認爲《殷高宗問於三壽》爲儒家著作，與荀子思想相似，他又專門作了三文，重點比較了《殷高宗問於三壽》的“利”説、“音”説、“中道”觀與孔、孟、荀思想的异同，其中關於“利”説的比較，他特别指出《殷高宗問於三壽》的思想觀念與孔孟有异，但與荀子思想吻合。[②]但仔細考察一下，李均明所列舉的“利”“音”“中道”等均非儒家獨有

①曹峰：《清華簡〈殷高宗問於三壽〉上下兩部分簡文的研究》，載日本出土資料學會編《中國出土資料研究》(第20號)，2016年7月。

②李均明：《清華簡〈殷高宗問於三壽〉“利”説解析——與荀子義利觀的比較》，《國學學刊》2015年第4期。李均明：《清華簡〈三壽〉音説解析——與〈荀子·樂論〉的比較》，載李學勤主編《出土文獻》(第六輯)，第201—206頁。李均明：《揆中水衡——清華簡〈殷高宗問於三壽〉之中道觀》，載李學勤主編《出土文獻》(第七輯)，第137—144頁。

的思想，黄老學也有類似思想。

《殷高宗問於三壽》關於“利”的定義是：“内基外比，上下毋擾，左右毋比，强并糾出，經緯順齊，妒怨毋作，而天目毋眯，是名曰利。”①“内基外比”，即以内爲本而以外爲輔，李均明認爲這是指就義利關係而言，表明義爲控制行爲的主要因素，而利居於輔助位置。②但他并没有説明爲何此處的“内”指“義”而“外”指“利”，從後文“上下”“左右”的描述來看，此處的“利”是有關治國的，此處的“内”“外”更有可能是治國上的内政與外政。《經法・四度》説：“順治其内，逆用於外，功成而傷。逆治其内，順用其外，功成而亡。内外皆逆，是謂重殃，身危爲戮，國危破亡。内外皆順，功成而不廢，後不逢殃。”③衹重視内政而不重視外政的後果是“功成而傷”，衹注重外政而不注重内政的後果是“功成而亡”，説明内政比外政更爲根本，但兩者需要并重，“内外皆順”即“内基外比”。“上下毋擾，左右毋比”即説上下不亂，臣子不結黨營私，李均明舉出《論語》《孟子》《荀子》等書來證明這與儒家相通④，但這并非儒家獨有的思想，黄老學也有類似觀點，如《經法・道法》説：“貴賤恒位。”《經法・國次》説：“毋黨别。”“强并糾出，經緯順齊，妒怨毋作”等幾句即説開源節流、治理順

①清華大學出土文獻研究與保護中心編、李學勤主編：《清華大學藏戰國竹簡（伍）》，第151頁。以下所引《殷高宗問於三壽》原文，均引自此書，爲書寫方便，徑直以通行字寫出。

②李均明：《清華簡〈殷高宗問於三壽〉“利”説解析——與荀子義利觀的比較》，《國學學刊》2015年第4期。

③陳鼓應：《黄帝四經今注今譯》，商務印書館2016年版，第105頁。以下所引《黄帝四經》原文，均引自此書，爲書寫方便，徑直以通行字寫出。

④李均明：《清華簡〈殷高宗問於三壽〉“利”説解析——與荀子義利觀的比較》，《國學學刊》2015年第4期。

當整齊、民衆心態平和，“天目毋眯”難以理解，李均明認爲當指對“利”的理解大體清楚，李均明認爲這幾句也是與儒家思想相通。[①]但這也不是儒家獨特的思想，黄老學也有類似觀點，《經法·君正》説：“知地宜，須時而樹，節民力以使，則財生，賦斂有度則民富。”又説：“[省]苛事，節賦斂，毋奪民時，治之安。”“知地宜，須時而樹”即開源，“節民力”“賦斂有度”“省苛事”“毋奪民時”即節流，“治之安”即“經緯順齊”。《十六經·順道》説：“不爲怨媒。”這也是“妒怨毋作”的同義詞。由此可見，《殷高宗問於三壽》中關於“利”的定義并不具有明顯的學派屬性，至少儒家和黄老學都有類似思想，因此不能據此認爲《殷高宗問於三壽》的“思想觀念主要承自儒家”。

《殷高宗問於三壽》關於“音”的定義是：“惠民由任，徇句遏淫，宣儀和樂，非壞於湛，四方勸教，濫媚莫感，是名曰音。”李均明認爲，這句話主要闡述了音樂的社會功能，主張積極的音樂教育，通過音樂潛移默化的作用，引導人們適度怡樂，抵制邪淫，使感情欲望符合禮儀的方嚮發展，以達致社會和諧的效果，其與《荀子·樂論》有共同之處，當爲《荀子·樂論》產生的前奏。[②]但是主張積極樂教的却并非衹有儒家，黄老學也有相似的觀點，《管子·心術下》説：“凡民之生也，必以正平。所以失之者，必以喜樂哀怒。節怒莫若樂，節樂莫若禮，守禮莫若敬。外敬而内静者，必反其性。”尹知章注曰：“正平則能保全其生，喜樂哀怒失常，則失其主。樂主和，故能節怒。

①李均明：《清華簡〈殷高宗問於三壽〉“利”説解析——與荀子義利觀的比較》，《國學學刊》2015 年第 4 期。

②李均明：《清華簡〈三壽〉音説解析——與〈荀子·樂論〉的比較》，載李學勤主編《出土文獻》（第六輯），第 201—206 頁。

禮者，敬而已矣，故敬能守禮也。外敬則合禮，内静則循察，故能反其性。”[①]類似的話又見於《管子·内業》，主要是説人之所以不“正平”是由於喜樂哀怒等情欲而導致的，要節制情欲就需要音樂，而音樂也需要以“禮”節之，以此實現内心之静以及外形之敬，最後歸於平正。由於“禮”具有社會政治屬性，因此“節樂莫若禮”既具有修身養性的意義，還具有社會政治意義。[②]如此，《殷高宗問於三壽》關於“音”的思想也非儒家尤其是荀子所獨有，至少也是儒家和黄老學共通的思想觀念。

《殷高宗問於三壽》又有“揆中水衡”一句，李均明認爲“揆中水衡”繼承了儒家思想尤其是孟子的“權中”的方法發展而來，“揆中”和“權中”都是通過衡量而實現中道，而“水衡”體現達到平衡的效果，且此效果是可以驗證的。[③]“揆中水衡”出自《殷高宗問於三壽》定義“德”的語句：“揆中水衡，不力，時刑罰赦，振若除慝，冒神之福，同民之力，是名曰德。”“時刑罰赦”即刑赦有時，“振若除慝”即舉善去惡[④]，可見此處的“德”主要是指政治之德，“揆中水衡”也并非李均明所理解的一般意義上的儒家中道觀，而是指政治之“中”，政治

①張舜徽：《周秦道論發微·史學三書平議》，華中師範大學出版社2005年版，第265頁。
②李純一：《先秦音樂史》(修訂版)，人民音樂出版社2005年版，第237頁。
③李均明：《揆中水衡——清華簡〈殷高宗問於三壽〉之中道觀》，載李學勤主編《出土文獻》(第七輯)，第137—144頁。
④清華大學出土文獻研究與保護中心編、李學勤主編：《清華大學藏戰國竹簡（伍)》，第156頁。

之“中”即公平公正[①]，但强調政治上的公平公正也非儒家所獨有，黄老道家也十分强調政治的公平公正，如帛書和西漢竹書本《老子》就説：“多聞數窮，不若守於中。”此處的“中”即公平公正，要求聖人治國持守公正。[②]《經法·道法》也説：“故執道者之觀於天下也，無執也，無處也，無爲也，無私也。”又説：“使民之恒度，去私而立公。”這也都是强調統治者治國需要持守公平公正。因此，僅憑“揆中水衡”一詞也不能斷定它就是承自儒家的中道觀念。

總而言之，李均明所舉出的“利”説、“音”説、“揆中水衡”等，并不能説明《殷高宗問於三壽》就是儒家著作，因爲這些觀念都是儒家和黄老道家所共有的觀念，因此，李均明所認爲的《殷高宗問於三壽》“主要承自儒家”“與荀子相似”的觀點稍嫌武斷。

三、《殷高宗問於三壽》當爲黄老學著作

有鑒於“《殷高宗問於三壽》儒家説”的不可信，曹峰認爲它有可能成書較早，是儒道思想的共同資源。如果按照曹峰的觀點，《殷高宗問於三壽》是儒道思想的共同資源，那麽它的成

①公平公正爲“中”字應有之義，如《周禮·秋官·司刺》説：“以此三法者求民情，斷民中。”孔穎達疏曰：“云‘以此三法者求民情，斷民中’者，謂上三刺、三宥、三赦若不以此法，恐有濫入者，由用三法，故斷民得中。”由此看來，《周禮》所説的“斷民中”指的就是司法公平公正。曹峰也認爲這句話中的“中”當釋爲公平公正，參見曹峰：《清華簡〈殷高宗問於三壽〉上下兩部分簡文的研究》，載日本出土資料學會編《中國出土資料研究》(第 20 號)，2016 年 7 月。

②袁青：《簡帛〈老子〉“多聞數窮，不若守於中”考釋》，《中州學刊》2016 年第 12 期。

書當在諸子百家產生之前，也即春秋末期（老子、孔子）之前。但仔細考察一下《殷高宗問於三壽》，我們却很難認同它成書較早的觀點。首先，《殷高宗問於三壽》主要記載商湯與彭祖的對話，據學者的研究，彭祖的故事最早見於《國語》《莊子》《荀子》和《天問》等戰國典籍，《論語·述而》中的“竊比於老彭”的“老彭”并非彭祖而是商之賢大夫。①彭祖的故事最早見於戰國，因此《殷高宗問於三壽》不太可能成書於春秋末期前，而應當是戰國著作。其次，《殷高宗問於三壽》中有許多雙音詞預示着其成書時代，如“八紀”“教訓”等詞，其中“八紀”最早見於《黄帝内經·素問》“天有八紀”，“教訓”一詞最早見於《管子》《晏子春秋》《亢倉子》等書中，而《黄帝内經》《管子》《晏子春秋》《亢倉子》等書都不會早於戰國時期，因此從這個意義上來説，《殷高宗問於三壽》的成書時代應當也不會早於戰國時代。綜合考慮這兩點，我們有理由相信《殷高宗問於三壽》當成書於戰國時期。

既然《殷高宗問於三壽》成書於戰國時期，在諸子分立的時代它當有一定的學術傾嚮。仔細考察《殷高宗問於三壽》文本，筆者認爲其爲黄老學著作。

其一，《殷高宗問於三壽》在討論“何謂險”時説：“夫險莫險於心。”李均明引用《莊子·列禦寇》以及《荀子·解蔽》來加以説明，認爲其同於儒家思想②，殊不知這剛好暴露出《殷高宗問於三壽》與儒家的分歧之處。《莊子·列禦寇》説：“孔子曰：‘凡人心，險於山川，難於知天。’”《荀子·解蔽》曰：“故道經曰：人心之危，道心之微，危微之幾唯明君子而後能知

①汪燕崗：《彭祖考略》，《中國社會科學院研究生院學報》2005年第2期。
②李均明：《清華簡〈殷高宗問於三壽〉概述》，《文物》2014年第12期。

之。”《莊子》一書多寓言，其中所載孔子之語本不可信，否則孔子和顔回等都成了道家人物。最關鍵的在於《荀子·解蔽》，初看起來，“人心之危”與“莫險於心”有相通之處，但早有學者指出《荀子·解蔽》“人心之危，道心之微”與《僞古文尚書·大禹謨》“人心惟危，道心惟微”的差异，僞《古文尚書》中的“危”是危殆之義，而《荀子》中的“危”不能當作危殆講，而是戒懼之義，并引唐人楊倞注加以論證，楊倞注曰：“危謂不自安，戒懼之謂也。”[①]如此，則《荀子》所引“人心之危”與《殷高宗問於三壽》“莫險於心”説的并不是一回事，而且據梁濤的研究，《荀子》中的“心”與“性”相對，“性”代表向下墮落的力量，而“心”代表向上提升的力量，性惡心善纔是荀子人性論的完整表達。[②]孟子的心先天具有四端，更是本然就是善的。因此可以説儒家對於“心”的總體認識是善的，《殷高宗問於三壽》“夫險莫險於心”顯然與此恰好是矛盾的。因此，從這個意義上説，《殷高宗問於三壽》不能歸於儒家。

其二，《殷高宗問於三壽》第一部分記載殷高宗問少壽、中壽、彭祖等三壽“人何謂長？何謂險？何謂厭？何謂惡？”其中限定了主語是“人”，是探求人如何保持長久、自足，而三壽都是壽命長久之人，尤其是彭祖更是以高壽、善於養生聞名，因此三壽的回答主要是關於人如何保持長久之義，如彭祖回答説：“吾聞夫長莫長於水，吾聞夫險莫險於鬼，厭必平，惡必傾。”

①戴君仁：《“人心之危，道心之微”申義》，臺灣《大陸雜志》第41卷第3期，1970年。

②梁濤：《荀子人性論辨正——論荀子的性惡、心善説》，《哲學研究》2015年第5期。

其中“鬼”當指“心之鬼”，即心之迷失。[1]即説人要像水一樣保持長久，就要去除心之鬼并且做到自足。因此三壽的回答主要指嚮的是養生之道。《殷高宗問於三壽》記載在殷高宗聽完三壽的回答後説：“吾聞夫長莫長於□，吾聞夫險必矛及干，厭必富，惡必無飼。苟我與爾相念相謀，世世至於後嗣。我思天風，既回或止，吾勉自抑畏以敬，夫兹□。”雖然這段話有闕文，但大體意思是明確的，高宗主要論述的是如何保持國家的長治久安以使殷商統治能够世世代代持續下去。因此從三壽的回答過渡到高宗的論述，是典型的從養生到治國的黄老學思維方式。

其三，《殷高宗問於三壽》第一部分主要論述“何謂長”“何謂險”“何謂厭”“何謂惡”，其最終目的是探求國家長治久安而避免傾覆的因素，李均明認爲這反映出一種强烈的憂患意識。[2]這種憂患意識，正如曹峰所説，雖然各家都有，但在道家和《易傳》中最爲突出，不過他關於道家所舉例子主要是《老子》中的“知足”思想，稍嫌不够貼切。[3]關於《老子》中的憂患意識，著名漢學家葛瑞漢曾説：“在思想深處，用假名來僞裝的瀰漫於全書的逃避與退隱，是一種主導型的情緒使然，即恐懼。”[4]《老子》全書中確實有一種“恐懼”情緒主導，惟其如此，老子纔主要關心國家和個人如何求生存，如何做到“柔弱勝剛强”（第三十六章），《殷高宗問於三壽》記載在聽完三

①曹峰：《清華簡〈三壽〉〈湯在啻門〉二文中的鬼神觀》，《四川大學學報》（哲學社會科學版）2016 年第 5 期。
②李均明：《清華簡〈殷高宗問於三壽〉所反映的憂患意識》，《中國史研究》2016 年第 1 期。
③曹峰：《清華簡〈殷高宗問於三壽〉上下兩部分簡文的研究》，載日本出土資料學會編《中國出土資料研究》（第 20 號），2016 年 7 月。
④［英］葛瑞漢著、張海晏譯：《論道者：中國古代哲學論辯》，中國社會科學出版社 2003 年版，第 254 頁。

壽關於“長”“險”“厭”“惡”的論述後高宗的表現：“高宗恐懼，乃復語彭祖曰：‘嗚呼，彭祖！古民人迷亂，象茂康懋，而不知邦之將喪。’”其中直接出現“高宗恐懼”的字樣，與《老子》恐懼情緒是相通的。《易傳》也有很强的憂患意識，但很多學者都承認《易傳》受了老子的影響，甚至認爲《易傳》爲道家著作。[①]因此，從其中瀰漫着一股强烈的“恐懼”情緒來看，《殷高宗問於三壽》可能最近於《老子》。

其四，《殷高宗問於三壽》第二部分主要是彭祖向高宗解釋“祥”“義”“德”“音”“仁”“聖”“智”“利”“信”等九大範疇的含義。這九大範疇，確如曹峰所説，看似有些與儒家概念相關，但實際上無法完全對等，儒家經典中并没有這樣的排列。[②]在這九大範疇中，“祥”“義”最爲重要，其中“祥”排在第一位，其含義是：“聞天之常，祇神之明，上昭順穆而警民之行。餘享獻攻，括還妖祥，是名曰祥。”即説“祥”是瞭解天常，敬畏神明、祖先以及民衆。“義”排第二位，其含義是：“邇則文之化，曆象天時，往宅毋從，申禮勸規，輔民之化，民勸毋疲，是名曰義。”即説“義”是教導百姓遵循天地法則以及禮法制度，激發百姓自身積極性，這樣的“義”與儒家有很大的差别。因此，在這九大範疇中，最爲重要的“祥”“義”均與遵循天地法則相關，這也就是説作爲人間統治的核心理念的“祥”與“義”均是效法天地的，其中蘊含了一種從天道到人道的黄老學思維方式。至於其中“德”“音”“仁”“聖”“智”“信”看起來與儒家觀念相似，强調“利”又似乎與墨家相關，這其實也并不奇怪，

①袁青：《“道家主幹説”述評》，《商丘師範學院學報》2013年第7期。
②曹峰：《清華簡〈三壽〉〈湯在啻門〉二文中的鬼神觀》，《四川大學學報》（哲學社會科學版）2016年第5期。

正符合黄老學"采儒墨之善"(《論六家要旨》)的特點。

其五,《殷高宗問於三壽》第三部分主要闡述人性論,《殷高宗問於三壽》認爲人性中有陽和晦的兩面,陽的一面是不好的而晦的一面是好的:"陽則捍佚無常""晦而本由生光"。"晦而本由生光",曹峰解釋爲衹有通過"晦"纔能讓常道發出光亮,這種立場與道家"守弱""守雌""守黑"的立場有關。[①]這種尚陰的人性論自然與道家有關,但《殷高宗問於三壽》并不是僅僅爲了講人性論,它講人性論的目的是爲了因循人性而治國,《殷高宗問於三壽》説:"民之有晦,晦而本由生光,則唯小心翼翼,顧復勉祇,聞教訓,餘敬養,恭神勞民,揆中而象常。束簡和慕,補缺而救枉,天顧復之用休,雖陰又明。"由於民性中陰的一面是好的,因此君主統治也要尚陰而不能尚陽,君主統治的尚陰就表現爲:"小心翼翼,顧復勉祇,聞教訓,餘敬養,恭神勞民,揆中而象常。"這體現出一種因循的思想,與通常我們所見到的主要是法家的因循好利之人情有所差别,但這符合《論六家要旨》"以因循爲用"的黄老學思想特徵。

綜上所述,"《殷高宗問於三壽》儒家説"不可信,李均明所舉的例證都是儒家和黄老學共同的思想,而從《殷高宗問於三壽》關於"心"的論述來看,它與儒家思想具有明顯的分歧,因此《殷高宗問於三壽》不屬於儒家。從《殷高宗問於三壽》中的一些字句來看,它的成書當在戰國時期,因此《殷高宗問於三壽》也不太可能成書很早而成爲儒道兩家共同的思想資源。從《殷高宗問於三壽》的具體論述來看,其中充滿着一種恐懼的情緒,這與《老子》是一致的,并且《殷高宗問於三壽》也

①曹峰:《清華簡〈殷高宗問於三壽〉上下兩部分簡文的研究》,載日本出土資料學會編《中國出土資料研究》(第20號),2016年7月。

具有從天道到人道、從養生到治國、因循等黃老學獨特的思想特點，因此，我們認爲《殷高宗問於三壽》當爲黃老學著作。

原刊於《學術界》2017 年第 8 期

郭店楚簡及其他

先秦文獻中的“太一”概念及相關問題

白　奚[1]

摘要　作爲最高哲學概念的“太一”，起源於《老子》使用“大”和“一”來表述道的形上性，從而賦予了它們與道同級的形上性。因此，雖然在《老子》那裏没有出現“大”“一”複合使用的“大一”一詞，但已使其出現成爲水到渠成之事。戰國時期，此用法的“大一”概念已經多見，如《莊子》《太一生水》《吕氏春秋》等等；其中，《莊子》的用法與《老子》的意義最爲接近。到戰國末期，“大一”概念的使用發生了很大變化，由顯現其形上學的理論意義轉變爲强調“大一”原理的政治實踐意義。由“大一”原理的政治應用問題出發考察《文子》，有助於加深對其成書時代的認識。

1993年湖北荆門郭店楚墓出土的戰國竹簡《太一生水》的出土，引發了人們對這篇文獻中的宇宙生成論的研究熱情，也引發了人們對“太一”這個傳世文獻中原本就經常出現的概念的重視和研究。本文擬對傳世先秦文獻中的“太一”概念進行初步的梳理，并對由此涉及的某些學術問題進行討論，力圖對這些問題的研究有所推進。

①白奚，首都師範大學哲學系教授。研究領域：先秦哲學、中國傳統思想文化與現代化。

一、“太一”與“道”——作爲哲學的終極概念

“太一”是中國上古文化中一個十分重要的概念，從存世文獻的記載來看，大致在三個不同的意義上被使用。一爲宗教意義上的太一神，是人們祭祀崇拜的至上天神；一爲天文學意義上的星官，是位於天極位置上的星名即北極星；一爲哲學意義上的終極概念，是宇宙的原始狀態或宇宙生成萬物的起點，在這個意義層面上約略與老子的“道”同義。顯然，這三種意義的“太一”必定存在着一個孰先孰後的問題。關於這個問題，筆者贊同王中江先生的觀點，他認爲：“哲學上的‘太一’是首先出現的，其他意義上的‘太一’是一種借用和轉用。”[①]王中江并從漢語詞彙形成的角度對“一”“大”“太”“太一”的意義和演變進行了詳細的考察，論證了關於“太一”最早是作爲哲學概念出現并作爲天神和星官意義上的“太一”之思想背景的觀點。

作爲哲學意義上的最高概念或終極概念的“太一”，傳世文獻始見於《莊子·天下》篇，概括關尹、老聃的學術思想“建之於常無有，主之以太一”，説的是該派學説的思想主旨和最高哲學範疇。《吕氏春秋·大樂》篇曰：“萬物所出，造於太一，化於陰陽”，表達的是對萬物起源的看法。此外，《荀子》《韓非子》《淮南子》《文子》《鶡冠子》《禮記》《楚辭》《史記》《漢書》等典籍中都出現了“太一”一詞。這些典籍中的“太一”，有的是在哲學意義上使用的，也有的是在宗教祭祀或天文學意義上

①王中江：《簡帛文明與古代思想世界》，北京大學出版社2011年版，第37頁。

使用的，也有二種或二種以上意義兼而有之的。特別是在漢代，宗教祭祀和天文學兩種意義的“太一”大多混合使用，這種情況占大多數，單純從哲學意義講“太一”的大概衹有《淮南子》的某些篇章了。考察從先秦到兩漢典籍中“太一”出現的情況可以看出，“太一”一詞在先秦時期更爲具有哲學意味，很多典籍都從哲學的層面上講“太一”，漢代以後就很少有人探討“太一”的哲學意義了。因而，我們探索“太一”的哲學意義，先秦的存世典籍是主要的材料依據。

“太一”，郭店竹簡圖版原本作“大一”，整理者確定爲“太一”。古文字“太”與“大”可以通用，故“太一”乃是“大一”的另一種寫法。從漢語詞彙發展變化的角度來看，“大一”（“太一”）是由“一”和對其起修飾作用的“大”（“太”）組成的一個複合詞，不過，這并不是一般意義上的“大”和“一”，而是經過了高度的哲學抽象或哲學意義上的“大”和“一”，透過“大一”（“太一”）一詞，我們可以看到先民對世界進行哲學思考的努力及其結果。“大”（“太”）與“一”都有哲學抽象之“終極”意義，“太”與“一”組成的“太一”概念，可以説是古人在“終極”意義上對事物進行哲學抽象所能達到的極致了。

最早對“大”和“一”進行哲學思考的是老子。《老子》中分别對“大”和“一”這兩個概念進行了具有開創性的、充分的哲學思辨，賦予了它們高度抽象的哲學含義即“終極”的意義，并以此展開了關於“道”的哲學理論。老子哲學體系的最高範疇是“道”，“道”具有絶對、唯一、永恒、終極等作爲哲學最高範疇所必須具有的基本特性。爲了更好地闡明“道”的以上特性，老子常用“一”和“大”來對“道”進行描述，或者直接用“一”和“大”作爲“道”的代名詞。老子對“大”

和“一”的哲學抽象，是他開創的“道”論的重要組成部分。這樣的哲學思辨在老子之前是從來没有過的，老子的理論貢獻是突破性的，一舉將中國古代哲學的思辨程度提升到一個相當高的、後人難以超越的水準。老子哲學的貢獻也是開創性的，他爲中國古代文化的發展開闢了一個具有很高起點的哲學思辨傳統，此後兩千多年中國哲學的發展都受益於老子的哲學。

《老子》中雖然没有出現“大一”或“太一”的概念，但由於分别對“一”和“大”這兩個重要概念進行了充分的、卓有成效的哲學思辨，可以説由這兩個單獨的概念組合成一個獨立的“大一”(“太一”）概念，已經是水到渠成了。在後來的傳世文獻中，“大一”(“太一”）便頻頻出現了。

《太一生水》的成文年代雖然難以精準地確定，但其作爲戰國時期的佚籍應是没有疑問的。《太一生水》中的“太一”同樣也是一個終極性的形上概念，其哲學抽象的程度與《莊子》相當。楚簡《太一生水》的整理者認爲，“太一”就是“道”：“太一，在此爲道的代稱”①，這樣的論斷是正確的，《太一生水》中有幾處對“太一”的描述可以證明這一點。如“周而或始”一語，很容易使人聯想起《老子》第二十五章的“周行而不殆”，這是對“道”永恒運動的特性的描述；“以己爲萬物母”“以己爲萬物經”的表述，明顯同於《老子》第二十五章的“可以爲天地母”和第五十二章的“天下有始，以爲天下母”。“道亦其字也”一句，則明確地點出了“太一”就是“道”。有趣的是，《太一生水》的作者在這裏也是把“太一”説成是“道”的“字”，而不是“道”的“名”，這同《老子》第二十五

①《郭店楚墓竹簡·〈太一生水〉釋文注釋》，文物出版社1998年版，第125頁。

章的“吾不知其名，强字之曰道”的表述和用意完全相同，作者同老子一様，也認爲具有最高抽象性的“道”不同於任何具體的萬物，它是不可“名”的，衹能有“字”而不能有“名”。“名”是正式的名稱，“字”則衹是表字，是别名或代名詞，而非正式的名稱。這清楚地表明了《太一生水》的作者對“道”與具體萬物的根本區别在於其獨具的形上性這一關鍵問題有着自覺的、明確的認識，顯然是繼承了老子哲學思辨的思想成果，《太一生水》同《老子》的思想承續關係是十分明顯的。

二、“太一”概念在戰國時期的發展演變

戰國時期，“太一”作爲表示終極、唯一、最高、絶對、本體等意義的哲學概念，已經是較爲普遍的事情了，而以《莊子》中的用例同《老子》的“大”和“一”意義最爲接近。

《莊子·天下》概述關尹、老聃之學“建之以常無有，主之以太一”，此處的“太一”應該是關尹學説的核心概念，而關尹據稱是老子弟子，或爲老子後學。成玄英《莊子疏》曰：“太者廣大之名，一以不二爲稱。言大道曠蕩，無不制圍，括囊萬有，通而爲一，故謂之太一也”，蓋關尹以“太一”來發揮老子的“道”論。《莊子·天下》篇述惠施之學，提到了“至大無外，謂之大一”的命題，就是受益於老子哲學的思辨成就。“大一”就是“至大”，大到“無外”即没有邊界，亦即今所謂無限大；與“大一”相對的是“小一”，“小一”就是“至小”，小到“無内”即不可分，亦即今所謂無限小。無論是“大一”還是“小一”，都是對“一”的哲學抽象，都是對“一”的終極性思考。這清晰地表明此處的“大一”是建立在“大”和“一”的哲學

抽象之上的組合概念。《莊子·徐無鬼》也提到了“大一”：“知大一，知大陰……大一通之，大陰解之”，郭象注曰：“大一，道也”，成玄英疏則解“大一”爲“天”，解“大陰”爲地。無論這裹的“大一”是“道”還是“天”，其實都是對“大一”的形上性的表達，“大一”是一個高度抽象的、最高的本體，它可以對宇宙萬物和社會人生的一切問題提供終極性的解釋和解決。《莊子·列禦寇》有“太一形虛”之語，并列出現的還有“太初”，都是對宇宙初始狀態的描述。《莊子》中“大一”(“太一”)的這些用例都是在形上之哲學意義上使用的，乃是接續了老子思想的理論脉絡。

《吕氏春秋·大樂》是一篇以道家關於“道”的哲理闡發音樂理論的文章，其中藉助了“太一”概念，其言曰：“道也者，至精也，不可爲形，不可爲名，强爲之，謂之太一。”這裹的“至精”，言其至微也；“强爲之”，畢沅認爲“之”字後脱漏一“名”字，甚是。“道”因其至精至微而不可爲形不可爲名，强爲之名，乃可以謂之“太一”。作者在這裹無論從思想理論上還是從行文措辭上都完全是模仿《老子》，可以説是《老子》思想的照搬，不同的衹有一點：直接把“太一”作爲“道”的别名，説出了《老子》尚未説出的話。從《老子》對“大”“一”的形上詮釋到《吕氏春秋》把“道”直接等同於“太一”，在哲學理論發展的脉絡上來看，可以説是一脉相承、水到渠成的，是道家的“道論”的歷史發展。以這種“道論”的視角來考察《大樂》篇全文，我們就可以得到一種全景式的理解和把握。在作者那裹，“道”作爲宇宙萬物的總根源，既是天道也是人道，音樂作爲人道之重要内容，也必須以大道爲法則。不僅如此，《大樂》名曰討論音樂，其用意却在政治，音樂的道理最後也落實在“聖人之治”上。《大樂》開篇曰：“音樂之所由來者遠矣。生於度量，本於太一。太一出兩儀，兩儀出陰陽。陰陽變化，一上一下，合而成章。”下文又説：“萬物所出，造於太一，化於陰陽。萌芽始震，凝凓以形。形體有處，莫不有聲。聲出於和，和出於適。和適先王定樂，由此而生。”該篇把音樂的産生看成是同萬物一樣，皆“本於太一”“造於太一”，合於陰陽的變化節律，這同《太一生水》的宇宙萬物生成論是一致的，屬於同一個理論發展層次，衹是該篇受到了儒家思想的影響，融入了《易傳》的“兩儀”觀念。

與《吕氏春秋》相比，約略同時的《鶡冠子》[①]中的“太一”（“泰一”）則要複雜得多。《鶡冠子·泰鴻》中同時出現了“太一”和“泰一”，古文“太”“泰”通用，因而“太一”應即“泰一”也，不過在該篇中似乎又有不同所指。其言曰：“中央者，太一之位，百神仰制焉”，“中央”在篇中是相對於東方、西方、南方、北方而言的，顯然指的是方位，即“太一之位”。天的中央即天極，亦即北極，居中央之位的“太一”就是北極星。這個“太一”同時又是帝星，“百神仰制焉”，是宗教意義上的太一神，是人們祭祀崇拜的至上天神。可見在《鶡冠子》中，天文學意義上的“太一”和宗教崇拜意義上的“太一”已經出現，并已經混用。與《鶡冠子》的“太一”相近的是《韓非子·飾邪》中的“太一”，該篇在論證占卜結果不靈驗時提到的“太一”與王相、攝提、歲星、熒惑等星官并列，没有《鶡

①關於《鶡冠子》，自唐代柳宗元始多有人疑其爲僞書者，時下學界則多認爲其書不僞，其成書年代爲戰國晚期至秦統一之前。可參看黄懷信《鶡冠子彙校集注》，中華書局2004年版“前言”部分；孫福喜《鶡冠子研究》，陝西人民出版社2002年版，第二、五章。

冠子》中的宗教崇拜的意義。《韓非子》與《鶡冠子》的成書年代基本重合，可見在戰國末期，“太一”作爲天文學上的星官之名，其使用已經很普遍。《鶡冠子·泰鴻》中的“泰一”是一個至高的天神形象，其開篇曰：“泰一者，執大同之制，調泰鴻之氣，正神明之位者也，故九皇受傅。”“泰鴻”即“鴻蒙”，“鴻蒙”在秦漢時指構成天地萬物之元氣，謂之“泰鴻”，是爲了加强語氣，指元氣之始。“執大同之制”，謂“泰一”作爲至上神，擁有最高的權威，天下皆同之。“正神明之位”，是指確定天地間各路神明之尊卑貴賤之位。“九皇”即“三皇”中與“天皇”“地皇”并列之“人皇”，傳説稱“人皇九頭”分長天下九州，一曰人皇兄弟九人分長九州。“九皇受傅”是説九皇皆以“泰一”爲輔相。《泰鴻》篇記載的是九皇之長泰皇與泰一關於“天地人事，三者孰急”的問答，泰一雖然是至上神，但并不直接管理人間之事，而是作爲泰皇的輔相出現，他的話是泰皇治理天下的指導思想。《鶡冠子·博選》篇有這樣的話：“帝者與師處，王者與友處，亡主與徒處”，“帝者”是智慧最高、成就最高的統治者，對有道之人以最高的師禮相待，據此，泰一既是泰皇的輔相，同時也是泰皇之師，擁有帝王之師的身份。“泰一”是人格神，而居於中央之位的“太一”乃是天文學上的星官，二者顯然不能混爲一談，這大概就是同一篇中同時出現了“太一”和“泰一”的緣由。泰一在同泰皇的對答中，涉及的内容甚爲豐富，包括天地、神明、日月、四時、精神、陰陽、五行、五方、五色、五音、六律、二氣、三光、四則、六合、八風、八極、刑德、度數、仁義、道、德、渾沌等等，涉及儒家、道家、陰陽五行家、法家、名家、天文、數術等諸多學説，可以説是囊括了當時已有的全部學術思想和知識領域。這些思想都明顯地帶有戰國末期的時代特色，很多内容都是《太一生水》的時代還没有出現或還没有充分展開的，明顯地晚於《太一生水》。

“太一”在戰國晚期道家的另一重要著作《文子》中也多有出現。其《自然》篇曰：“天氣爲魂，地氣爲魄，反之玄妙，各處其宅，守之勿失，上通太一，太一之精，通合於天。”這裏的“太一”既不是天文學意義上的星官，也不是宗教崇拜意義上的天神，亦不是終極意義上的宇宙本原，而是一個能够“通合於天”、溝通天人之際的獨立存在。這段文字中的“天氣”“地氣”“各處其宅，守之勿失”“太一之精”等概念和表述，很容易使人聯想到《管子》一書中《内業》等篇中的精氣理論。不同的是，《内業》等篇討論的主題是人的思維、智慧等生命和精神現象，《自然》篇討論的則是“聖人之道”，是聖人如何遵循自然之道從而治理好天下。可見，“太一”概念在《自然》篇中已經轉换了話題，由此前的《鶡冠子》等討論宇宙終極性的問題轉爲集中討論政治問題。這雖然偏離了“太一”原本的理論方嚮，但也可以反映出戰國晚期學術思想發展的一個明顯的趨勢，那就是思想家們關注的問題都在向政治問題這一方嚮集中，已有的所有學術思想都逐漸成爲服務於現實政治需要的思想資源。

這樣的理論轉嚮，在《文子》的《下德》篇有更明確的表述。其言曰：

> 帝者體太一，王者法陰陽，霸者則四時，君者用六律。體太一者，明於天地之情，通於道德之倫，聰明照於日月，精神通於萬物，動静調於陰陽，喜怒和於四時，覆露皆道，溥洽而無私，蜎飛蠕動，莫不依德而生，德流方外，名聲

> 傳於後世。法陰陽者，承天地之和，德與天地參，光明與日月并照，精神與鬼神齊靈，戴圓履方，抱表寢繩，内能理身，外得人心，發號施令，天下從風。則四時者，春生夏長，秋收冬藏，取與有節，出入有量，喜怒剛柔，不離其理，柔而不脆，剛而不折，寬而不肆，肅而不悖，優游委順，以養群類。其德含愚而容不肖，無所私愛也。用六律者，生之與殺也，賞之與罰也，與之與奪也，非此無道也。伐亂禁暴，興賢良，廢不肖，匡邪以爲正，攘險以爲平，矯枉以爲直，明於施捨，開塞之道，乘時因勢，以服役人心者也。帝者體陰陽即侵，王者法四時即削，霸者用六律即辱，君者失準繩即廢，故小而行大，即窮塞而不親，大而行小，即狹隘而不容。

粗略看來，這裏的帝者、王者、霸者和君者都是以正面的形象出現的，“體太一”“法陰陽”“則四時”“用六律”都是很高的行爲標準，但細看下去就會發現，這四個不同的層級其實是一個由高到低的等級排列。其中的“帝者”是最高的等級，“體太一”也是最高的行爲標準，“帝者”既不像“王者”那樣“發號施令，天下從風”，也不像“霸者”那樣“含愚而容不肖”，更不像“君者”那樣賞罰與奪、“伐亂禁暴”以“服役人心”。賅而言之，“帝者”不去做那些具體瑣碎的行政事務，他衹需“體太一”即可，“體太一”也就是“體道”。有趣的是，《下德》的作者還對“以大行小”即高級的統治者去做較低一級統治者該做的事提出了警告，“帝者”衹能是“體太一”，而不能像“王者”那樣去“法陰陽”，去做那些具體的政務，否則就是降低了標準，就會受到侵凌。

三、《文子》的成書年代問題——由“太一”引發的思考

《文子》一書，歷代多有人認爲是僞書，因其文字與《淮南子》多有雷同而被認爲是抄襲的《淮南子》。1973年河北定州八角廊出土了一部殘缺的竹簡《文子》，其入葬年代大約爲西漢文帝時期，1995年整理完畢公布於世後，引起了學界廣泛重視。竹簡《文子》公布後，對《文子》抄襲《淮南子》的舊説構成了很大的衝擊，不少學者都改變了原有的觀點。雖然竹簡《文子》的文字同傳世本《文子》有較大差异，竹簡《文子》的出土尚不能證明傳世本《文子》爲真，但至少可以證明最遲在西漢早期就有《文子》一書在流傳，這對於證明傳世本《文子》爲真的觀點是有利的。筆者以爲，《淮南子》其書同《吕氏春秋》一樣，都是集腋成裘之作，乃雜取各家之説編輯而成，其思想大多非原創，該書襲取當時在社會上流傳的《文子》之可能性很大，若説有人襲取《淮南子》而成《文子》一書，這種可能性則是較小的。漢初流傳的《文子》很可能有不同的版本，其中的一個版本有幸流傳至今，即今本《文子》。但這部《文子》在後來的流傳過程中，有好事者依己意加工改動，并大量加上了“老子曰”這樣的字眼以增强其權威性，這大概就是今本不同於竹簡本的原因之一。

《文子》一書的中心思想，是將老子的“道論”應用於指導政治活動，講述有道之聖人或得道之帝王應如何治理國家。《文子》的這一中心思想是道家學派在戰國時期十分流行的一種理論傾嚮，也可以説是戰國時期的道家學派最爲關注的理論領域。爲了突出“道”在社會政治活動中的指導意義，他們提出了一

種根據“得道”或“體道”的程度來爲政治人物劃分等級的理論。《黄帝四經・稱》篇曰：“帝者臣，名臣，其實師也；王者臣，名臣，其實友也；霸者臣，名臣也，其實〔賓也；危者〕臣，名臣也，其實庸（傭）也；亡者臣，名臣也，其實虜也。”《戰國策・燕策》中記載了郭隗在答燕昭王問時説道：“帝者與師處，王者與友處，霸者與臣處，亡國與役處。”《鶡冠子・博選》亦曰：“帝者與師處，王者與友處，亡主與徒處。”這些材料説明此種説法在當時社會上有比較普遍的流傳，而列國君主也已接受了這樣的説法。這裏列出的是君臣關係的不同類型，同時也區分了君主的不同等級，越是開明的君主就越是禮賢下士、尊賢與能。這種情況也反映了戰國時期知識分子階層（當時稱爲“士”）的重要性空前提高，他們對於國家的安危治亂起着舉足輕重的作用，社會地位的提高使得他們對自身價值的評估不斷提升，他們不再滿足於“臣下”這樣的傳統定位，而是以帝王之師友自居，對列國君主也隨之提出了相應的要求。

這種把統治者區分爲不同等級的情況在《文子》中也存在，前引《下德》篇中就有帝者、王者、霸者、君者四個等級序列。值得注意的是，在《文子》中，帝者、王者、霸者的等級序列并没有變，却把這種關係上升到哲學的理論層面，從“道”或“太一”“元氣”、天地陰陽的高度來論説。其《道德》篇曰：

> 夫道，無爲無形，内以修身，外以治人；功成事立，與天爲鄰，無爲而無不爲，莫知其情，莫知其真，其中有信。天子有道，則天下服、長有社稷；公侯有道，則人民和睦、不失其國；士庶有道，則全其身、保其親；强大有道，不戰而克；小弱有道，不争而得；舉事有道，功成得

> 福；君臣有道，則忠惠；父子有道，則慈孝；士庶有道，則相愛：故有道則和，無道則苛。由是觀之，道之於人，無所不宜也。夫道者：小行之，小得福；大行之，大得福；盡行之，天下服；服則懷之。故帝者，天下之適也；王者，天下之往也。天下不適不往，不可謂帝王。故帝王不得人不能成，得人失道亦不能守。夫失道者，奢泰驕佚，慢倨矜傲，見餘自顯自明，執雄堅强，作難結怨，爲兵主，爲亂首。小人行之，身受大殃；大人行之，國家滅亡，淺及其身，深及子孫。夫罪莫大於無道，怨莫深於無德，天道然也。

這段話可以説是戰國道家發揮老子的道論於社會政治領域，講述天道和人道的一致性和治國之"道"最爲詳盡的文字了。其中提到的"帝者"乃"天下之適"，"王者"乃"天下之往"，"適"與"往"同義，因而"帝者"和"王者"在這段文字中没有區别，故而合稱"帝王"。《微明》篇中與此相似，也没有將"帝者"和"王者"加以區分，而是合稱爲"帝王"并與"霸王"相對："帝王富其民，霸王富其地，危國富其吏。"但是在《文子》的其他篇章中，"帝者"則是高於"王者"的最高等級。如《自然》篇曰："帝者貴其德，王者尚其義，霸者通於理。"雖然"德""義""理"都有很高的道德價值，但在這裏由於分屬於不同等級的統治者，因而事實上也就分出了上下等次，以"德"爲最高，"義"次之，"理"又次之。在《上仁》篇中，這一區分得到了進一步的彰顯："道之言曰：芒芒昧昧，因天之威，與天同氣。同氣者帝，同義者王，同功者霸，無一焉者亡。”[1]在這段文字中，“功”指的是武功、武力，爲霸者所崇尚；“義”指的是仁義等道德觀念，爲王者所崇尚；“氣”指的不是普通的氣，而是“元氣”，即構成萬物的基本材料或曰萬物創生時之最初存在狀態，爲帝者所崇尚。“芒芒昧昧”即恍惚、鴻蒙、渾沌，指的是天地未形之初始狀態，最初是被用來描述“道”的形上特質，戰國時多用來形容天地剖判之原始宇宙，在《黄帝四經》《莊子》《鶡冠子》等道家著作中比較多見。

從以上討論可見，在《文子》中，“道”、“天”、“氣”(元氣)、“太一”都是同一層級的概念，“帝”由於“體太一”“與天同氣”，所以可謂體道者，因而就是最高明的統治者。又因爲“道”與“德”在道家那裏具有同等的價值，“萬物莫不尊道而貴德”，所以我們便可明白《自然》篇中的“帝者貴其德”的“德”也就是“道”，從而便同“尚其義”的“王者”拉開了差距。而“王者”衹能達到仁義等道德價值的層面，而不能上升到最高本體之“道”的層面，故而低於體道的“帝者”。至於衹知道依仗武力的“霸者”，那就更是等而下之了。

從《道德》篇的“帝者”與“王者”不分，到《微明》篇的“帝王”與“霸王”相區别，再到《自然》篇、《下德》篇和《上仁》篇的“帝者”“王者”“霸者”依次下降的等級序列，我們可以看到，《文子》一書中對同一描述物件有不同的、難於一致的説法，這些不同的説法有的屬於一般的政論，有的則加上了明顯的哲學論證，顯然并不處於同一個理論水準上。該書各篇的思想主旨并不很明確，在内容上多有重複之處。因而我們據此可以認爲，《文子》一書也并非是成於一人之手，應該是由

①同書《符言》篇有相似語句：“道曰：芒芒昧昧，從天之威，與天同氣。無思慮也，無設儲也……”

一個有着共同師承關係的學術群體在一個不太長的時段中聯手完成的。這個學術群體應該稱爲文子學派，乃是傳承戰國早期之老子弟子文子的思想，其學術思想隨社會變化而與之俱進，不斷增加新的內容，并與百家之學互相激蕩，至戰國晚期乃最終編撰成書。

我們認爲《文子》成書於戰國晚期，還有一個論據，戰國中期流行的士人争當王者師友的情況在《文子》中已不復存在，同樣是在講“帝者”“王者”和“霸者”的區别，已不再糾纏於他們是與師處、與友處還是與臣處、與徒處、與役處等等，而是上升到“道”“天”“氣”“義”等抽象層面來分析，這反映的正是戰國晚期君主高度集權、士人地位下降的實際情況。

上面我們引用的《上仁》篇的“道之言曰：芒芒昧昧，因天之威，與天同氣”這一段話托名“老子曰”，雷同的語句也出現在《吕氏春秋·應同》，作“黄帝曰：‘芒芒昧昧，因天之威，與元同氣。’”如何看待這兩條如此雷同的材料的先後關係呢？筆者認爲，比較合理的解釋是，《文子》一書成書在《吕氏春秋》之前，包括這段話在内的材料爲集腋成裘的後者所選用，并輾轉變成了“黄帝曰”，“與天同氣”也變成了“與元同氣”[①]。《上仁》篇這段話同樣也出現在《淮南子·泰族》篇，作“黄帝曰：‘芒芒昧昧，因天之威，與元同氣。’”同《吕氏春秋·應同》竟然一字不差！如果單看《文子》和《淮南子》二書，我們很難斷定誰抄的誰，但同樣的文字也出現在早於《淮南子》的《吕氏春秋》中，這又該如何解釋呢？筆者以爲，除非我們假定《文子》《吕氏春秋》和《淮南子》中的相同語句有

①高誘注：“同元氣也。”

着一個共同的、更早的來源，否則就衹能解釋爲:《吕氏春秋》和《淮南子》中這段完全相同的文字都是來自《文子》，因爲我們不可能設想《文子》是抄的《吕氏春秋》。從這條材料看，《文子》一書更可能是成書於戰國晚期，它是集腋成裘式的著作《吕氏春秋》和《淮南子》的一個重要的材料來源。

黄老道家德政思想的新探討

——以帛書《黄帝四經》爲中心

葉樹勛[①]

摘要 黄老道家關於德政問題的思想并不限於我們熟知的德刑二柄的語境，以《黄帝四經》爲代表，黄老學展現出一種意義更加寬泛的德政觀念。在先秦時期的德政思想中，“明德”與“玄德”分别代表了兩種不同的價值取嚮，這兩種嚮度在《黄帝四經》當中得到了綜合，并且被予以了進一步的改造和轉化。一方面，黄老道家繼承了老莊特有的“玄德”思想，但它更關注通過什麽途徑來運用這一原則，表現出治術化的理論傾嚮；另一方面，黄老道家吸收了殷周以降一直流行的“明德”觀念，同時又展開自然化的學理論證，爲德政的合理性尋求價值依據。此外，黄老道家也重視德刑兼用的治國策略，并將它與“法”的觀念相結合，通過一種普遍性的賞罰體系，爲德政秩序的達成提供制度上的保障。

一般情況下，德政思想往往被定格爲儒家的政治學説，而實際上，在道家思想裏德政問題也是備受關注的，尤其是在以

①葉樹勛，南開大學哲學院副教授。研究領域：先秦哲學、道家哲學、簡帛思想。

《黄帝四經》[①]爲代表的黄老學説中。但由於目前學界主要關注黄老學德刑二柄的理論，對其間意義更寬泛的德政觀念則未免重視不够，因此不僅限縮了黄老德政的研究視域，而且也模糊了黄老德政與老莊道家以及其他思想資源之間的承繼關係。以《黄帝四經》爲典型，黄老道家的德政學説既有繼承老莊道家的思想成分，又表現出理論改造與觀念轉化的傾嚮，這主要表現於"玄德"與"王術"的緊密結合；與此同時，早期流行的"明德"話語在黄老學當中也有體現，但在它的理論結構裹又具有和此前很不一樣的思想内涵。"玄德"與"明德"是先秦德政觀念的兩種不同路綫，但在黄老學中此二者却得以匯流，并且被黄老道家從不同的層面予以了改造和轉化。而作爲賞罰二柄的"德""刑"，則是黄老德政理念在制度上的一種具體設計，也是其德政思想體系的組成部分。以下，本文先討論德政思想的兩種嚮度在黄老學當中如何匯流、又如何被轉化，然後説明黄老德政觀念在制度上如何落實及其與人性的"自爲"具有何種關係。

一、"玄德"及其治術化

自殷周以降，德政作爲政權合理性的基礎而備受統治階層的關注，在"以德配天"的主流話語裹，德政觀念具有相當顯赫的地位，以至於學者用"德的時代"來概稱諸子以前的殷周

①本文所引《黄帝四經》以《馬王堆漢墓帛書（壹）·老子乙本卷前古佚書釋文》（文物出版社 1980 年版）爲底本，行文中如據各家的不同釋讀，將隨文説明。關於這四篇古佚書，目前學界有不同的稱法，此從學界的多數稱法。

時期。[1]在這一時期中，“明德”及其相關的話語主要是統治者用以自我解釋的政治工具：有“明德”者則膺受天命，無“明德”者則喪失天命，因此“明德”也就成爲天命轉移的關鍵因素。[2]這一觀念後來被儒墨等學派所繼承[3]，不同於此前被用來解釋政權的合理性，諸子言論中的“明德”更多地是體現爲思想家對政治秩序的一種指導和規範。但在老莊看來，這一話語在統治者的借用和標榜之下，早已喪失了原本應有的政治價值，衹能是一種用以粉飾政權的“下德”“欺德”(《老子》第38章、《莊子·應帝王》)。似乎是有意地與之針鋒相對，老子采用了語義上與“明”相反的“玄”字來表達他所倡導的另一種德政主

①鄭開：《德禮之間——前諸子時期的思想史》，三聯書店2009年版，第21頁。

②在前諸子時期，與“明德”相類似的説法還有“懿德”“嘉德”“顯德”“休德”“烈德”等，這些話語同樣具有政治解釋的功效。

③如《大學》中作爲“三綱領”之一的“明明德”，而《中庸》《荀子》等則經常引用《詩》《書》中的“明德”。《墨子》也關注“明德”的問題，可見於《天志中》《天志下》《明鬼下》等篇章。

張。[1]“玄德”作爲老子首創的一個概念[2]，在《老子》書中共出現了4次，分别見於通行本的第10、51、65章（第65章出現2次）。在書中，與“玄德”相類似的説法還有“孔德”“常德”“廣德”“建德”等，但老子從不提“明德”，包括與之同類的“懿德”“嘉德”“顯德”等一些説法，也没有出現在他的話語中。而後莊子學派沿承了老子的“玄德”思想[3]，在此之外還用“天德”的觀念表達了與老子“玄德”相近似的政治主張[4]，但

①關於這一點，鄭開先生曾指出，道家的“玄德”與儒家的“明德”形成了鮮明對照，“玄”與“明”都是視覺性語詞，一個表示幽隱，一個表示明照，二者有點針鋒相對的意味。（《玄德論——關於老子政治哲學和倫理學的解讀與闡釋》，《商丘師範學院學報》2013年第1期）鄭先生注意到“玄”與“明”的對立以及此間藴含的思想觀念的差别，但筆者更傾嚮於認爲老子提出“玄德”并不是針對儒家，而是針對殷周以降統治者用以解釋政權合法性的“明德”。

②從詞源上來考察，“玄德”此語在《書·虞書·舜典》已有所見：“曰若稽古，帝舜，曰重華，協於帝。浚哲文明，温恭允塞，玄德升聞，乃命以位。”但這段話的可靠性是值得懷疑的。孔穎達《尚書正義》已有所質疑：“昔東晋之初，豫章内史梅賾上孔氏傳，猶闕《舜典》。自此‘乃命以位’已上二十八字，世所不傳。多用王、范之注補之，而皆以‘慎徽’已下爲《舜典》之初。至齊蕭鸞建武四年，吴興姚方興於大航頭得孔氏傳古文《舜典》，亦類太康中書，乃表上之。事未施行，方興以罪致戮。至隋開皇初購求遺典，始得之。”（《尚書正義》，北京大學出版社1999年版，第51頁）按此，今本《尚書》的《舜典》篇乃是從今文尚書《堯典》篇“慎徽五典”以下的内容析分出來，而後據姚方興於大航頭所得增補了“曰若”等二十八字。是以，“玄德”一詞是否出自《舜典》則實爲可疑。雖然我們仍不能斷言此詞必始自老子，但作爲一個義理術語，認之爲老子首創當是無礙。關於這方面的考論，可參見鄭開：《玄德論——關於老子政治哲學和倫理學的解讀與闡釋》，《商丘師範學院學報》2013年第1期；葉樹勛：《老子“玄德”思想及其所藴形而上下的通貫性》，《文史哲》2014年第5期。

③如《莊子·天地》：“性修反德，德至同於初。同乃虚，虚乃大。合喙鳴；喙鳴合，與天地爲合。其合緡緡，若愚若昏，是謂玄德，同乎大順。”

④如《莊子·天地》：“君原於德而成於天，故曰，玄古之君天下，無爲也，天德而已矣”；《莊子·天道》：“天德而出寧，日月照而四時行，若晝夜之有經，雲行而雨施矣。”

和老子一樣，莊子學派也没有提過“明德”。

老莊重新勘定的“玄德”觀念代表着道家對於早期德政問題的反思與評判，由此開闢出一條新的思想路綫。這一路綫與儒墨等學派所重塑的“明德”也具有相類似的一方面，二者都是先秦诸子基於“思想與權力相分離”的學理立場[①]，對社會政治秩序的一種指導和規範。但颇为不同的是，針對禮壞樂崩、彝倫攸斁的政治時局，後者認爲統治者所爲不够，需要增加一些正當的作爲，所以在德政問題上主張加法式的“明”的態度；而前者則認爲統治者所爲過多，需要减少那些不正當的干擾，因此在德政問題上倡導减法式的“玄”的態度。[②]

當然了，老莊所倡導的“玄德”仍停留在抽象原則的層面上，具體如何開展和運用還是個問題。而在《黄帝四經》中，“玄德”的思想被予以了繼承，并且還得到了進一步的闡發，主要表現於這一思想與“王術”的問題緊密相關：

> 不知王述（術），不王天下。知王〔術〕者，驅騁馳獵而不禽芒（荒）……〔不〕知王術者，驅騁馳獵則禽芒（荒）……王天下者有**玄德**，有〔玄德〕獨知〔王術，故而〕

①葛兆光：《中國思想史》（第一卷），復旦大學出版社 2013 年版，第 77—78 頁。

②如果説“明德”主要是提醒統治者要去做什麼，那麼“玄德”則主要是勸誡統治者不要去做什麼。在老子的話語中，“玄德”往往與“不……”相關，如《老子》第 10、65 章都有“生而不有，爲而不恃，長而不宰，是謂玄德”的説法。如同王邦雄先生所指出的，“玄德”與前面的“不”字具有微妙的關係，衹有做到了“不……”，纔能在真正意義上具備“玄德”。（《老子〈道德經〉的現代解讀》，吉林出版集團 2011 年版，第 191—192 頁）也正是在此意義上，我們將“玄德”的政治主張稱爲减法式，而與之相對的“明德”的政治主張則可視爲加法式。關於這方面的具體討論可參見葉樹勛：《老子對“德”觀念的改造與重建》，《哲學研究》2014 年第 9 期。

> 王天下，而天下莫知其所以。王天下者，輕縣國而重士，故國重而身安；賤財而貴有知（智），故功得而財生；賤身而貴有道，故身貴而令行。□□天下□天下則之。朝（霸）主積甲士而正（征）不備（服），誅禁當罪而不私其利，故令天下而莫敢不聽。自此以下，兵單（戰）力掙（争），危亡無日，而莫知其所從來。夫言朝（霸）王，其□□□唯王者能兼復（覆）載天下，物曲成焉。（《經法·六分》）

作者强調“王天下者”需要具備“玄德”，而後則詳細説明了這種“玄德”的具體表現，最後用“唯王者能兼復（覆）載天下，物曲成焉”來總結其政治功效。這段話的叙述思路比較清晰，作爲最終效果的“復（覆）載天下，物曲成焉”與《周易·繫辭上》“範圍天地之化而不過，曲成萬物而不遺”[①]的説法很接近，意思是説王者具備“玄德”之後，便能如同天地那般覆載天下，隨順萬物而成就之。“玄德”之後的文句原有闕文，引文以陳鼓應先生的釋補爲據。[②]從語境上來看，前文通過正反兩個方面一再强調“王術”的重要性，而這裏以“玄德”承接之，這一釋補應當可從。《道原》篇有“觀之太古，周其所以。索之未無，得之所以”的説法，“所以”意即事物所依賴的原因。據此，“有玄德獨知王術，故而王天下，而天下莫知其所以”意思是説王者具備“玄德”之後便能“獨知王術”，但天下人却不知

①韓康伯注曰：“範圍者，擬範天地，而周備其理也。曲成萬物而不遺，曲成者，乘變以應物，不係一方者也，則物宜得矣。”孔穎達疏云：“範謂模範，圍謂周圍，言聖人所爲所作，模範周圍天地之化養，言法則天地以施其化，而不有過失違天地者也。言聖人隨變而應，屈曲委細，成就萬物，而不有遺弃細小而不成也。”這一注釋可與《經法·六分》的“復（覆）載天下，物曲成焉”參互理解。

②陳鼓應：《黄帝四經今注今譯》，商務印書館 2007 年版，第 95 頁。

道其中的奥妙。换言之，君王統治天下有着這樣的次序：有玄德—知王術—王天下。在這種遞進關係中，“玄德”是“王術”的內在基礎，而“王術”則是“玄德”在政治場合中的實現方式。

那麽，作爲“玄德”之實現方式的“王術”具體意味着什麽呢？如上所引，後文提到了“重士”“賤財”“誅禁當罪”等一些做法，這些都屬於“王術”的範圍。在這些做法中，如何整肅君臣關係可謂是“王術”的關鍵。據此，余明光[①]、魏啓鵬[②]等學者將“王術”解釋爲君主駕御臣下的手段，而丁原明先生也指出，“王術”就是指君行無爲之道，臣行有爲之道，實現君主的無爲而治。[③]不過，曹峰、張增田等學者則主張從寬泛的意義去理解“王術”。曹先生根據“知王術者，驅騁馳獵而不禽荒”等説法，指出“王術”并非僅僅指御臣之術。[④]張先生也認爲，“王術”是指《黄帝四經》中一系列的爲政主張，包括原則性的與具體性的，惟其如此，纔能成爲無爲而治能否實現的根本因素。[⑤]如果僅從《六分》篇的具體語境來考慮，我們更傾嚮於將這裏的“王術”作狹義的理解，此篇主題所指的興衰存亡的六種分際都是圍繞君臣關係展開，君王如何駕御臣下乃

①余明光：《黄帝四經》（大中華文庫漢英對照本），岳麓書社 2006 年版，第 30 頁。
②魏啓鵬：《馬王堆漢墓帛書黄帝書箋證》，中華書局 2004 年版，第 37 頁。
③丁原明：《黄老學論綱》，山東大學出版社 1997 年版，第 162 頁。
④曹峰：《中國古代“名”的政治思想研究》，上海古籍出版社 2017 年版。
⑤張增田：《黄老治道及其實踐》，中山大學出版社 2005 年版，第 223 頁。

是其間的核心問題。[①]當然了，如果我們從《黄帝四經》的整體思想來把握，那麽對“王術”也可以作寬泛的理解，其内容包括了但不限於君王的御臣之術，而是指如何治理國家的一整套統治術。

不管我們對“王術”的内涵作何種理解，有一點可以肯定的是，《黄帝四經》的“玄德”比起老莊的“玄德”顯得更加具體，更具有可操作性。關於這種變化，陳鼓應先生曾指出，按老子的説法，“常知稽式”便是“玄德”，而黄老學則認爲有“玄德”還要知“王術”，“玄德”與“王術”相互参用，在處理方針大計時御之以“玄德”，而在對待具體事情時則御之以“王術”，這種觀點是對老子學説的一種發展。[②]陳先生指出了“玄德”觀念從老子到黄老道家的演變情況，不過關於黄老學中“王術”與“玄德”的關係或者也可以從另一種角度來理解。如前所述，老子對“玄德”并没有提出相應的行動方案，而是用“玄德深矣，遠矣，與物反矣，然後乃至大順”（第65章）等一些抽象的説法進行描述，這種德政主張在現實的政治生活裏往往難以具體展開。而後莊子學派在沿承“玄德”理念時也没有提出相應的實施途徑，同樣是用一些抽象話語對“玄德”加以闡述（如《莊子·天地》的“其合緡緡，若愚若昏，是謂玄德，同乎大順”）。但《黄帝四經》很不一樣，作者爲“玄德”設計了一系列可操作的“王術”，甚至是具體到駕御群臣的相關手段。由此，“玄德”作爲德政的内在基礎也就具有了外在的“王

①“輕縣國而重士”“賤財而貴有知（智）”“賤身而貴有道”等説法主要是説明君王應當重用人才，屬於君臣關係的範圍。“驅騁馳獵而不禽芒（荒），飲食喜樂而不面（湎）康，玩好睘好而不惑心，俱與天下用兵，費少而有功”等説法側重於説明“知王術”之後的積極效果。

②陳鼓應：《黄帝四經今注今譯》，第98—99頁。

術”的實現方式，德政問題也由此出現了“治術化”的傾嚮。老莊思想中那些抽象玄妙的政治原理被轉變爲可具體開展的統治術，這不僅體現於“玄德”的觀念上，在其他的一些相關問題上也表現出相類似的傾嚮，史華慈（Benjamin I. Schwartz）將黄老學派稱爲“工具性道家”(Instrumental Taosim)[①]，很好地反映了黄老學的思想轉變趨勢。

二、“明德”及其自然化

黄老道家通過“王術”的融入，爲老莊倡導的“玄德”理念提供了現實可行的行政方案，使道家的德政主張從一種抽象原則走嚮各類具體措施。但這樣一來，也在很大程度上改變了老莊“玄德”所具有的减法式的意味，和“明德”所代表的加法式路綫表現出相近的價值取嚮。不唯如此，老莊絕口不提的“明德”術語，也被《黄帝四經》直接沿用，而且饒有意味的是，這一説法還是出現於“玄德”所在的同一篇，即《經法・六分》：

> 六順六逆□存亡〔興壞〕之分也。主上者執六分以生殺，以賞〔信〕[②]，以必伐。天下大（太）平，正以**明德**，參之於天地，而兼復（覆）載而無私也，故王天〔下〕。

①［美］史華慈：《古代中國的思想世界》，程鋼譯，江蘇人民出版社 2004 年版，第 245 頁。
②原釋文此字有闕。魏啓鵬先生據《管子・版法解》“無遺善，無隱奸，則刑賞信必。刑賞信必，則善勸而奸止”補闕字爲“信”(《馬王堆漢墓帛書黄帝書箋證》，第 35 頁)。《商君書・修權》有“故賞厚而信，刑重而必；不失疏遠，不違親近，故臣不蔽主而下不欺上”，《韓非子・難二》有“賞厚而信，夫人輕敵矣；刑重而必，夫人不比矣”，可參互理解。

作者認爲，“六順”“六逆”乃國家興衰存亡的六種分際，君王執掌這六種分際以施行生殺賞伐之事，不失其當，即可達成“天下太平，正以明德”的政治效果。從詞法上來説，這裏的“明德”可能會有理解的分歧。如陳鼓應先生將其理解爲動賓結構，“正以明德”意指執度公正以明其德[①]；而魏啓鵬先生則視之爲偏正結構，“正以明德”意謂以完美的德行成爲天下人的表率。[②]我們認爲，“明德”的詞法及其含義與前面“正”字的所指緊密相關。如將“正”理解爲公正，那麽可從陳先生的解釋。不過，“正”字也具有楷模之義，這種意義亦可見於《黄帝四經》，如《經法·道法》有“故能至素至精，悎（浩）彌無刑（形），然後可以爲天下正”，這句話是説君王廣泛體察天下萬物而成爲天下的楷模。若將“正”理解爲楷模，後一種理解也是可從。

此外，“明德”的説法還可見於《經法·論》：

> 六枋（柄）：一曰觀，二曰論，三曰僮（動），四曰轉，五曰變，六曰化。觀則知死生之國，論則知存亡興壞之所在，動則能破强興弱，槫（轉）則不失諱（韙）非之□，變則伐死養生，化則能**明德**徐（除）害。六枋（柄）備則王矣。

這裏的“明德”與“除害”對應成文，被用爲動賓結構，“明”字是使動用法，與《大學》“明明德”的第一個“明”字相類似。“明德徐（除）害”意思是説明揚君王之德、去除國中之害。在書中還有“正德”“好德”之説：

> 刑於女節，所生乃柔。□□□**正德**，**好德**不争。立於

①陳鼓應：《黄帝四經今注今譯》，第87頁。
②魏啓鵬：《馬王堆漢墓帛書黄帝書箋證》，第35頁。

> 不敢，行於不能。單（戰）視（示）不敢，明執不能。守弱節而堅之，胥雄節之窮而因之。若此者其民勞不□，幾（饑）不飴（怠），死不宛（怨）。(《十六經・順道》)

這段話“正德”之前闕文，陳鼓應先生據《管子・勢》“安静樂，行德而不争”補爲“故安静正德，好德不争”，并將此句解釋爲：安舒静定，端正其德，美好之德不會妄自争競。[①]陳先生的補充符合原文語境，是可從的。但對“好德不争”的解釋，谷斌、張慧姝等學者則有不同看法，後者將其解釋爲喜好正德而與世人無争。[②]我們更傾嚮於後一種理解，將“好”理解爲喜好，如《論語・子罕》有“吾未見好德如好色者也”，這裹的“好德”也是指喜好正德。换言之，這段話的“正德”“好德”均是動賓結構，其用法與前引《經法・論》“明德除害”的“明德”相近。

綜合考察前面討論的“明德”及其相關説法，不管是被用爲偏正結構，還是被用爲動賓結構，可以確認的情況是：“德”都是與君王的政治舉措緊密相關，與個體的心性修養没有太大的關聯；此外，“德”在這些語境裹也没有與“刑”相對，并非專指統治者的賞賜行爲。换言之，上述説法中的“德”及其相關内容不宜從心性的角度去理解，也不能從具體的賞罰行爲這種思路去解釋。確切地來説，“德”意味着君王的某種政治事功，表示君王治國理民的一種良好政治效果。如《經法・論》的“化則能明德除害”乃“六柄”（六種權柄）的第六種，君王掌握此“柄”便能明其功德、去其弊害，合掌“六柄”即可

①陳鼓應：《黄帝四經今注今譯》，第 329 頁。
②谷斌、張慧姝：《黄帝四經注譯》，中國社會科學出版社 2004 年版，第 71 頁。

成爲聖王（“六柄備則王矣”）。又如《十六經・順道》的“正德”“好德”之後，便會“其民勞不□，饑不怠，死不怨。不曠其衆，不爲兵邾，不爲亂首，不爲怨媒，不陰謀，不擅斷疑，不謀削人之野，不謀劫人之宇”。而《經法・六分》的“正以明德”則是説以此政治功德成爲天下的楷模，而達成此項功德的做法包括了前文所講的關於“六順”的各類情況，而不是專指慶賞。

如前所述，“明德”及其相關話語作爲統治者自我解釋的政治工具，頻頻出現於早期文獻；而後，老莊道家基於對德政秩序的反思和重構，代之以“玄德”的觀念體系；但儒墨等學派的態度則有所不同，對早期的“明德”話語予以了沿用，并對其作出了新的闡發。而以《黄帝四經》爲代表的黄老學在繼承老莊“玄德”的同時，又表現出對“明德”的推崇。鄭開先生曾指出，儒家不言“玄德”，而老莊不提“明德”，但《黄帝四經》同時提到了此二者，這體現了黄老學兼容并蓄的思想特徵。[①]兼容并蓄的黄老學之中當然不乏儒家的影響，但具體到“明德”思想，《黄帝四經》是不是直接取材於儒家，可能還有待商榷。在德政的相關問題上，先秦諸子中沿用早期“明德”話語的并不限於儒家，作爲早期政治文化的主流觀念之一，“明德”對先秦諸子仍有比較廣泛的影響，衹是老莊道家在此方面似乎是有意地抵觸之，但這并不影響其他思想家對此話語進行繼續討論，而《黄帝四經》便是其間的一個代表。

不過，在諸子繼續討論的“明德”話語中，《黄帝四經》又表現出和同時期不太一樣的地方。不同於《大學》在“誠

①鄭開：《玄德論——關於老子政治哲學和倫理學的解讀與闡釋》，《商丘師範學院學報》2013 年第 1 期。

意”“正心”的基礎上將“明德”視爲“三綱領”之一，也不同於《墨子》接續早期的宗教意識，在“天志”的籠罩下繼續講論“明德”，《黄帝四經》則是在天地人互動的三才結構中，將“明德”視爲聖王效法“天地之德”的效果。在作者看來，聖王之所以能够具備“明德”，乃是因爲他“參之於天地，而兼覆載而無私也”(見前引《經法·六分》)。天地對萬物具有覆載生養之功德，聖王應當以此爲法，從而實行善待天下民衆的德政措施。如《經法·君正》也説：

〔毋〕苛事，節賦斂，毋奪民時，治之安。無父之行，不得子之用；無母之德，不能盡民之力。父母之行備，則天地之德也。

君王對待百姓，若能做到像父母對待兒女那樣，那麽也就具備了“天地之德”。這裏用父母對兒女的生養撫育來説明“天地之德”，爲聖王的德政秩序提供一個自然依據。在《十六經·立命》還有“德乃配天”的説法：

唯余一人〔德〕乃肥（配）天，乃立王、三公，立國，置君、三卿。數日、磿（曆）月、計歲，以當日月之行。

“以德配天”是早期統治者用來解釋政權合理性的慣常説法，其中的“天”是指有權調配任命的最高神，其會根據統治者的政治德行來决定王位的轉移。但《黄帝四經》中“天”的人格神之義在很大程度上被消解了，雖然此間仍不乏沿用早期流行的“受天命”的話語，但其關注的行爲并非通過祭祀等一些通靈方式以告示自己的德行，而是根據天地的自然法則設立國家的政治體制，并且通過推算日、月、年而制定曆法，使之合乎日月的運行規律。這裏的“配天”和前引的“參之於天地”在義理上并無根本的差别，都是指根據自然法則來展開相應的政治行動，并不是説與最高神相匹配。對此，馬王堆帛書《九主》篇也有類似的説法：

> 法君者，法天地之則者。志曰天，曰〔地〕，曰四時，復（覆）生萬物，神聖是則，以肥（配）天地。

這段話强調有法之君應當以“天地之則”爲根據，實施相關的政治行爲，所需要與天相配的并非迎合上天的意志，而是取法於天地四時的自然規律。[①]

在這種天地人互動和諧的宇宙論架構中，“明德”的話語也就褪去了早期的神意論色彩，表現出比較明顯的自然化傾嚮。在德政秩序的價值來源上，黄老道家并没有將其寄托於高高在上的天帝，也没有從内在的心性找尋“明德”的依據，而是將視域投向於宇宙萬物的場景，從天地自然當中探求人間德政秩序的合理性根源。天覆地載、陰陽更替、四時運行，這些情况既是自然而然的，又是顯而易見的，因而它對德政的指導將會更加直接、更加具有可參照性。通過聖王“明德”與“天地之德”兩相契應的理論模式，黄老道家基於學理的立場爲治國者提供了一種可供參照的客觀標準，嘗試利用自然法則來指導、規範統治者的政治行爲，希望將社會公共生活導向一種與“天地之德”相配應的德政秩序。

綜合這兩節的討論，我們可以發現先秦德政思想裏兩種不

①類似的説法在其他的相關文獻中也可屢屢看到，如《文子·下德》有“承天地之和，德與天地參，光明與日月并照”，《管子·宙合》有“德之流潤澤均，加於萬物，故曰聖人參於天地”，《管子·版法》有“法天合德，象地無親，參於日月，佐於四時”，《鶡冠子·天則第四》有“不創不作，與天地合德，節璽相信，如月應日”，等等。

同的價值取嚮在《黄帝四經》當中出現了匯流。這種複合型的德政觀念以三才結構的“天地之德”爲準則，使殷周以降一直流行的“明德”話語走出了天意的籠罩，而表現出自然化的理論轉嚮；此外，作者還爲老莊倡導的“玄德”設計了一系列與之相應的“王術”，通過一套具體的統治術使老莊思想中抽象的德政原理有了現實可行的操作方案。耐人尋味的是，作者在統合轉化兩種德政觀念時，分别采取了“王術”實現“玄德”，“三才”統攝“明德”的理路，而不是“明德”與“王術”相結合，或“三才”之中講“玄德”。如我們所知的，“術”在當時往往帶有“暗”的意思，如韓非子就曾直言“法”應當明示於衆，而“術”則是藏之於胸。[①]《黄帝四經》并没有對“術”和“法”作出類似的明確區分，但“天下莫知其所以”“莫知其所從來”(見前引《經法・六分》)等一些説法已經點出了“王術”的潛隱幽暗、不爲人知，這一情况正好切合“玄”的幽暗之義。而在另一方面，天覆地載、四時更替的自然現象是顯而易見的，這一點也與“明德”的“明”相對應。由此來看，作者在統合、轉化兩種德政觀念時，對於理論資源的選擇可能是經過考慮的。

三、“刑德”的制度設計

以上探討的内容分别代表着黄老道家德政觀念的兩個重要維度，一方面關乎德政秩序的價值來源問題，而另一方面則涉及德政原理在實踐中如何運用的問題。通過統合、轉化殷周以降的“明德”觀念和老莊倡導的“玄德”思想，作者分别從不

①如《韓非子・難三》有言：“法者，編著之圖籍，設之於官府，而布之於百姓者也。術者，藏之於胸中，以偶衆端，而潛御群臣者也。”

同的角度對兩方面的問題給出了相關的説法。聖王的“明德”與“天地之德”相參合，通過自然化的理論轉嚮，作者從宇宙論的層面爲德政秩序提供了合理性的依據；而“王術”與“玄德”的結合，則屬於如何運用和開展的一方面，作者將老莊思想中的“玄德”與統治術的問題相聯繫，爲前者的政治原理提供了相應的行動方案，但與此同時也改變了“玄德”原來具有的無爲性的訴求。

如前所述，“王術”主要是指君王如何駕御群臣的方法，但在廣義上來説則包括了治理國家的一整套統治術。這些統治術如何開展，賞罰的問題可謂是其中的關鍵所在，如上文所引的“重士”“賤財”“誅禁當罪”“主上者執六分以生殺，以賞信，以必伐”等，都屬於和賞罰有關的内容。在《黄帝四經》裏，賞罰的舉措也常常被稱爲“德”“刑”。如“不靡不黑，而正之以刑與德。春夏爲德，秋冬爲刑，先德後刑以養生”“夫并時以養民功，先德後刑順於天”(《十六經・觀》)、“凡諶之極，在刑與德。刑德皇皇，日月相望，以明其當”“刑德相養，逆順若成。刑晦而德明，刑陰而德陽，刑微而德彰”(《十六經・姓争》)，等等。有别於前兩節討論的“玄德”“明德”，在這些語境下“德”都是與“刑”相對，意指獎賞的措施，與廣義上的政功之德有所不同。

此外，書中也用其他的術語來表達與“德”“刑”相當的意義。如《十六經・果童》有“静作相養，德瘧（虐）相成”，《十六經・觀》也有“逆順無紀，德瘧（虐）無刑，静作無時，先後無名”，在此“德”“虐”相對，“德”表示獎賞恩賜，“虐”則是指刑罰一類的做法。《經法・四度》有“因天時，伐天毀，胃（謂）之武。武刃而以文隨其後，則有成功矣”，在此，“武”

是指武功殺伐之類，與“文”相對，“文”“武”之義大致相當於“德”“刑”。類似的説法還可見於《經法·君正》：

> 天有死生之時，國有死生之正（政）。因天之生也以養生，胃（謂）之文；因天之殺也以伐死，胃（謂）之武。〔文〕武并行，則天下從矣。

如同陳麗桂所指出的：養生叫“文”，伐死叫“武”，“文武”便是指“德刑”，文武并行即是德刑兼用、恩威并施。[①]但凡施恩性的做法皆可謂之“文”“德”，而懲罰性的做法則可謂之“武”“刑”，《管子·禁藏》也有“賞誅爲文武”的説法，其義便是在此。總之，針對書中德刑、德虐、生殺、文武等諸般説法，我們不妨皆視之爲含義大致相當的概念，意指施恩性的和懲罰性的兩種政治行爲。

對於德刑二柄的關係，《黄帝四經》主要從“刑德相養”（《十六經·姓争》）和“先德後刑”（《十六經·觀》）這兩點去説明，并且用陰陽四時的自然規律來論證這種關係的合理性。關於這方面的内容，學者們已有充分的探討[②]，這裏不作詳細展開。筆者認爲需要進一步指出的是，針對“德”“刑”二者的地位，書中并非等同視之，而是在一定程度上流露出“尚德”的傾嚮。如果説“刑德相養”衹是强調二者需要相互配合、“先德後刑”也主要是説明二者的時間順序，并没有表現出明顯的

①陳麗桂：《戰國時期的黄老思想》，臺灣聯經出版事業股份有限公司1991年版，第86—87頁。

②可參見吴光：《黄老之學通論》，浙江人民出版社1985年版，第148—149頁；陳麗桂：《戰國時期的黄老思想》，第82—99頁；崔永東：《帛書〈黄帝四經〉中的陰陽刑德思想初探》，《中國哲學史》1998年第4期；張增田：《黄老治道及其實踐》，第145—154頁；淺野裕一：《黄老道の成立と展開》，［東京］創文社1992年版，第69—87頁。

價值取嚮；那麼《經法·四度》的“用二文一武者王”、《經法·亡論》的“德溥（薄）而功厚者隋（隳）”等一些説法，則可以反映出作者在文德與武功之間仍是比較傾嚮於前者。《管子·樞言》也説“用一陰二陽者霸”“以一陽二陰者削”，其義與上述文句近同，“陰”指的是武力刑罰一類，而“陽”則是指與文德恩賞相關的做法。

由此也就引發了一個值得思考的問題。“德”的自然根據在於“陽”，尚德也就是尚陽；但從《十六經·雌雄節》的説法來看①，作者崇尚的顯然是“雌節”，由此來説也就是尚陰。王葆玹先生根據地域的不同將先秦道家區分爲北方和南方兩系，并指出以老莊爲主的南方道家主張貴陰，而以《黄帝四經》爲代表的北方道家則主張貴陽。②但從《雌雄節》來看，《黄帝四經》也有尚陰的思想成分。這兩種觀念的交錯，可能是《黄帝四經》的作者并非一人，是以造成了尚陰與尚陽的分殊；也有可能是《黄帝四經》在老子尚陰的基礎上綜合了其他學派的思想資源，是以在不同的地方流露出不同的傾嚮。

從思想淵源上來看，德刑兼用的觀念并非始自黄老學，早在春秋時期就已經出現了相關的説法。如《左傳》有“德以施惠，刑以正邪”（《成公十六年》）、“德以柔中國，刑以威四夷”（《僖公二十五年》）、“伐叛，刑也；柔服，德也”（《宣公十二

①《雌雄節》有：“凡人好用雄節，是胃（謂）方（妨）生。大人則毁，小人則亡。以守不寧，以作事〔不成，以求不得，以戰不〕克。厥身不壽，子孫不殖，是胃（謂）凶節，是胃（謂）散德。凡人好用〔雌節〕，是胃（謂）承禄。富者則昌，貧者則穀。以守則寧，以作事則成，以求則得，以單（戰）則克。厥身〔則壽，子孫則殖，是謂吉〕節，是胃（謂）絝德。”

②王葆玹：《黄老與老莊》，中國人民大學出版社2012年版，第29—33頁。

年》）等一些記述，《國語》也有“御宄以德，御奸以刑”（《晋語六》）、“有不王則修德，序成而有不至則修刑”（《周語上》）等一些説法。[1]這種恩威并施的主張也被黃老道家所推崇，但有所不同的是，黃老道家將這種思想與當時流行的“法”的觀念相結合，倡導德賞刑罰的實際開展應當接受客觀制度的普遍制約，而這一點則是早期思想中所没有强調的。

具體而言，黃老道家認爲德刑作爲治理國家的重要手段，在實際操作中必須遵循一定的節度，不可憑私意而妄爲之。如前文討論的“刑德相養”“先德後刑”“用二文一武者王”等，都是對德刑運用的一系列節制。此外，《黄帝四經》還表現出德刑不分貴賤的思想，如《經法・六分》有：

> 文德厩（究）於輕細，武刃於〔重鉅〕[2]，王之本也。

這裏説的是恩賞的施予不遺細民，而武力的懲罰則不漏貴族，言外之意便是指德刑的實施以其功罪之大小而定，而不問其身份地位。這種觀念與商君的“刑無等級”（《商君書・賞刑》）、韓非子的“法不阿貴”（《韓非子・有度》）比較接近。此外，《稱》篇有言：

---

①“德”“刑”對舉的情形在西周時期并不流行，這種思想是在春秋時期漸以興起。如鄭開先生所指出的：“德”在早初作爲一種政治原則，包含了“軟的一手”和“硬的一手”，但從《左傳》“德”“刑”對舉的情況來看，“德”與“刑”開始分化，前者表示“軟的一手”而後者表示“硬的一手”。（《德禮之間——前諸子時期的思想史》，第163—169頁）在西周時期作爲政治意識形態的“德”，對於“刑”這一種懲戒措施具有統攝的地位。而後，“德”在春秋時期出現了工具化的趨勢，被用來可以表示施恩惠於民的行政舉措，如《左傳》有“以德和民”（《隱公四年》）、“德以治民”（《僖公三十三年》），《國語》有“布德於民而平均其政事”（《魯語上》）、“務用明德於民”（《楚語上》）等。在這種情形下，作爲統治手段的“刑”也就具有了與“德”相對等的地位。

②“重鉅”二字原釋文闕，據魏啓鵬《馬王堆漢墓帛書黄帝書箋證》（第36頁）補。

> 世恒不可擇（釋）法而用我。用我不可，是以生禍；有國存，天下弗能亡也；有國將亡，天下弗能存也。

這裏强調治理國家不能以私意破壞法律，其義與韓非子所講的"任法去私"(《韓非子·有度》) 相近。"法"的客觀化要求同樣也適用於德刑的開展，如《十六經·姓争》對此就有直接的説明：

> 居則有法，動作循名，其事若易成。若夫人事則無常，過極失當，變故易常，德則無有，昔（措）刑不當。

倘若統治者不守法度，那麼德刑也就會運用不當，此間從反面説明了"法"的客觀化制約對於賞罰行爲的必要性。史華慈（Benjamin I. Schwartz）曾用"普遍的、客觀的非人格化的刑罰和獎賞體系"來定義法家的"法"[①]，這一點在《黄帝四經》當中其實也可以成立。如果説"文德究於輕細，武刃於重鉅"主要反映了法律當中賞罰的普遍性，而"不可釋法而用我"則説明了賞罰體系的客觀性。

由此可見，黄老道家將德刑兼用的思想與當時流行的"法"的觀念相結合，强調德刑的實施要受到客觀制度的普遍約束，與此同時也意味着將德刑視爲法制當中的基本内容。在黄老道家看來，德刑作爲"法"的兩項重要措施，也是順應"人情"的表現。人的性情是趨利避害的，因此法制當中的德刑纔能有效展開：正因爲人是趨利好生的，所以獎賞之德纔能够發揮積極性的勸導作用；也正因爲人是避害惡死的，所以懲罰措施纔

①［美］史華慈：《古代中國的思想世界》，第 345 頁。

能够發揮消極性的禁止功能。[1]關於人的這種性情，《黄帝四經》主要通過“自爲”來進行説明：

> 不受禄者，天子弗臣也；禄泊（薄）者，弗與犯難。故以人之自爲，□□□□□□□□□。(《稱》)

“自爲”一詞，簡單來説就是指爲了自己，如《管子·禁藏》有“夫凡人之情，見利莫能勿就，見害莫能勿避”、《韓非子·難二》有“好利惡害，夫人之所有也”，所説的都是指人的“自爲”的性情。上述引文後面有闕，不過《慎子》中有一段相近的文句，可據之對這段話進行補釋。《慎子·因循》有：

> 天道因則大，化則細。因也者，因人之情也。人莫不自爲也，化而使之爲我，則莫可得而用矣。是故先王見不受禄者不臣，禄不厚者，不與入難。人不得其所以自爲也，則上不取用焉。故用人之自爲，不用人之爲我，則莫不可得而用矣。此之謂因。

魏啓鵬據《慎子》文句補《稱》篇的闕文爲“則莫不可得而用矣”，可備一説。[2]按此補釋，《稱》篇的引文是説：不受俸禄者，天子不會以之爲臣，因爲這種人不受利益的驅動，不能以恩賞鼓勵他去做事；俸禄菲薄者，不能與之共赴難，因爲所給予的利益不够多，對人的激勵作用不够；因此要利用人的“自爲”這種性情，如果能够對人的這種性情加以充分的利用，則天下所有人皆能爲我所驅使。就好像《尹文子·大道下》所説的：“人皆自爲而不能爲人，故君人者之使人，使其自爲用，而

①關於黄老學中“德刑”與“人情”的關係，可參見王中江：《早期道家的“德性論”和“人情論”——從老子到莊子和黄老》，《江南大學學報》（人文社會科學版）2012年第4期。
②魏啓鵬：《馬王堆漢墓帛書黄帝書箋證》，第202—203頁。

不使爲我用。”不同於帶有貶義的“自私”，“自爲”在黄老學的話語中往往是中性的，它是德刑之所以能够有效展開的人性論基礎。

黄老道家主張君王要利用人的“自爲”的性情，通過德賞與刑罰，促使人們去做那些於國有利的事，而禁止人們去做那些於國不利的事。也正是在此意義上，德刑作爲法律體系的兩項基本措施，共同成爲德政秩序在制度上的一種保障。在這種制度設計中，刑罰作爲於人不利的手段之所以也成爲德政問題的一項内容，是因爲它作爲懲罰性的措施雖然會對受刑者本人造成傷害，但它可以禁止那些有損公共利益的事情，對於社會群體而言它仍然是德政的必要手段。

四、結語

通過前文的探討，我們可以看到德政問題在黄老思想中具有多個層面的意義。圍繞政治秩序的價值來源、行動方案、制度保障等相關問題，黄老道家通過統合、轉化此前的思想資源，提出了一種比較獨特的德政思想。在價值來源的問題上，黄老道家沿用了早期流行的“明德”話語，但不同於此前以“明德”迎合上天的意志，黄老道家則是在聖王“明德”與“天地之德”相契應的理論架構中，對德政秩序的合理性進行自然化的論證；而在另一方面，黄老道家也繼承了老莊特有的“玄德”思想，并且將這種思想與“王術”的問題相聯繫，使前者的政治原理具有了相應的行動方案。就德政秩序如何達成而言，黄老道家的考慮還不限於此，春秋以來逐漸興起的德刑兼用思想也爲他們所推崇，同時又將這種思想與“法”的觀念相結合，倡導德刑的實施應當受到客觀制度的普遍制約，由此也就爲德政秩序的實現提供了制度上的保障。

整體上而言，以《黄帝四經》爲代表的黄老德政觀念與儒家不乏相通之處，不排除受後者影響的可能性，但與此同時前者也表現出自身的一些特點。黄老道家雖然也有重德輕刑的傾嚮，但不同於儒家德主刑輔所指的以教化爲主、輔之以刑罰，黄老學的德刑二柄主要是指法制當中的賞罰措施，這一分殊與黄老學吸收法家思想很有關係。此外，在德政的前提上，儒家往往會訴諸統治者的内在修養，如孟子就强調先要有聖王的“不忍人之心”，然後纔會有“不忍人之政”(《孟子·公孫丑上》)；但《黄帝四經》所代表的黄老道家則主要是訴諸外在的制度，通過一種客觀的、普遍的法律體系，對德政秩序的具體開展加以保障。需要進一步指出的是，從先秦黄老道家的其他作品來看，《管子》四篇在這一問題上却表現出與儒家相近似的思路。正所謂“心安，是國安也；心治，是國治也”(《心術上》)，《管子》四篇關注的德政前提也不在於客觀性的制度，而是統治者心靈安治以後的“内德”，以“内德”的養成來確保德政秩序的實現，是其所謂“心術”的一個基本嚮導。這是黄老德政觀念的另一種思路，其間的理論内涵有待於我們展開繼續的探討。

原刊於《道家文化研究》(第二十九輯)，三聯書店，2015年

環淵新考

——兼論郭店楚墓竹簡《性自命出》及該墓墓主的身份

高華平[①]

摘要　環淵是一位約與孟子同輩、由楚之齊的稷下道家學者，他與蜎子（蜎淵、蜎蠉、便蜎）、玄淵（涓子）并非一人。環淵到齊國稷下的原因是因爲當時楚國"老學"的式微和北方道家楊朱學派的興盛。環淵所著的"上下篇"，應該就是新近出土的郭店楚簡《性自命出》篇；而郭店一號楚墓的墓主也極有可能就是環淵。

環淵是戰國中後期道家學派的重要學者，也是齊國稷下學宮的重要代表人物。司馬遷的《史記·田敬仲完世家》《孟子荀卿列傳》等述稷下學術時都曾提到他，但語焉不詳。自漢唐以來，學人則多以環淵與蜎子（蜎淵、蜎蠉、便蜎）、玄淵（涓子）三者爲一人。至近代，錢穆、郭沫若、馮友蘭、張岱年等遞有考證。郭沫若、錢穆認爲環淵就是關尹，馮友蘭、張岱年

①高華平，暨南大學文學院中文系教授，哲學博士。研究領域：中國哲學思想史、中國古代文學、（佛道教）宗教學、中國古典文獻學（含出土簡帛文獻）。本文係作者承擔的國家社科基金項目——"楚國諸子學研究"（編號 11BZX049）和"出土簡帛文獻中的古代中國哲學資料分類輯校與研究"（編號 11AZD055）的階段性成果。

則認爲環淵并非關尹。[①]1993 年，湖北荆門郭店一號楚墓出土了大批文物和簡書，引起了學術界對楚簡文獻研究的熱潮，饒宗頤先生曾結合該墓中出土的一件七弦古琴，特撰《涓子〈琴心〉考——由郭店雅琴談老子門人的琴書》一文，對環淵其人其事做了新的考辨。饒先生認同李善《文選注》以環淵、蜎蠉、玄淵“三文雖殊，其人一也”的看法，認爲“劉向《七略》及《漢書·藝文志》告訴我們，著書有十三篇的環淵是楚人，爲老子弟子，其説必有根據。他後來到齊國稷下，又隱釣於菏澤，故被目爲齊人”；饒先生還認爲由郭店墓中陪葬的雅琴和郭店簡書中反映的道家音樂思想，説明環淵可能與郭店一號墓墓主“有點關係”。[②]

饒先生的研究較前人有了新的進展，其貢獻是首次對嚮來傳爲環淵所著的《琴心》一書做了詳細考辨，補充了涓子其人的事迹和老子門下的音樂思想史料，爲楚國學術文化史的研究填補了一項空白。

但是，由於年代的久遠，特别是史料的缺乏，包括饒先生的最新研究成果在内，也并没有解決關於環淵其人其事及其著述的許多疑團。環淵與蜎子（蜎淵、蜎蠉、便蜎）、玄淵（涓子）乃至老聃、關尹到底是什麽關係？《琴心》是否就是他的作品？其内容又是怎樣的？郭店一號墓墓主及其隨葬簡書（如《老子》《性自命出》等）與環淵、蜎蠉、玄淵等人及其著作又是

①參見郭沫若《青銅時代》、錢穆《先秦諸子繫年》、馮友蘭《中國哲學史料學初稿》、張岱年《中國哲學史料學》等。

②饒宗頤：《涓子〈琴心〉考——由郭店雅琴談老子門人的琴書》，載《中國學術》（第一輯），商務印書館 2001 年版；沈建華：《饒宗頤新出土文獻論證》，上海古籍出版社 2005 年版，第 161—174 頁。案：饒氏之文廣引各種史料，對蜎子（蜎淵、蜎蠉、便蜎、娟嬛）、玄淵、涓子事迹均有説，可參閲其文，此處不一一介紹。

什麽關係？對於這些問題進行深入的探討，不僅可以深化對環淵本人的研究，而且對考察整個戰國道家學派的思想演變，也具有重要的價值和意義。

一

環淵其人其事，首見於《史記》。《史記·田敬仲完世家》説："（齊）宣王喜文學游説之士，自騶衍、淳于髡、接予、慎到、環淵之徒七十六人，皆賜列第，爲上大夫，不治而議論。是以齊稷下學士復盛，且數千人。"（《正義》曰："楚人。《孟子傳》云：'環淵著書上下篇也。'"）同書《孟子荀卿列傳》説："自騶衍與齊之稷下先生，如淳于髡、慎到、環淵、接子、田駢、騶奭之徒，各著書言治亂之事，以干世主，豈可勝道哉！淳于髡，齊人也。博聞强記，學無所主……慎到，趙人。田駢、接子，齊人。環淵，楚人。皆學黄老道德之術，因發明序其指意。故慎到著十二論，環淵著上下篇，而田駢、接子皆有所論焉。"

《史記》的記載雖然簡略，却是十分明確的。即環淵是楚人，在齊宣王時，游學於齊稷下學宫，"學黄老道德之術"，"著上下篇"，以"言治亂之事"。但是，到了西漢末年，劉向、劉歆父子著《别録》和《七略》，却出現了一定程度的混亂，似把環淵當作了"《蜎子》十三篇"的作者。《史記·孟子荀卿列傳》司馬貞《索隱》曰："按：劉向《别録》'環'作姓也。"《七略》於"諸子略（道家類）"亦沿《别録》之舊，著録了"《蜎子》十三篇"，并自注："名淵，楚人，老子弟子。"這也就是説，劉向他們認爲蜎子是蜎淵，是"《蜎子》十三篇"的作者，也叫

"環淵，楚人，老子弟子"。

劉向、劉歆的這一看法完全被班固所繼承了。《漢書·藝文志》就采用了《七略》原文。東漢應劭的《風俗通·姓氏篇》還列出了"環"姓的來源："環氏出楚環列之尹，後以爲氏。楚有賢者環淵，著書上下篇。"《文選》卷三四枚乘《七發》云："若夫莊周、魏牟、楊朱、墨翟、便蜎、詹何之倫，使之論天下之精微，理萬物之是非"，李善注曰："詹子，古得道者也。《淮南子》曰：'雖有鈎針芳餌，加以詹何、蜎蠉之數，猶不能與罔罟争得也。'高誘注：'蜎蠉，白公時人也。'《宋玉集》曰：'宋玉與登徒子偕受釣於玄淵。'《七略》曰：'蜎子，名淵，楚人也。'然三文雖殊，其人一也。"李善注引《淮南子》，出於《淮南子·原道訓》；"《宋玉集》曰"云云，見於今存宋玉《釣賦》(《太平御覽》卷八三四《資産部》引)。衹是宋玉、劉安并未明確説環淵又名蜎蠉、玄淵，故"三文雖殊，其人一也"之説，當自李善始。

至近代，學術界差不多都接受了李善之説，以爲環淵又稱蜎子、蜎淵、蜎蠉、便蜎、娟嬛、玄淵、涓子等。以上諸名，其名雖异，其人則一。學者所做的工作，仿佛就是爲李善尋找根據。他們認爲，環淵之所以又被稱作蜎子、蜎蠉、便蜎等等，凡名字中帶"蜎""娟""涓"字者，便是因爲其字所從的"肙"與"環"字右邊所從之"睘"音近而互相通假。《史記·樗里子甘茂列傳》記"楚王問於范蜎"，《戰國策·楚策一》作"楚王問於范環"；《淮南子·原道訓》"蠉飛蠕動"，《新語·道基》作"蜎飛蠕動"。可見，上古音"蜎"與"蠉"可通假互用。故"環淵"就是"蜎淵"，也就是"蜎子"("蜎蠉""便蜎")。甚至有人説，"環(蜎)淵"是"便蠉"、玄淵(涓子)、它囂、范雎……，“或因輾轉通假，已失其真，或顯係他人名字之誤，或爲神仙家的杜撰……”①

當然，也有學者以微弱的聲音表示着不同的看法。如東漢高誘注《淮南子·原道訓》“蜎蠉”說：“蜎蠉，白公時人。”實際似不以“蜎蠉”爲“環淵”。唐代的顔師古注《漢書·藝文志》，於劉向“《蜎子》十三篇”自注“環，姓也”；“名淵，楚人，老子弟子”之外，另注曰：“蜎，姓也，音一元反。”即明確表示“蜎子”（蜎淵、蜎蠉、便蜎）姓“蜎”，名叫“蠉”或“淵”（“蠉”“淵”互作，當屬音近通假）；與“環淵”姓“環”名“淵”者不是同一人。

那麼，環淵到底是什麼人，他和蜎子（蜎淵、蜎蠉、便蜎）、玄淵（涓子）又是什麼關係呢？

我認爲，這一點必須以《史記》的記載爲準。環淵是齊宣王時期游學於齊稷下學宫的文學之士。他是楚人，但游學於稷下，“學黄老道德之術”，“以干世主”，“著上下篇”。而蜎子（蜎淵、蜎蠉、便蜎）、玄淵（涓子）則是另外兩位早於或晚於環氏的楚國道家學者。三人的共同點是他們都屬於戰國時代的道家人物，與先秦道家有密切的關係；但其生活的具體年代各异，不容混淆。

班固的《漢書·藝文志》采用劉向之説，自注“蜎子”：“名淵，楚人，老子弟子也。”

高誘注《淮南子·原道訓》則説：“蜎蠉，白公時人。”根據《史記·楚世家》：“（楚）惠王二年，（楚令尹）子西召故平王太子建之子勝於吴，以爲巢大夫，號曰白公”；“（八年，白

①白奚：《稷下學研究——中國古代的思想自由與百家争鳴》，三聯書店1998年版，第72頁。

公）襲殺令尹子西、子綦（期）於朝，因劫惠王，置之高府，欲弑之。惠王從者屈固負王走昭夫人宮。白公自立爲王。月餘，會葉公來救楚，楚惠王之徒與共攻白公，殺之。惠王乃復位”。楚惠王八年，時當魯哀公十四年，即公元前 481 年。白公殺子西、子綦（期）而劫惠王，《集解》引“徐廣曰：‘惠王之十年。’”《左傳》繫其事於魯哀公十六年，即公元前 479 年。但《左傳》無“白公自立爲王”之文，而有“白公欲以子閭（杜預注：“子閭，平王子啓，五辭王者。”）爲王”之語。可知白公作亂前後不過兩年，“自立爲王”僅月餘即被殺。高誘注所以謂“蜎蠉，白公時人”。最大的可能當是由於蜎蠉成名、或其成名之作“《蜎子》十三篇”即完成於此時。否則，他自當謂“蜎蠉，惠王時人”。

但不管怎樣，高誘的注文仍爲我們瞭解蜎子（蜎淵、蜎蠉、便蜎）其人提供了重要綫索，也使我們相信劉向以來蜎子爲“楚人，老子弟子也”一説是有根據的。因爲白公被殺那一年，當魯哀公十六年，即公元前 479 年，是孔子的卒年。而史書上嚮有孔子師事老子一説。假如蜎子（蜎淵、蜎蠉、便蜎）的年齡和孔子相仿，或略小於孔子，他做老子的弟子，受教於老子一説都是可以成立的，至少在年代學上來説不存在任何問題。但如果把環淵、玄淵（涓子）和蜎子（蜎淵、蜎蠉、便蜎）視爲同一人，都作爲老子的弟子，那麼在年代上就相差太遠了，無法自圓其説。因爲《史記》上已明確説環淵於齊宣王年間游學稷下學宫。齊宣王於公元前 319—前 301 年在位，時當楚懷王十年至二十八年。齊威王二十四年（前 333），孟子曾游齊[1]；齊宣王即位（前319），孟子再自魏至齊。若環淵在齊宣王時游稷下，則其最早不會早於孟子，其於孟子當爲同輩。孟子約生於周烈王四年（前372），當楚肅王九年，田齊桓公三年；卒於周赧王二十六年（前289），當楚頃襄王十年，齊湣王十二年。孟子受學於子思之門人，生不見孔子，連孔子之孫子思亦不曾見到，就更不用説孔子之師老子了。環淵（玄淵）曾教楚頃襄王時宋玉釣術，他也不可能見到孔子及其同輩，何得而爲“老子弟子”呢？

同樣，把環淵當作關尹、詹何、它囂、范蜎等等，與以環淵、蜎蠉、玄淵“三文雖殊，其人一也”一樣，除了在語音通轉上的猜測之外，在年代和地點上都是站不住脚的。至於説《列仙傳》《集仙録》之類的神仙道教著作把環淵當作“涓子”，認爲他是齊人，餌術，得道，釣隱於齊，著書若干卷，等等，那就更玄乎了，是無法考證的。

二

根據《史記》中的《田敬仲完世家》和《孟子荀卿列傳》的記載，環淵的生平事迹十分簡單，今天能够確定的大概衹有兩項：一是他游學於稷下學宫，并和騶衍、淳于髡、慎到、接子等七十六人一起，“皆賜列第，爲上大夫，不治而議論”；二是他“學黄老道德之術，因發明序其指意……著上下篇”。

環淵是楚國人，他在楚國所學如何，又是在何時由楚國來到齊國的，史皆乏載，研究起來十分困難。

①錢穆：《先秦諸子繫年》，商務印書館2001年版，第366頁。

但環淵作爲楚人，又是一位重要的道家學者，《史記》稱之爲“文學游説之士”，説他的出游屬於“游學”，這應該是没有問題的。問題是，環淵的故鄉楚地，是先秦時期道家學派的大本營，《漢書·藝文志》著録“道家類”著作，注明其作者爲楚人的就有鬻子、老萊子、蜎子、長廬子、鶡冠子等六家七十篇，更不用説老子、莊子其人了。環淵要學道家的“道德之術”，他的身邊就有很多老師，有必要跑到千里之外的齊國稷下學宫去嗎？且齊國的稷下學士雖然“皆賜列第，爲上大夫”，但亦祇是“不治而議論”，并不如縱横家身挂相印，在諸侯間縱横捭闔。故環淵之游齊祇能爲純學術的原因，而無關於仕禄矣。

説到道家，一般人都會歸之於楚國的老、莊，但蒙文通、郭沫若等人早已指出，戰國的道家實有北方的楊朱學派與南方的老莊學派之分。[①]老子之後，楚國道家的代表是莊子：“他祇采取了關尹、老聃清静無爲的一面，而把他們的關於權變的主張揚弃了。”[②]故《史記·老子韓非列傳》説莊子“其學無所不窺，然其要歸於老子之言”。又評論説：“老子所貴道，虚無，因應變化於無爲，故著書辭稱微妙難識。莊子散道德，放論，要亦歸之自然。然原於道德之意，而老子深遠矣。”史志中所載老子弟子及與孔子同時之道家人物的著述，今雖多已不存，但其學説應該都是與老子一樣“無爲而化，清静自守”的[③]，這一點殆無疑義。祇是在老子的這幫親炙弟子之後，大約受到了吴

①蒙文通：《楊朱學派考》，載《古學甄微》，巴蜀書社1987年版，第243—267頁。
②郭沫若：《莊子的批判》，載《十批判書》，人民出版社1954年版，第174頁。
③司馬遷：《史記·老子韓非列傳》，中華書局1969年版，第7册，第2143—2156頁。

起等外來儒、法勢力的擠壓[①]，在楚國，老子學説一時竟有消歇之勢。直到莊子出現，纔“維繫了老聃的正統，從此便與儒、墨兩家鼎足而三了”[②]。

因此可以説，在老子的親炙弟子之後、莊子學説流行之前，中國影響最大的道家學派實乃是稷下黄老道家的先驅——楊朱學派。楊朱,《莊子》書中又稱“陽子居”;《孟子》則稱楊朱。《孟子·滕文公下》曰:“楊朱、墨翟之言盈天下。天下之言，不歸楊，則歸墨。”諸子亦稱楊墨。由此，楊朱生卒年當與墨翟相近。錢穆《諸子生卒年世約數》以墨翟生於公元前480年，卒於公元前390年；楊朱生於公元前390年，卒於公元前335年。[③]錢氏對楊朱生卒年的推定應該嫌晚。但不管怎樣，楊朱應該是老子之後、孟子之前真正在中國廣泛流傳的、影響最大的道家學説。

南方道家和北方道家生活方式的差异很大：老子、老萊子、文子、莊子及戰國中後期的詹何、鶡冠子等等，大多選擇退隱出世的人生道路；而北方道家從楊朱到“稷下學者”，都喜歡“言治亂”和“干世主”。從思想特點來看，楚國直到莊子時的道家學派，皆堅持“本歸於老子之言……以詆訾孔子之徒，以明老子之術”；“然善屬書離辭，指事類情，用剽剥儒墨，雖當世宿學不能自解免也”[④]。楊朱學派則“貴己”“爲我”“尊生”而“言仁義”。[⑤]南、北道家這一不同的思想特點，實亦影響到

①郭沫若認爲吴起是由儒家蜕變而來的法家人物，此點可參閲氏著:《青銅時代》，中國人民大學出版社2005年版，第153—170頁。
②郭沫若:《莊子的批判》，載《十批判書》，第174頁。
③錢穆:《先秦諸子繫年》，第694—695頁。
④司馬遷:《史記·老子韓非列傳》，第7册，第2143—2156頁。
⑤蒙文通:《楊朱學派考》，載《古學甄微》，第243—267頁。

它們在當時社會的傳播：老、莊道家“其言洸洋自恣以適己，故自王公大人不能器之”；而楊朱學派則與墨學同稱“顯學”：“天下之言，不歸楊，則歸墨。”

環淵是與孟子同時代的楚國道家學者，在他盛年的時候，一方面是楚國“老學”的式微，特别是“王公大人不能器之”；另一方面是北方道家楊朱學派的興盛。這就不能不使他産生了“游學”的要求，并終於成了著名的稷下學者之一。觀其在齊稷下“學黄老道德之術”，與稷下先生“各著書言治亂之事，以干世主”，亦不難窺測其游學的年代與動機。同時，儘管環淵所著“上下篇”後世難言之，然由其著書之年代與動機，又不難窺測其内容當异於楚國之老、莊道家而近於稷下之黄老道家矣。至於説歷代因以將環淵與蜎子（蜎淵、蜎蠉、便蜎）、玄淵（涓子）相混淆的釣魚、彈琴二事，我以爲此乃先秦所有道家人物、特别是楚國道家人物的普遍特點，很難作爲區分環淵、蜎子（蜎淵、蜎蠉、便蜎）、玄淵（涓子）諸人的根據。楚地北據荆山，南及衡山之陽。《漢書・地理志上》曰：“荆及衡陽惟荆州，江、漢朝宗於海。九江孔殷，沱、灊既道，雲夢土作乂。”《漢書・地理志下》又曰：“楚有江漢川澤之饒……民食魚稻，以漁獵山伐爲業。”故《老子》一書好以水喻“道”，以烹魚喻治國。《老子》第三十六章説：“魚不可脱於淵，國之利器不可示人。”第六十章曰：“治大國若烹小鮮。”（河上公注：“鮮，魚也。烹小魚不去腸，不去鱗，不敢撓，恐其靡也。”）《莊子》一書開篇《逍遥游》即曰：“北冥有魚，其名爲鯤；鯤之大，不知其幾千里也。”《齊物論》曰：“毛嬙、西施，人之所美也，魚見之深入，鳥見之高飛，麋鹿見之决驟。”《大宗師》曰：“泉涸，魚相與處於陸，相呴以濕，相濡以沫，不如相忘於江湖。”可見，莊子對魚是極爲熟悉的，而且莊子本人亦頗好垂釣。《莊子·秋水》曰：

> 莊子釣於濮水。楚王使大夫二人往先焉，曰：“願以境内累矣。”莊子持竿不顧，曰：“吾聞楚有神龜，死已三千年矣。王巾笥而藏之廟堂之上。此龜者，寧其死爲留骨而貴乎？寧其生而曳尾於塗中乎？”二大夫曰：“寧生而曳尾塗中。”莊子曰：“往矣！吾將曳尾於塗中。”（《史記·莊子列傳》略同）

可以肯定地説，莊子釣魚并不是因爲他聽説楚王派人聘請而故做姿態，而是其生活習性使然。《莊子·刻意》説：“就澤藪，處閑曠，釣魚閑處，無爲而已矣。此江海之士，避世之人，閑暇者之所好也。”就説明垂釣既爲楚人漁獵的生活方式所致，亦乃道家隱居者之所好。唯一比較特殊的是，一般人用網罟在泥水中討生活；而道家人士則“處閑曠”，持竿而釣，免除了在水中、草澤中的勞苦。當然，上古也有用直鈎垂釣渭水之濱的姜尚，藉垂釣之名以期遭遇明主。《莊子·田子方》載：“文王觀於臧，見一丈夫釣，而其釣莫釣。”記的正是同樣的人和事。

所以，善釣一事并不能作爲辨别環淵、蜎子（蜎淵、蜎蠉、便蜎）、玄淵（涓子）三人的根據。如果就最直接的文獻記載而言，則衹有蜎蠉、便蜎、玄淵（涓子）有善釣的明文，而環淵與釣魚無關。

同樣，彈琴作爲音樂之事，亦不足以作爲辨别環淵、蜎子（蜎淵、蜎蠉、便蜎）、玄淵（涓子）的依據。殆西周學在官府，保氏教國子六藝，“二曰六樂”，已含樂教；春秋戰國，教育下降民間，儒門“六藝”之教，其二亦曰“樂”，則彈琴曉音在當時乃極爲普遍之事。《老子》既曰“音聲相和”（第二章），又曰“五音令人耳聾”（第十章），又曰“大音希聲”（第三十四章）。《莊子·齊物論》既精論“天籟”“地籟”“人籟”，《養生主》又謂庖丁解牛“合乎《桑林》之舞，乃中《經首》之會”；而他自己則妻死“箕踞鼓盆而歌”，乃所謂長歌當哭也。故彈琴曉音在先秦道家爲極普遍之事，而不足以區別環淵、蜎子（蜎淵、蜎蠉、便蜎）、玄淵（涓子）三人。而如果從最直接的文獻記載來看，是環淵、蜎子（蜎淵、蜎蠉、便蜎）、玄淵均與彈琴無關，衹有涓子著有琴書——《琴心》。此點除了《列仙傳》《集仙録》等神仙家著作有載之外，《文心雕龍·序志》《大周正樂》亦有記録。《文心雕龍·序志》曰：“昔涓子《琴心》，王孫《巧心》。”《太平御覽》卷五七八引《大周正樂》云：“涓子操《琴心》《玉篇》者也。禽高以琴養性，求仙羅浮山中，奏《陽春》《白雪》者也。”[①]《文心雕龍》的作者生活於齊、梁時代；《大周正樂》之“大周”，有可能是武則天之“武周”。據此，則此書初唐尚存。

三

環淵是齊國稷下學宫中的一位重要學者，《史記》上説他“學黄老道德之術，因發明序其指意”，“著上下篇”。郭沫若在其《老聃、關尹、環淵》一文中，以爲“關尹即是環淵，關尹、環淵均一聲之轉”。因而《史記·老子列傳》中所謂“老子著上

①案：原文“玉篇”，饒宗頤以爲“玉”當作“三”，不妥，改回。因爲下文有“奏《陽春》《白雪》者也”，故此處亦當爲二篇名，以與下文《陽春》《白雪》形成對文。饒説見《饒宗頤新出土文獻論證》，第164頁。

下篇”，其實就是環淵的“上下篇”；因爲環淵是老子弟子，“上下篇”乃“是他所録的師説”，所以此書實際就是今存老子的“《道德經》上下篇”。而以我們上文的論述來看，環淵與蜎淵（蜎蠉、便蜎、蜎子）生活的時代相距甚遠，環淵既不可能爲老子弟子，他所學的乃“黄老道德之術”，而并不是簡單地“本於老子之言”，故無論從其生活年代還是從其思想特點來看，環淵都不可能是關尹，更不可能是《道德經》一書的作者——環淵的“上下篇”與《老子》没有任何關係——郭沫若之説是不能成立的。

環淵所著“上下篇”雖與《道德經》無關，但根據史料的記載，至少有兩點是可以肯定的：一是環淵爲稷下學宫的著名學者之一，他“學黄老道德之術，因發明序其指意”，“著上下篇”，則其書屬“稷下黄老道家”的著作無疑；二是歷代學者之所以把環淵、蜎子（蜎淵、蜎蠉、便蜎）、玄淵（涓子）三人混爲一談，我以爲其中的重要原因之一，是因爲涓子有《琴心》一書傳世，而《漢志》中的“《蜎子》十三篇”後世又失傳了，人們遂以“蜎”與“涓”通，“涓子”即“蜎子”，即蜎淵、蜎蠉、便蜎、玄淵等；而《琴心》亦即“《蜎子》十三篇”之一部分矣。這樣，蜎子的生平事迹和“《蜎子》十三篇”的内容，也就順理成章地被“推測出大概”了。[①]我雖不能認同那種以環淵、蜎子（蜎淵、蜎蠉、便蜎）、玄淵（涓子）爲一人的觀點，但由於有最新出土的郭店楚簡的資料，我認爲後世曾長久亡佚

①饒宗頤《涓子〈琴心〉考——由郭店雅琴談老子門人的琴書》曰：“涓子《琴心》一書，不見人引用，内容無從得知，惟從楚簡和道家及漢人之論，可以推測其大概。”（《饒宗頤新出土文獻論證》，第172頁）正是以蜎淵（蜎子、蜎蠉、便蜎）、環淵、玄淵（涓子）爲一人而相互發明、加以推測的。

的環淵的"上下篇"，我們今天却是仍然可以幸運地見到的，它應該就是近年在湖北荆門郭店一號楚墓中出土的簡書《性自命出》(上博簡《性情論》與之略同)。我的理由是：

首先，郭店楚簡《性自命出》自出土以來，整理者和研究者們一直都把它歸爲"儒家典籍"或"儒家文獻"，但早有學者指出，郭店《老子》對與儒家學説相抵觸的部分進行了改造和删削，因此它是一個"稷下道家傳本"或"鄒齊儒者之版本"；臺灣大學的周鳳五教授曾對整個郭店楚簡的字體進行過研究，他發現其中有一部分保留了齊國文字的結構，與楚國簡帛文字有别："估計其底本出自齊國儒家學者……因而較多保留了齊國文字本來原貌"；"似乎浸染了'稷下學派的風氣'"。而筆者亦曾撰文指出，郭店楚簡《性自命出》這篇公認的儒家文獻，其實"也包含有許多道家思想的成分"[①]。這也就是説，儘管我們在總體上可以把郭店楚簡《老子》等歸入"道家文獻"、把《性自命出》《五行》等歸入"儒家文獻"，但這并不妨礙、而且恰恰顯示了郭店楚簡文獻"因陰陽之大順，采儒墨之善，撮名法之要"(司馬談語)的"稷下黄老道家"的學術特徵。《性自命出》儒、道兼融的思想風貌，是正與環淵"學黄老道德之術"的學術特點相吻合的。

其次，環淵"著上下篇"，這也恰好與郭店楚簡《性自命出》原分上、下篇相同。郭店楚簡《性自命出》圖版顯示，其

①黄釗：《竹簡〈老子〉的版本歸屬及其文獻價值探微》，黄人二：《讀郭店〈老子〉并論其爲鄒齊儒者的版本》，周鳳五：《郭店竹簡的形式特徵及其分類意義》，高華平：《試述郭店楚墓竹簡〈性自命出〉的道家思想》，載《郭店楚簡國際學術研討會論文集》，湖北人民出版社2000年版，第484—492頁，第493—498頁，第53—63頁，第371—374頁。

35簡下作鈎形，爲分篇號[①]，但整理者當初并未對該簡文分篇。李零、劉昕嵐校讀時，則明確將全文自“凡人有性”至“慟，慍之終也”分爲上篇；自“學者求其心爲難”至文末“君子身以爲主心”分爲下篇。[②]這既恢復了簡書的原貌，也正好使之與環淵“著上下篇”的事實相符了。

再次，環淵的“上下篇”雖然久佚，但由歷代將其歸於“學黄老道德之術，因發明序其指意”的著作，而與“涓子《琴心》”相混的事實來看，其“上下篇”的内容和主旨一定與“涓子《琴心》”有相同或相近之處。儘管《琴心》一書“不見人引用，内容無從確知”，但由其書名而論，其内容應不出兩個方面：一、《説文解字》云：“琴，禁也。”《白虎通·禮樂》曰：“琴者，禁也。所以禁止淫邪，正人心也。”《風俗通·音聲篇》曰：“琴者，樂之統也。故琴之爲言禁也，雅之爲言正也，言君子守正以自禁也。”這説明，《琴心》不能理解爲字面上的“琴之心”，而是指君子應“守正以自禁”，或“禁止淫邪，以正人心也”。二、琴爲“八音”之統，乃概指音樂。嵇康的《聲無哀樂論》曰：“樂之爲體，以心爲主。”其《琴賦》亦曰：“(琴)誠可以感蕩心志而發泄幽情矣。”嵇康時《琴心》尚存，嵇康或受其影響亦未可知。故《琴心》之義，當爲討論音樂之可以“正人心”或“感蕩心志而發泄幽情矣”。而中國自先秦以來討

①荆門市博物館：《郭店楚墓竹簡》，文物出版社1998年版，第63頁。李零《郭店楚簡校讀記》亦如此説，見陳鼓應主編《道家文化研究》(第十七輯)，三聯書店1999年版，第504頁。
②李零：《郭店楚簡校讀記》，載陳鼓應主編《道家文化研究》(第十七輯)，第504—511頁。劉昕嵐：《郭店楚簡〈性自命出〉篇箋釋》，載《郭店楚簡國際學術研討會論文集》，第330—354頁。另外，李零《郭店楚簡校讀記》(增訂本)亦云：“此篇有篇號(作鈎形)”，“今依原篇號，分爲上下篇”。(中國人民大學出版社2009年版，第135頁)

論音樂之文章或泛咏樂器之詩賦，皆罕有就事論事以言樂器或音樂者也。《太平御覽》卷五七七《樂部》十五《琴上》引《周書》曰：

> 鄒忌以鼓琴見齊威王，威王悦之，舍之右室。須臾，王自鼓琴，鄒忌推户，久曰："善哉！鼓琴也。"王悖然不悦，去琴按劍曰："夫子見之未察，何以知其善？"忌曰："大弦濁以温，小弦廉折以清，推之深而釋之舒，均諧以鳴，大小相蓋，回邪而不相害，是知其善。"忌復曰："不獨語音。夫治國家，弭人民，皆在其中。"王又悖然不悦，曰："若語五音，紀信未有如夫子者也。若治國家，弭人民，皆在其中，又何爲絲桐之間？"忌曰："大弦急以温者，君也；小弦廉折以清者，相也；推之深、釋之舒者，刑罰審也；均諧之鳴者，政令一也；大小相蓋、回邪不相害者，上下和鳴、吏民相親也。夫復而不亂者，所以治昌；連而徑者，所以存亡。故曰琴音調而天下治。治國家、弭人民，無若乎五音者矣。"王曰："善。"忌見三月而受相印。

鄒忌以鼓琴見齊威王，《史記·六國年表》繫於齊威王二十一年，錢穆認爲應在齊威王初立之歲（公元前356年）[1]。其説可從。《周書》上的這段文字，很像一篇對話體的《琴賦》，而其文之主旨亦似雙關的——既論彈琴，又論"治國家，弭人民"——這與《琴心》是相同的。郭店楚簡《性自命出》的主題，以往的學者很自然地聯想到《管子》中的《心術》上下篇，認爲《性自命出》的主題就是"心術"二字："它區分了'無定

①錢穆：《先秦諸子繫年》，第267—268頁。

志’的血氣情感之‘心’、有定志的意志之‘心’和介於二者之間的思慮之‘心’，認定‘心有志也，無與不可’，即意志之心對人的身體活動的參與、指嚮，對人之身、形、狀、貌、情、氣的主導作用。”[①]而《管子》中的《心術》上下篇，儘管不論是郭沫若以該篇與《管子》之《内業》《白心》《樞言》爲皆出於“宋鈃、尹文學派”的觀點，還是蒙文通將這幾篇歸於“慎到之書”的看法，都并没有得到學術界的普遍認可，但認爲《管子》中的《心術》上下篇是在講人的“排除心理干擾”，使心達到“不受外物和情欲干擾的本然狀態”，是“使心成爲‘精舍’的得道之術”[②]，則是一致的。

我認爲，研究者對郭店楚簡《性自命出》主題的概括很精粹，却不很全面。實際上，《性自命出》與《管子·心術》上下篇的主要區别，并不在於它雖也説“凡道，心術爲主”，但其中的“心術”，前者是指“心對人之身、形、狀、貌、情、氣的主導作用”，而後者則是“心”之體認“道”的方式和途徑；而在於《性自命出》和《琴心》一樣，既闡述了心、性之間的關係：“凡人有性，心無定志”；“性自命出，命自天降；道始於情，情生於性”，等等；同時，它們都還講了讓心受教、即以樂養心——這就是“音樂（琴）”和“心”的關係。可以説，郭店楚簡《性自命出》既講了“琴（音樂）”，又講了“心”，實是一篇没有題名“琴心”的《琴心》。

以上，筆者從三個方面討論了郭店楚簡《性自命出》和環

---

①郭齊勇：《郭店楚簡身心觀發微》，載《郭店楚簡國際學術研討會論文集》，第198—209頁。
②白奚：《稷下學研究——中國古代的思想自由與百家争鳴》，第187—191頁。

淵“上下篇”的關係。我的看法是，無論從形式還是從内容上來看，《性自命出》都應該就是環淵所著的“上下篇”。當然，也許有人還會存在疑問：稷下道家人物都是“各著書言治亂之事，以干世主”的；上引鄒忌鼓琴見齊威王之事，也是論琴而言“治國家，弭人民”之道的。環淵作爲一位稷下學者，爲什麼他著類似《琴心》的“上下篇”而不如此呢？

原因殆有如下兩個方面：一是他可能受到了該篇主旨的限制。《性自命出》作爲一篇討論心性學説的重要論文，它要解决的是“心”和“性”之間的關係問題，其中討論音樂（琴）是爲修“心”養“性”服務的；如果在文中大談治國，將會使文章失去中心，内容混亂歧出。二是因爲環淵是楚人，是由楚國老、莊道家轉變而成的“稷下黄老道家”人物，老、莊道家的影響多少會殘存於他的思想之中。楚國的老子闡明“音聲相和”之理，衹是爲了“知和曰常”，爲了“得道”，爲了達到“和之至也”的境界。《莊子·天下篇》説：“《樂》以道和”，“德者，成和之修也”；一切的外物皆“不足以滑和，不可入於靈府”。（《德充符》）就連由稷下學宫之楚的一代大儒荀子的《樂論》也衹是説：“君子以鐘鼓道志，以琴瑟樂心。”這和《性自命出》中的“以樂養心”的觀點是一致的。所以，從楚國進入稷下學宫的環淵在其“上下篇”中，衹言“以樂養心”，而不及藉音樂以論治國，也是有其思想淵源的。更何况，如果環淵也像鄒忌那樣藉琴言“治國家，弭人民”，那麼整個稷下學宫不是全都“步調一致”了嗎？哪里還有什麼“百家争鳴”可言呢？

當然，我們認爲郭店楚簡《性自命出》應該就是環淵的“上下篇”，而“上下篇”在内容和主旨上應該是和涓子的《琴心》相同或相近的，這是否可以説環淵就是涓子，《琴心》就是環淵所著的“上下篇”呢？這是很有可能的。但我們這裏的目的衹是要説明環淵和涓子歷代被視爲一人的原因，主要是因爲他們有内容相同或相近的作品而已。至於文獻上有確切記載的，則衹有涓子著《琴心》，環淵“著上下篇”，而《漢志》中的“《蜎子》十三篇”是找不到與環淵的任何關係的。

四

關於出土郭店楚簡的郭店一號墓墓主的身份，自該墓發掘報告發表之日起，就异説紛呈。官方的發掘報告稱，“從墓葬形制和器物的特徵判斷，郭店一號墓具有戰國中期偏晚的特點”，“墓主人當屬有田禄之士，亦即上士”①。考古專家進一步説，“郭店一號墓具有明顯的楚墓特點”，下葬年代“至遲不會晚於公元前300年，即公元前四世紀末”。又因“墓中發現有刻有‘東宫之市（師）’的漆耳杯，引起學者對墓主身份的推測。有人認爲墓主是楚東宫（太子）的老師，墓中的書籍與身份吻合；有人認爲，杯上刻銘應理解爲東宫工師之杯”，“此墓規模小，葬具僅一椁一棺，其身份衹能是下層貴族”。②也有人主張此墓墓主應爲環淵、陳良或慎到的③；還有人根據墓主下葬年代與屈原卒年的相近，做出了墓主應該是楚國著名詩人屈原的大

①湖北省荆門市博物館：《荆門郭店一號楚墓》，《文物》1997年第7期。

②彭浩：《郭店一號墓的年代與簡本〈老子〉的結構》，載陳鼓應主編《道家文化研究》（第十七輯），第13—21頁。

③范毓周：《荆門郭店楚墓墓主當爲環淵説》，《人民政協報》1998年12月26日。姜廣輝：《荆門郭店一號墓墓主是誰》，《中國哲學》（第二十輯），遼寧教育出版社1999年版，第397—399頁。李裕民：《郭店楚墓年代與墓主新探》，《陝西師範大學學報》2000年第3期。

膽推斷[①]。饒宗頤先生則指出，“郭店墓主是一位曉得古琴的人士，又是儒道兼通的學人”，他“或與稷下學派有點關係”[②]。應該説，除個别學者的推測之外，學術界對郭店楚簡一號墓墓主的身份的推論都是非常審慎的，而饒宗頤先生的結論尤有啓發性。在此，筆者同意郭店楚墓墓主爲環淵之説，但認爲對此觀點的論證還有待進一步完善，故欲沿饒宗頤先生的思路，對此位“與稷下學派有點關係”的墓主，即爲游學“稷下學宫”的楚人環淵的觀點補充幾點理由，以祈方家批評指正。

首先，如上述所言，郭店楚簡中的《性自命出》，應該就是環淵所著的“上下篇”。郭店一號楚墓中同時下葬的還有《老子》《太一生水》《五行》《唐虞之道》《魯繆公問子思》等大量的儒道典籍，這些典籍雖然主要屬於前人或他人所作的經典之作，但也不排除其中夾雜有墓主本人的作品。《异苑》載：“（秦）始皇既坑儒焚典，乃發孔子墓，欲取諸《經》《傳》。”（《太平御覽》卷八十六《皇王部》引）孔子墓中的“諸《經》《傳》”應該既有三代的舊典，也有孔子自己整理和創作的《經》《傳》。雖然現代考古發掘報告中尚無明文記載出土文獻中有墓主自著作品的案例，但這至少可以説明先秦時確有將自己著作隨葬情況的存在。郭店一號楚墓中既有墓主所著“上下篇”隨葬，則墓主就衹能是“上下篇”的作者環淵了。

其次，從郭店墓主出土的竹書内容來看，我們亦有充分的理由認爲墓主應當就是由稷下歸來的楚人環淵。上文我們已引多位學者的論述，説明郭店楚墓竹書的内容明顯帶有稷下道家思想的特點，應屬游學稷下的楚人所著或由稷下携歸，如郭店

①高正：《屈原與郭店墓主的關係》，《光明日報》1999 年 7 月 2 日。
②沈建華：《饒宗頤新出土文獻論證》，第 173 頁。

楚墓中出土有大量被認爲是屬於子思子的作品（如《五行》《緇衣》等），即是此類作品。近年在楚地發現的戰國墓葬很多，爲什麼思孟的著作從不見於别的楚墓，單單會跑到這一墓中去呢？我認爲這不是偶然的，這至少表明：（1）墓主生活於思孟學説最爲盛行的時代背景之中；（2）墓主曾經因爲某種原因直接學習或與人研討過這些著作；（3）墓主對這些著作非常重視，故而他纔將這些著作收藏，并最終將它們帶到了自己墓中。根據《史記・孟子荀卿列傳》記載，孟子本人在齊宣、威時代曾亦游學稷下，并爲上卿，故思孟學説必曾盛行於稷下；而楚人中願將思孟著作從稷下帶回加以弘揚的，必定是一位曾多年在齊國游學、且曾深深融入"稷下學派"的楚地學者，而絶不可能是一位偶然"出差"到齊國的"公務人員"、商人或其他"游行者"。而從現有文獻來看，當時楚國學者中能滿足上述條件的，就衹有環淵一人。所以，我認爲郭店楚墓的墓主應該就是環淵。

又如，郭店楚墓竹簡《老子》(丙）之後，抄有一篇被稱爲《太一生水》的文章，學者們研究的結果認爲，它和《老子》及《管子・水地》篇中"尚水"的思想和宇宙論的思想是一脉相承的，且有進一步的發展和改造。[①]儘管要想準確"推測出是哪位作者創作出了《太一生水》篇"實在是非常困難的，但"無論從文化源流，還是從地域特徵來看，楚國最有條件産生《太一生水》篇"，"它或許就是楚國學人的道家作品"[②]。而以我的看法，既然可以斷定《太一生水》是"楚國學人的道家作品"，

①參見許抗生《初讀〈太一生水〉》、陳鼓應《〈太一生水〉與〈性自命出〉發微》，載陳鼓應《道家文化研究》(第十七輯)。
②丁四新：《郭店楚墓竹簡思想研究》，東方出版社 2000 年版，第 117 頁。

而且認爲它是對《老子》和《管子・水地》篇"尚水"觀念及宇宙生成論思想的繼承和發展，那麼就應該進一步研究在當時楚國的思想界，有哪些學者既屬於道家學人，又曾與齊國"管子學派"有過密切的聯繫與交流，曾研究過"管子學派"的著作。而經過這樣的一番研究，我們就能發現在當時楚國的道家學者中，再没有第二人比環淵更有條件做這項工作了。所以我推斷，如果説郭店楚簡《太一生水》篇屬於"楚國學人的道家作品"的話，那麼它的具體作者應該就是曾由楚到齊的"稷下學者"——環淵。

再如，《郭店楚墓竹簡・語叢一》曰："容色，目司也；聖，耳司也；臭，鼻司也；味，口司也；氣，容司也；志，心司。"而在今本《管子・宙合》篇中正好也有相似的文字。《管子・宙合》有曰：

> ……"末衡"，言耳目也，耳目欲端。中正者，治之本也。耳司聽，聽必順聞，聞審謂之聰。目司視，視必順見，見察謂之明。心司慮，慮必順言，言得謂之智。聰明以智則博……

《管子・宙合》因爲所論的衹是耳目的"聰明"，而郭店簡《語叢一》則涉及人的整個"五官"的功能，故二者詳略不一。但由此我們仍不難看出二者之間的聯繫，説明關於人的"五官"的功能的討論，乃是當年稷下學者間的一個熱烈的話題。簡書把"心"的功能限於"司志"，而《管子・宙合》則把它推進了一步，以爲"司慮"——即把它作爲一個思維器官，而不衹是"志""意"等固定的思想形式——這明顯是孟子"心之官則思"説影響的結果。孟子曾游學稷下，他的學説可能已爲齊國"管子學派”所接受，故《管子·宙合》有如此説；而簡書的作者却未認同此説，故簡書還衹是采取了“志，心司”的説法。但這個問題是當時齊稷下宫中的熱點問題之一，而郭店楚墓的墓主對稷下學宫中的這個問題是十分感興趣的，則是無疑的——他這纔把自己在稷下所得的這方面的内容帶回來，并隨葬墓中——上文我們已經指出，史籍上記載的當時曾游學稷下楚地學者，衹有環淵一人。故我們認爲郭店楚墓的墓主，必定就是這位曾游學齊國稷下的楚人環淵。

再次，根據考古發掘報告，郭店一號楚墓雖曾被盗掘過，但仍殘留有隨葬的陶鼎、銅質圓耳杯、劍、鈹、戈、帶托的銅方鏡、漆耳杯和一件七弦琴等。其“隨葬品與鄰近的包山二號墓（墓主是楚國的左尹昭𧊒——引者注）十分相近”，但“若與上述墓主的規模相比，郭店一號墓主身份與之相差甚遠”。[1]郭店一號墓出土的漆耳杯上有“東宫之帀（師）”四字，或以爲此刻銘應理解爲“東宫工師之杯”，但不管怎樣，它至少説明該墓主曾與某位太子有着較爲密切的關係。但這樣一位墓主又怎麽不按大夫或上卿之禮、而衹按“士”禮“薄葬”呢？我認爲，如果將墓主定爲“楚之同姓”、并曾任左徒和三閭大夫的屈原，或其他任何楚國的貴族都是不合適的；但如果將墓主定爲環淵，則關於墓主身份與葬制的各種疑惑都可以得到合理的解决。

應劭的《風俗通·姓氏篇》説：“環氏出楚環列之尹，後以爲氏。楚有賢者環淵，著書上下篇。”這是説環氏之姓始於楚國的“環列之尹”一官，“環列之尹”的後代就以“環”爲姓氏。楚國的環淵著有“上下篇”，是“環”姓中的名人。考楚“環列

①彭浩：《郭店一號墓的年代與簡本〈老子〉的結構》，載陳鼓應主編《道家文化研究》（第十七輯），第13—21頁。

之尹”，始見於楚穆王弑成王初立之時（前625）。《左傳·文公元年》曰：“（楚）穆王立，以其太子之室與潘崇，使爲大（太）師，且掌環列之尹。”杜預注：“環列之尹，宫衛之官，列兵而環王宫。”潘崇本是楚穆王爲太子時的老師，因和太子一起密謀弑君篡位，被這位成功的弑父新君所任用，做了“太師”兼“環列之尹”。據《左傳》記載，潘崇擔任“太師”之職至少有十年以上，因爲楚穆王死後，楚國下一位楚王（即楚莊王）之初，他還在擔任“太師”之職，衹不知道他是否還兼任着“環列之尹”。料想新君都害怕他人危及自己的安全，是不會再讓這位前朝舊臣來負責宫衛的了。潘崇雖然與楚穆王弑君奪位成功，一舉成爲楚穆王朝的顯貴，但他的後人可能并不覺得光彩，所以就不再姓“潘”，而改爲以“環”爲氏。潘家的後人雖然以“環”爲（姓）氏了，但可能又覺得自己的先人爲“環列之尹”負責宫衛，是授過“大將”甚或“元帥”之銜的，那是多麽神氣！所以家裏平常也總要陳列幾件兵器，甚至死者墓中也要放幾樣兵器作爲隨葬品。這就是郭店一號楚墓墓主“從墓中出土的竹簡來看，是學者；從墓中的樂器來看，雅好音律；從墓中的兵器來看，至少做過下級軍官”的原因。[①]實際上，墓主没當過一天兵，那兵器衹是爲了説明自己祖上曾有過一段身爲“將軍”的“光榮歷史”的。但環姓之始祖爲“環列之尹”的年代，是在楚穆王初立的公元前625年，距郭店一號墓主下葬約公元前300年已過去了三百多年了，環氏早已風光不再。從《風俗通》上“楚有賢者環淵，著書上下篇”一句，你就可以知道環氏早已没有什麽貴族地位，這個姓氏在先秦三四百年

①張正明：《郭店楚簡的幾點啓示》，載《郭店楚簡國際學術研討會論文集》，第45頁。

間最大的名人，就是“賢者環淵”。環淵雖然在稷下學宫被“賜列第，爲上大夫”，但那都衹是榮譽稱號，并非實職。而且，那時職位職級在各諸侯國之間恐怕也不是被互相承認的。齊國的“上大夫”，等到你葉落歸根、歸葬故里時，讓你進入楚國的貴族墓園就已經不錯了，還好説生前是什麽級别嗎？這也就是郭店一號墓考古發掘報告裏所説的一系列使人感到矛盾和困惑的現象産生的原因。至於説墓中的漆耳杯，不論“東宫之帀”四字怎麽解釋，那也衹是顯示出墓主人在齊國時曾與齊國的太子有過交往，收到過太子的禮物，如此而已。

筆者在上文曾經提到過錢穆的《諸子生卒年世約數》，在那個年表裏，錢穆將環淵的生卒年定爲公元前360—公元前280年。我認爲錢氏對環淵生卒年的推斷，也和他對楊朱生卒年的推斷一樣，有點問題，就是把其生卒年定得稍晚，且年壽也可能嫌短。我曾認爲環淵應與孟子爲同輩。孟子生於公元前372年，卒於公元前289年，合83歲。我相信環淵在世也應大致爲這個年數。郭店一號楚墓的考古發掘報告中没有提到墓主的年齡，衹是説其隨葬品中有鳩杖2件，杖首爲鳩形。《禮記·曲禮上》云：“大夫七十而致事，若不得謝，則必賜之几杖。”而《周禮·夏官·羅氏》《禮記·郊特牲》分别有“（羅氏）中春羅春鳥，獻鳩以養國老，行羽物”；“大羅氏，天子之掌鳥獸者也，諸侯屬焉”之説。看來，以鳩作爲“杖”之飾物獻於老者的習俗當很早即已有之。故《後漢書·禮儀志（中）》云：“仲秋之月，縣道皆案户比民。年始七十者，授之以王杖，餔之糜粥。八十、九十，禮有加賜。王杖長［九］尺，端以鳩鳥爲飾。鳩者，不噎之鳥也。欲老人不噎。”若依此，則環淵年壽當至少在七十以上，很可能在八十到九十之間。考古學者將郭店一號墓的下葬時間定爲“公元前 4 世紀中期至公元前 3 世紀初”，這與環淵的生卒年也是吻合的。

原刊於《文學遺産》2012 年第 5 期

後記

簡帛研究若從1970年代算起，迄今已逾四十年。同樣，簡帛思想的研究亦逾四十年，但其真正熱鬧起來則是在郭店楚簡正式出版以後的事情。

簡帛思想研究的開展，首先得益於大量簡帛古書的出土。如果没有這些出土材料，那麽巧婦難爲無米之炊。1970年代出土的臨沂銀雀山漢簡、長沙馬王堆漢墓竹簡帛書、定縣八角廊漢簡、雲夢睡虎地秦簡和阜陽雙古堆漢簡，1980年代出土的江陵張家山漢簡，1990年代出土的荆門郭店楚簡和上海博物館收藏的楚竹書，本世紀以來清華大學收藏的戰國竹簡、北京大學收藏的西漢竹書、湖南大學收藏的秦簡、安徽大學收藏的戰國竹簡和南昌海昏侯漢墓竹簡等，爲當代的簡帛思想研究提供了源源不斷的價值非凡的第一手材料。若無這些簡帛資料的出土，那麽相關研究即難以爲繼，而且聲勢也會小得多。如今，經過近三十年的發展，簡帛思想研究在當代中國古代哲學和思想研究領域占有顯赫地位，不容忽視。同時，從另一方面來看，大量簡帛古書的出土也爲當代中國古代哲學和思想的研究設置了一個較高的門檻。

其次得益於國泰民安、中國經濟長期上行的良好狀態。這是一個不容忽視的時代背景，它使得大量人力和財力可以投入此項古奥的研究活動中。照理説，簡帛研究應當是個冷門，但事實上，近二十年來它快速蝶變，經過了不斷的擴張和膨脹，似乎成爲了一個熱門專業，各類研究中心、基地、網站和刊物如雨後春筍般地冒了出來，自然研究陣容相當壯觀。相對説來，簡帛思想研究要冷落得多，没有那麽熱鬧，這主要表現在一是人員相對不多，二是缺乏相關的研究實體。筆者推測，有兩個因素妨礙了簡帛思想研究的拓展，即簡帛古書的閲讀和研究需要較高的技術門檻（如古文字、古音韵的能力）和較高的思想分析能力，而這二者的結合即設置了相關障礙。但即便如此，相比二十年以前，簡帛思想研究的氣氛在學界還是較爲濃厚的，人員略有增加，論著在不斷發表。而且，最重要的是，越來越多的學者意識到了此項工作的重要性。

最後得益於簡帛古書的内容和當代重構中國古代哲學與思想的需要。上述出土簡帛文獻大體上屬於《漢書》藝文類或《隋書》經籍類古書，它們以經學、子學、文學、術數和方技爲主。另外，從思想研究的角度看，大量出土法律類簡牘是值得重視的。這些出土簡帛古書一是内容非常重要，可以直接反映中國古代哲學、思想的基本面貌或其重要側面，二是其中大部分不見於傳世古籍，屬於佚書，十分珍貴。它們對於先秦兩漢的儒家經學，對於戰國中期的儒家和道家思想，對於西漢的醫學理論和術數、方技思想，都有重要補充，甚至結構性的改變。此外，部分傳世古書亦見於出土簡帛，《老子》和《周易》是兩個典型的例子，它們對於研究古代書籍的形成及其演變具有重要價值。反過來看，當代中國古代哲學與思想的研究非常需要這些出土簡帛資料。老是在傳世資料中打轉，炒現飯，難以解決那些在學術史上争論不休的老問題，更談不上從根本上超越傳世古書自身畫地爲牢的局限。毫無疑問，簡帛古書的發現有助於人們對於中國古代哲學和思想之認識做結構性的糾偏工作。

簡帛思想研究，主要經歷了馬王堆帛書階段、郭店楚簡階段、上博楚竹書階段和清華簡、北大藏西漢竹書階段。其中，郭店楚簡的整理和出版是一大轉折，它標志着簡帛思想研究正式從帛書轉入了楚竹書階段。近二十年來，儘管簡帛思想研究仍在進行之中，研究隊伍在不斷擴大，研究深度在不斷拓展，部分學者的論述風格在不斷成熟，但從總體上來看，簡帛思想研究的步伐還是偏慢，趕不上簡帛資料的整理和出版，研究範圍還是偏窄，基本上局限在楚地出土的範圍内，許多重要材料至今尚無人問津。這是第一點。第二，迄今爲止，簡帛思想研究缺乏必要的學術平臺，而這顯然不利於此項活動的組織和開展，在較大程度上影響了學者對於中國古代哲學、思想的重建和復原。相對於其他學科的相關研究來説，簡帛思想研究的現狀不容樂觀。

筆者初乘郭店楚簡的東風，貿然闖入此一研究領域，至今已達二十年矣。除了出版相關專著數種外，筆者亦曾主編《楚地簡帛思想研究》數輯。現爲擴大研究範圍，從本輯起删去“楚地”二字，改名《簡帛思想研究》，特此説明。

是爲記。

丁四新

戊戌年七夕於北京學清苑

圖書在版編目(CIP)數據

簡帛思想研究. 第七輯/丁四新主編 . —長沙:岳麓書社,2019. 12
ISBN 978-7-5538-1186-4

Ⅰ. ①簡… Ⅱ. ①丁… Ⅲ. ①簡(考古)—研究②帛書—研究
Ⅳ. ①K877. 54②K877. 94

中國版本圖書館 CIP 數據核字(2019)第 258018 號

JIANBO SIXIANG YANJIU
簡帛思想研究(第七輯)
主　　編:丁四新
責任編輯:劉　文
責任校對:舒　舍
裝幀設計:羅志義

岳麓書社出版發行
地址:湖南省長沙市愛民路 47 號
直銷電話:0731-88804152　0731-88885616
郵編:410006
岳麓書社網址:www. yueluhistory. com
岳麓書社天猫網:http://lzfts. tmall. com

2019 年 12 月第 1 版第 1 次印刷
開本:850mm×1168mm　1/32
印張:12
字數:280 千字
ISBN 978-7-5538-1186-4
定價:68. 00 圓

承印:長沙鴻和印務有限公司

如有印裝質量問題,請與本社印務部聯繫
電話:0731-88884129